Land of Ashes and Diamonds

재와 다이아몬드의 땅

Land of Ashes and Diamonds
Translated from the Italian
by Judy Barba

Grotowski's Letters
Translated from the Polish
by Eugenio Barba

First published in 1999
by Black Mountain Press
Centre for Performance Research
8 Science Park · Aberystwyth
SY23 3AH · Wales · UK

Land of Ashes and Diamonds

재와 다이아몬드의 땅

- 나의 폴란드 도제 시절
- 예지 그로토프스키가 유제니오 바르바에게 보낸 26통의 편지들

Eugenio Barba 저

한은주 역

연극과인간

번역자의 노트

1. 이 책을 최초로 출판했을 때, 초판 인쇄본 500부는 양장본으로 제작하였고 그중 200부는 따로 번호가 매겨져 유제니오 바르바의 저자 서명이 담겼다. (저자의 노트를 옮김)

2. 이 책은 처음 이탈리아어로 이탈리아에서 출판되었다(1998년). 그 후 1부– *재와 다이아몬드의 땅*– 는 유제니오 바르바의 이탈리아어 원고를 주디 바르바가 영어로 옮겼고, 2부– *그로토프스키의 편지*– 는 예지 그로토프스키의 폴란드어 편지를 유제니오 바르바와 주디 바르바가 함께 영어로 번역하였다. 그러므로 이 책의 한국어 번역은 저자의 영어본(블랙 마운틴 프레스, 영국, 1999)을 옮긴 것이다.

3. 이 책은 저자가 요청한 계약에 따라 원본의 책에서 어느 부분도 삭제 또는 변경 없이 전체 내용을 담았다.

4. 문장 부호와 줄 바꿈 등 이 책에 나오는 표기 방식은 저자가 사용한 모양을 따랐으며, 책이나 작품의 제목은 모두 이탤릭체로 표기하였다.

5. 인명과 외국어 명칭의 경우, 처음 등장할 때에만 외국어 철자를 괄호 안에 넣었다. 그러나 통용되는 정도에 비추어 모든 경우에 일일이

외국어 철자를 넣지는 않았음을 밝힌다.

6. 외래어 표기는 국립국어원의 외래어 표기법을 따랐다.

7. 표지 사진은 옮긴이의 선택으로, 저자와 오딘 극단의 공식적인 사용 허가를 받았다. 사진 정보와 사진가를 분명히 표기할 의무를 지니며, 다시 한번 여기에 남긴다.
Jerzy Grotowski and Eugenio Barba at Odin Teatret, Holstebro, 1971. Photo: Roald Pay

폴란드에게,

연극이란 자유를 향한 노력과 갈망임을 배운 곳

저기 나뭇가지 끝

제일 높은 가지 그 너머

사과는 빨갛게 익어가네

거두어야 할 때를

농부는 잊은 걸까

허나 잊혀진 게 아니라

손을 뻗어도 닿을 수가 없었던 것.

– 사포 (Sappho)

차 례

1부
재와 다이아몬드의 땅
- 나의 폴란드 도제 시절

2부
친애하는 킴에게
- 예지 그로토프스키가 유제니오 바르바에게 보낸 26통의 편지들

서문

1994년 4월, 내 서재의 책꽂이 귀퉁이에서 예지 그로토프스키(Jerzy Grotowski, 1933-1999)가 1963년 7월부터 1969년 8월 사이에 내게 보낸 스물여섯 통의 편지를 발견했다. 그게 그 시절에 그가 보낸 편지 전부가 아닌데도, 그중 첫 번째 편지는 내가 인도(India)에 있을 때 받은 것이고, 마지막 편지는 그가 인도에서, 그의 첫 번째 인도 여행 중에 쓴 편지인 것은 그저 우연의 일치만은 아닐 것이다.

인도는 우리 두 사람에게 어떤 만남의 한 축이었다. 단 한 번도 우리가 그곳에 함께 발을 디딘 적은 없었지만, 제일 처음 만난 그 순간부터 인도의 문화와 가깝고도 한없이 먼 그 역설들은 우리 사이에 공통된 언어와 생각의 끈을 이어주었다.

편지의 대부분은 1964년에서 1966년의 날짜로 찍혀 있다. 그 시절은 그로토프스키의 명성이 폭발하기 직전이었고, 나에게는 노르웨이 오슬로(Oslo)에서 오딘 극단(Odin Teatret)을 창립하고 당시 덴마크 홀스테브로(Holstebro)에서 토대를 다지던 시기였다.

1970년 이후엔 우리의 교류가 점차 뜸해지기 시작했다. 그로토프스키의 국제적인 명성은 그가 폴란드를 떠나기 쉽게 도와주었다. 연극실험실 13열 극장(Teatr - Laboratorium 13 Rzędów, 폴란드어로 '테아트르 - 라보라토리움 취나시치에 젱두프'라고 읽으며, 영어식으로는 the Laboratory Theatre 13 Rows. 그로토프스키의 극장이자 극단 이름 - 옮긴이 주)이 오폴레(Opole)에서 브로츠와프(Wrocław)로 옮겨간 이후에는 폴란드 국가 정권이 한층 온화해졌다. 폴란드 바깥에서, 홀스테브로나 혹은 유럽의 다른 지역에서도 만나기가 훨씬 덜 복잡해졌다. 일과 관련된 우리의 작업들도 편지보다는 전화로 훨씬 더 자주 간단하게 이루어졌다. 다시 말하면, 우리 사이의 서신이 점차 줄어든 것은 연락이 뜸해진 것이 아니라 오히려 연락이 더 수월해졌다는 신호였다. 이것은 서로의 행보가 갈라질 때와 동시에 일어났다.

당시에 나는 극단 배우들과 함께 훈련하고, 작품을 만들고, 공연을 올릴 장소와 관계자들을 찾는 일, 그리고 오딘 극단에 스스로 부여한 '실험'이라는 자격을 정당화할 수 있는 활동을 만들고 실천하는 일에 모든 에너지를 쏟아붓고 있었다. 그것은 새파랗게 젊은 배우들의 그룹이, 각기 다른 국적과 언어를 가진 아마추어 독학자들이었던 우리의 재료로 직업 연극인으로 생존할 수 있는가를 확인하는 문제였다. 내가 몰두하고 있던 일들은 그로토프스키와는 아주 거리가 멀었다. 바로 그즈음에, 그는 전혀 다른 종류의 긴장 속에 사로잡혀 있었다. 1970년대 후반 그는 더 이상 공연 제작을 하지 않겠다는 결심을 공식적으로 발표했다.

내가 그로토프스키에게 보낸 편지들은 브로츠와프의 연극실험실에 보관되어 있었다. 1984년 비평가이자 극단의 드라마투르기(독일어 dramaturgie에서 온 말이며 영어식으로는 dramaturgy. 극작법과 극의 구조 등에 관한 연극이론을 뜻하며, 또한 공연 작업에서 텍스트에 관한 연구와 해석으로 연출가와 협력 작업을 하는 역할을 가리킨다 - 옮긴이 주)인 루드빅 플라셴(Ludwik Flaszen)과 동료 배우들이 극장의 폐쇄를 선언했을 때, 그로토프스키는 무국적자로 폴란드 밖에서 떠돌고 있었고, 그 편지들은 사라졌다. 이 책의 편지들은 겨우 내게 남아있는 일부일 뿐이다.

그로토프스키와 나는 긴긴 대화를 나누었다. 이 편지들에 대해서, 그 속에 담긴 세상에 대해서, 은폐와 비밀 기호들로 이루어진, 그건 한편으로는 경찰의 눈을 피하려는 시도였고, 또 한편으로는 우리의 열정과 발견, 상호간의 연대의식에 순진하고 소설다운 운치를 더해주었던, 끝도 없는 대화였다. 가끔은 우리도 그때의 기호들을 해독하느라 애를 먹곤 했다. 지금에야 웃을 수는 있지만, 절대로 잊지는 못할 것이다. 그때의 진정한 모험과 도박을, 판돈으로 결국 그 13열 극장의 문을 닫아야 했던 운명이 걸린 모험과 도박을.

이때의 모험이 과연 현재의 독자들에게도 이해될 수 있는 것일까 나 자신에게 물었다. 편지들을 출판하려는 계획에 반하는 의심의 장벽이 생기기도 했다. 그로토프스키가 필연적으로 불러일으킬 진한 개성이 담긴 글이, 문서의 재미를 넘어서는 그 이상의 의미가 있을까?

나는 한 번도 유물에 가치를 높게 둔 적이 없다. 박물관은 매력적이지만, 그 물건들 속에 봉인된 내가 사랑했던 그리고 여전히 사랑하는 사람들을 두고 볼 수가 없기 때문이다. 그보다 더 힘겨운 것은, 함께 전시되는 내 삶의 조각들을 견딜 수가 없기 때문이다.

하지만 나는 항상 역사를 좋아했다, 그 속의 모순들을, 오래된 냄새가 나는 책 표지를 열면 언제나 그 속엔 어쩔 수 없이 숨겨진 갈등이 드러나는 드라마를.

이런 식으로 의심의 장벽은 결국 내 앞에 쓰러지고 새로운 과제로 전환되었다. 스물여섯 통의 편지들은 어떤 문맥 속에서 이야기되고 배치되어야만 했다. 그것은 내가 경험했던 그 시기의 폴란드라는 상황이다. 나는 나 자신에게도 설명해야만 했다, 어떻게 그 작은 하나의 지역 극장이 영혼의 대륙이 되고, 내가 이주할 수 있었던 창조의 고향이 될 수 있었는가를. 그것은 내 마음을 바쳤던 꿈이었다.

어떻게 두 젊은 남자들이, 겨우 서른도 되지 않은 거의 비슷한 연배의 두 젊은이들이, 키플링(Joseph Rudyard Kipling 1865-1936, 인도 뭄바이에서 태어난 영국인 소설가이자 시인, 1907년 영어권 최초이자 역대 최연소 작가로 노벨상을 받았다 - 옮긴이 주)에게서 배운 방식으로 관계를 맺고, 그것을 늙은 라마(Lama)와 젊은 킴(Kim) 사이의 인연으로 표현할 수 있었는지를 나는 설명해야만 했다.

* * *

이 책 – *재와 다이아몬드의 땅* – 의 1부는 연극사에서 지하 세계와도 같이 숨겨진 역사와 사랑 이야기를 담고 있다.

20세기 후반 세계 연극사에서 중요했던 특정 시기를 증언하고자 하는 의도를 가지고 나는 이 책을 쓰고 있다. 예지 그로토프스키, 루드빅 플라셴, 예지 구라프스키(Jerzy Gurawski), 그 외 배우들이 함께했던 작은 집단이 연극의 반란을 잉태하고 구축했던 특별했던 시기를 말이다. 배경은 사회주의 국가 폴란드, 국가 경찰이 정권을 잡았던 암울한 역사, 동시에 지칠 줄 모르는 지식인과 예술가들은 뜨겁게 자유를 갈구하고 해방을 갈망하던 시기였다.

그 시기의 흔적들은 그다지 오래된 과거도 아닌데, 지금은 전부 사라져 버린듯하다. 그리고 늘 그렇듯이 선로가 희미해지면, 역사는 위험을 무릅쓰고 직선으로 내달리거나 또는 사실들이 서로 연결되어 있는 진실에도 불구하고 어렴풋이 왜곡된다.

그건 가능하다. 예를 들면, 그로토프스키의 연극을 슬라브 계열로 이어져 내려오는 20세기 전반부의 개혁과 연구에 연결짓는 것 말이다: 스타니슬랍스키(Stanislavski) - 바흐탄고프(Vachtangov) - 메이어홀드(Meyerhold) - 에이젠시테인(Eisenstein) - 그로토프스키. 아니면 조금 더 특이하게, 배우와 연출가가 문학적 텍스트 안에서 작업하느냐 그것에 반하느냐의 관계로 이어지는 계열이다: 메이어홀드 - 브레히트(Brecht) - 그로토프스키. 또는 연극 작업의 독창적인 목표를 갖고 보여지는 공연의 지평을 훨씬 넘어선 계열이다: 스타니슬랍스키 - 술러지츠키(Sulerzhitski) - 코포(Copeau) - 오스테르바(Osterwa) - 그로토프스키. 이런 연결들은 전부 다 맞는 얘기다. 하지만 그건 과거에 일어난 사건들에 어떤 의미와 방향을 찾으려는 임무를 지닌 사람들에게나 유용하다.

자신의 방식으로 자신의 집—극장—을 창조하려는 필요를 갖고, 불리한 환경과 무관심, 고독에 맞서 싸워야만 하는 상황에 있는 현재의 사람들에게 이런 설명들은 아무 소용이 없다. 그들은 단순히 20세기 연극사의 위대한 흐름에 관심이 있는 것이 아니라, 먼 곳에서 이루어낸, 미학적 혁명과 근본적인 발견들을 드러낸 승리의 고군분투가 중요한 것이다. 선배들이 벌인 모험들 속에서, 또한 그들은 끝도 없이 일어나는 하루하루의 어려움과 자신들의 선택이 불러온 힘겨운 문제들을 극복할 수 있는 사례와 영감을 찾으려 한다. 그들은 자기 스스로를 짓누르는 미흡함에서 벗어나는 데 도움이 될 수 있는 전략과 기술, 원칙과 이상을 찾아 헤맨다. 아직 이름 없는 이들에게, 무엇인가를 발견하고자 하고 승리하고자 하는 이들에게, 단조로운 물질적 조건들과 친숙해지는 것은 무엇보다도 도움이 된다. 그것은 다른 이름 없는 이들의 이야기를 특별하게 해주는 것이다.

포르트보우(Portbou)는 프랑스와 경계에 있는 스페인 마을로, 독일의 유태인 발터 벤야민(Walter Benjamin 1892-1940)이 자살을 한 곳이기도 하다. 나는 1995년 봄에 그의 무덤을 찾아가 보기 위해 그곳에 간 적이 있다. 한참을 돌아다녔지만 묘지를 찾을 수가 없었다. 그러던 중, 순간 번쩍, 그곳에 있을 수가 없겠구나 하는 생각이 들었다: 그는 자살을 했을 뿐 아니라 유태인이었으니까.

묘지는 바위가 바다와 하늘을 향해 돌출되어 있는 암석 해변의 언덕

위에 있었다. 멀지 않은 곳에, 돌바닥에서부터 불쑥 튀어나온 터널의 입구가 있었다. 마치 쇠로 된 내장처럼, 전함을 만들 때 쓰는 무거운 철판으로 만들어졌는데, 짭조름한 바닷바람에 녹이 슬어 갈라지고 있었다. 역시나 철로 만들어진 계단은, 바다 깊숙이 내려가듯이 터널 아래로 이어졌다. 그 아래로 걸어 내려가기 시작하니, 어떤 이미지가 나를 사로잡았다. 저 멀리 푸르게 초록인 바닷물이 보였고 동시에 내가 나에게 다가오고 있었다. 터널은 갑자기 툭 끊기고, 바다가 펼쳐지면서, 계단을 내려오는 사람을 비춰주던 유리판으로 막혀있다. 나는 대니 카라반(Dani Karavan 1930년생, 이스라엘 텔아비브 출생의 조각가이자 건축가. 발터 벤야민이 나치즘을 피해 미국으로 망명하고자 프랑스를 넘어 포르투갈로 향하던 중 스페인 국경에서 발각되자 더 이상 길이 없음에 좌절하여 음독자살한 그곳 포르트보우 해변에, 대니 카라반은 발터 벤야민의 삶과 죽음을 반영한 추모 작품 '통로(Passages)'를 설치하였다 - 옮긴이 주)이 막시스트이자 헤브라이 신비 철학자에게 헌정한 그 기념비를 흠모했기 때문에, 나의 감정들이 떠돌아다니는 대로 놔두었다. 뿌옇게 불투명한 유리에 비친 내 모습에 내 걸음이 멈출 때까지. 아주 작은 글자로 발터 벤야민의 글들이 유리에 새겨져 있었다: *유명한 사람들보다 이름 없는 자들을 기억하고 존중하는 것은 훨씬 더 어려운 일이다. 역사적인 건축은 이름 없는 자들을 기억하는 데에 바쳐져야 한다.*

나는 연극사의 어느 중요한 순간을 마치 이름 없는 젊은이들의 이야기인 양 전하고자 한다. 나는 당시의 일을, 지하의 역사로, 스파이들의 이야기로 전달하고 싶다. 우리는 신기루에 취한 광신도들이었을까? 이 신기루를 다이아몬드로 바꾼 것은 대중의 인지와 환호였을까? 연극의 이 지하 역사는 명확하게 포착할 수도, 합리적이고 귀납적인 설명도 불가능하다. 그것은 분명한 우연성의 흐름이고, 불일치하는 사건들과 기회의 만남들이다. 무엇보다도 그것은— 결과의 위대함과 선택의 효력들 이면에 존재하는—다른 힘들과 다른 영역들을 드러낸다: 반란을 향한 충동, 시대 정신에 굽히는 능력 전혀 없음, 사회와 자아를 초월하고픈 목마름. 그리고 사랑에 빠지는 물리적인 힘과 사랑 그 자체.

'사랑'이라는 말 외에 어떤 다른 단어를 붙일 수 있을까? 그 연극인들을 서로 단단히 묶어주었고, 냉정한 사람들에게는 고독한 미치광이들의 강박으로 여겨졌을 아이디어들을 실행 가능하게 했던 그 뜨거운 열정에 말이다. 술러지츠키와 스타니슬랍스키의 작업이 러브 스토리가 아니란 말인가? 그럼 바흐탄고프는? 스타니슬랍스키와 메이어홀드의 관계를 키운 것이 불행하고도 폭풍 같은 사랑의 진실된 이야기가 아니란 말인가? 또는 예이젠시테인과 메이어홀드는?

오늘날엔 열정적인 사랑이라고 하면 겨우 일차원적으로만 여겨지고 있다: 에로틱. 이런 까닭에 '마스터(Master)'라는 용어를 깊이 있게 이해한다는 것도 실질적으로 불가능하게 되었다. 당연해 보이는 것들을 넘어서서 꿰뚫어 보는 일은 매우 어렵다. 영향력, 방법론, 계보, 충성심과 지조, 의리 없음, 배신 등등의 개념들을 넘어서기가 참 어렵다. 마스터란 자신을 드러내는 사람이 아니듯, 온전히 사라진다. 자신의 창의적인 고독을 발견하는데 이르는 힘겨운 관문이 아니라, 전혀 한탄하지 않으며, 그의 행위는 오직 가르치고 유혹하는 데 있을 뿐이다.

감사의 글

소중한 친구이자 25년간을 가깝게 일하고 있는 난도 타비아니(Nando Taviani)에게 고마움을 전한다. 내게 그로토프스키의 편지들을 출판하라고 설득한 것도, 오폴레에서 나의 마스터와 함께 보냈던 결정적인 시간들의 이야기를 앞에 풀어내도록 한 것도 그이다. 이탈리아 일 무리노(Il Mulino) 출판사의 칼라 칼로니(Carla Carloni), 내게는 미성숙해 보였던 이 책의 든든한 지원자였다. 내 글의 언어와 말투에 대해서 여러 친구들과 의논을 했고, 그들은 인내심을 갖고 원고를 읽어주었으며 관대하고도 거침없는 비평을 해주었다: 줄리아 발리(Julia Varley), 프랑코 루피니(Franco Ruffini), 니콜라 사바레즈(Nicola Savarese), 클레리아 팔레티(Clelia Falletti), 리나 스키엘(Rina Skeel), 우고 볼리(Ugo Volli), 스테파노 체라치(Stefano Ceraci), 파올로 타비아니(Paolo Taviani), 로베르토 틴티(Roberto Tinti), 이벤 나이젤 라스무센(Iben Nagel Rasmussen), 토르게이 베달(Togeir Wethal), 그리고 즈비그니에프 오시인스키(Zbigniew Osiński). 미렐라 쉬노(Mirella Schino)의 격려와 유능한 도움으로, 그리고 천 번의 망설임 끝에 이 책이 마침내 그 끝에 도착하게 되었다.

1996년 7월 이탈리아 카르피냐노(Carpignano)
- 1998년 1월 덴마크 홀스테브로

후기

내가 이 책 *재와 다이아몬드의 땅*을 쓰고 있었을 때, 예지 그로토프스키는 이미 심각하게 아픈 상태였지만, 여전히 활동적이었고 우린 정기적으로 연락을 하고 있었다. 그와의 마지막 만남은 1997년 11월 이탈리아, 그가 볼로냐(Bologna) 대학 명예 박사 학위를 받았던 곳에서였다. 우리는 다시 한번 이 책에 대한 대화를 나누었고, 그는 이태리어로 쓰여진 원고를 읽었다. 몇 가지 세부적인 부분들과 편지글의 번역에 관해 의논을 했다. *재와 다이아몬드의 땅*은 처음 이탈리아에서 1998년 6월에 출판되었다. 예지 그로토프스키는 1999년 1월 14일 이탈리아 폰테데라(Pontedera)에서 죽었다. 그의 마지막 바람은 그의 재를 인도의 아루나찰라(Arunachala) 언덕에 뿌려 달라는 것이었다. 그곳은 라마나 마하리쉬(Ramana Maharishi)의 아쉬람이 있는 곳이다.

나는 미래의 편집본에는 어떠한 수정도 하지 않기로 결심했다. 그러나 그로토프스키가 이 책 안에 나타나 준다면, 마치 그가 여전히 살아 있기라도 하는 듯이, 그렇다면 그것만은 받아들이겠다.

유제니오 바르바(Eugenio Barba)

1999년 1월 25일 홀스테브로에서

1부

재와 다이아몬드의 땅

- 나의 폴란드 도제 시절

1. 삶을 바꾸어 놓은 한 편의 영화

나를 폴란드로 떠나게 확신을 준 건 안제이 바이다(Andrzej Wajda)였다. 아니 그보다, 나를 폴란드에 가서 연극을 공부하게 하려는 목적으로 바이다가 그 영화를 만들었다고 하는 편이 낫겠다. 그 영화가 바로 *재와 다이아몬드(Ashes and Diamonds)*였고, 나는 그 영화를 1959년 가을 오슬로에서 보았다. 주먹으로 한 방 날리듯이 그 영화는 나를 내려쳤고, 나는 다시 또다시 그 영화를 보러 갔다: 세 번, 다섯 번, 아마 열 번쯤. 스크린에 비춰진 이미지들은 시민 전쟁, 절박한 열정, 유머 감각, 삶에 대한 조롱, 역사의 포악함에 짓밟히는 인간의 광기와 나약함, 존재에 대한 아련함이었다. 주인공, 즈비그니에프 치불스키(Zbigniew Cybulski)는 남성적이면서도 굉장히 유약한 표현을 보여주었는데, 나는 그것을 몇 년 후 그로토프스키의 배우 리샤르드 치에실락(Ryszard Cieslak 1937-1990)의 얼굴에서 발견할 수 있었다. 영화는 폴란드에서 벌어지는 이야기이다, 폴란드는 그때까지 나에게 남미비아나 몰도바 정도로 멀고도 매우 추상적인 나라였다. 내가 알고 있던 건 단지 그 나라가 군주제였었고 위뷔(Ubu)라는 왕이 있었다는 정도였다. 이제 나에게 폴란드는 그렇게 사랑했고 죽어간 사람들의 땅으로, 마치 그들이 나의 일부인 듯 구체적으로 다가왔다.

이러한 새로운 발견에 대해 뭔가 더 찾아 읽기 위해서 도서관으로 달려갔다. 나는 우연히 사르트르(Sartre)가 발간하는 잡지 *현대(Les Temps Modernes)*에 실린 '폴란드 시월 항쟁', 1956년에 일어난 무혈 항쟁으로 고무우카(Gomułka 1905-1982)에게 다시 권력을 회복시켜주었던 사건에 관한 기사를 읽게 되었다. 무명의 시인들, 작가들, 철학자들과 극작가들의 글들은 천일야화의 나라로 나를 인도하였다. 나는 그곳으로 가야만 했다.

폴란드 문학을 공부하겠다는 장학생의 신분을 입고, 나는 1961년 1월 바르샤바(Warsaw)에 도착했다. 이스라엘에서 여섯 달 동안 방랑을 하고 곧장 그곳으로 향했다. 기차에서 내렸을 때 이미 내 머릿속은 연극 연출가가 되겠다는 꿈과 확고한 의지로 가득 차 있었다. 나는 스물네 살, 폴란드 말은 단 한마디도 하지 못했다.

대학에 등록을 하고, 나는 바로 연극학교로 가서 입학시험에 관해 문의했다: 무대 디자인과 의상 등을 포함하여 공연을 제작하는 구체적인 프로젝트를 만들어 낼 것, 그들은 내가 프랑스어로 참가하도록 허락해 주었다. 나는 소포클레스의 작품 *오이디푸스 왕(Oedipus Rex)*을 선택했다.

나는 폴란드어를 공부하면서 동시에 연극 제작 프로젝트를 진행하였다. 또한 대학에서의 수업도 계속 듣고 있었는데, 비록 거의 알아듣지는 못했지만, 그곳에서 다른 젊은이들을 만날 수 있었고 저녁이면 함께 학생 클럽으로 몰려가곤 했다. 내가 만난 교수들 중 한 분이 얀 코트(Jan Kott 1914-2001, 연극학자이며 비평가. 1965년 미국으로 초청받아 여러 대학에서 강연 후에, 다시 폴란드로 돌아갈 수 없는 상황이 되어 미국에서 활동하였고 그곳에서 생을 마쳤다 - 옮긴이 주)라는 대단한 비평가였는데, 그때까지 해외에는 알려지지 않았었다.

나는 3월 초에 연출과 학과장인 보단 코제니에프스키(Bohdan Korzeniewski)의 주관으로 연극학교 입학시험을 치렀다. 나의 정치적 신념을 바탕으로 소포클레스의 텍스트를 일종의 '낙관적 비극'으로 전환시켰다. 하나의 피라미드가 무대 전체를 가득 채우고 그 꼭대기에 오이디푸스, 이오카스테, 그들의 자식들과 크레온이 있다고 상상했다. 시민들과 예언자 티레시아스는 낮은 계단으로 배치했다. 마지막 장면에서, 얼굴이 피로 뒤덮인 오이디푸스가 테베를 떠나갈 때, 그리고 크레온이 자신의 끔찍한 운명에 탄식할 때, 시민들이 피라미드에 올라가 크레온을 끌어내

렸다: 개인주의 시대가 도래했다, 영웅들이 수수께끼를 풀고 도시를 재앙에 빠뜨리던 때는 과거가 되었다.

나의 해석은 폴란드에서는 굉장히 순박한 것으로 비쳤을 것이다, 서방세계의 '자유' 국가에서 온 전형적인 과격 좌파. 길고도 혹독했던 스탈린 정권의 시대가 가고 또한 러시아와의 위험했던 반목의 시간을 거쳐 폴란드인들은 브와디스와프 고무우카(Władisław Gomułka)를 다시 권력에 복귀시키는 데 성공했고, 소비에트 연합의 교조주의로부터 부분적으로 자유를 회복하기까지 거의 오 년 정도의 시간이 걸렸다.

코제니에프스키 교수는 참을성 있게 나의 설명을 들어주었고, 인물들에 대해서, 행동 동기, 의상과 바빌로니아의 양각 문양의 영감을 받아 만든 가면들에 대해서 질문했다. 마지막으로는 이 공연을 이렇게 마무리하는 방식에 정말 확신이 있는지 내게 물었다. 나는 좀 놀라서, 그것이 작품 *오이디푸스 왕*이 갖고 있는 시사성의 가장 핵심이라고 답했다. 그런 다음 그는 어떻게 좁은 피라미드 정상에 그 많은 인물들이 서 있을 수 있었는지 물었다. 나는 약간 당황했다, 그의 의견이 그야말로 코러스 안에 있는 배우들의 인원을 말하는 건지, 아니면 어떤 반어적인 의미가 담겨 있는 건지 알 수가 없었다.

그 시간은 내가 폴란드에서 배운 첫 번째 교훈들 중 하나였다. 희망 사항과 구체적인 생각 사이, 우리가 원하는 것과 현실이 우리에게 강요하는 것 사이, 우리의 몽상과 역사의 무자비한 객관성 사이의 뼈아픈 대립을 배웠다. '좋아, 바르바, 알겠네' – 코제니에프스키는 나를 격려하며 말했다 – '우리 학교에서 공부할 수 있겠네.'

2. 친구들

나는 마달린스키에고(Madalinskiego) 거리에 있는 학생 기숙사에 살았다. 일층에는 외국인 학생들이 사는 일인실 혹은 이인실 방들이 있었고, 다른 층에는 여학생들만 네 명씩 한 방에 사는 곳이었다. 나의 룸메이트는 아르헨티나에서 온 젊은 작곡자 로무알드 펠리인스키(Romuald Peliński), 그 친구는 나에게 폴란드 현대 음악을 많이 소개해 주었고–쉬마노프스키(Szymanowski), 루토스와프스키(Lutosławski), 펜데레츠키(Penderecki)–그리고 현대 음악 축제인 바르샤바 가을 음악회 여기저기에 나를 끌고 다녔다.

나와 단짝으로 붙어다닌 친구는 에릭 보(Erik Veaux)라는 프랑스인인데 어머니가 스웨덴 사람이라 스웨덴어를 매우 잘했고, 우린 비밀 언어처럼 그걸 사용하면서 서로 즐거워했다. 그는 슬라브어 전문가로서 비트카치(Witkacy/Stanisław Ignacy Witkiewicz 1885-1939, 폴란드 시인, 극작가 - 옮긴이 주)와 타데우쉬 보로프스키(Tadeusz Borowski 1922-1951, 폴란드 시인, 소설가 - 옮긴이 주)를 번역했고, 그 도시의 예술과 문학 단체들에서 열정적으로 활약했다. 그를 통해서 나는 유명한 작가인 예지 안제예프스키(Jerzy Andrzejewski 1909-1983, 영화 *재와 다이아몬드*의 원작 소설의 작가 - 옮긴이 주)와 예지 브로슈키에비츠(Jerzy Broszkiewicz 1922-1993)를 알게 되었고, 젊은 극작가인 스와보미르 므로젝(Sławomir Mrożek 1930-2013, 극작가, 소설가, 시사 풍자화가이기도 했다. 1963년 폴란드를 떠나 이탈리아, 프랑스, 멕시코 등에 머무르다 1996년 폴란드로 돌아갔으나 2008년 다시 프랑스로 이주, 그곳에서 생을 마감하였다 - 옮긴이 주), 또한 원로 작가인 아르투르 마리아 스비나르스키(Artur Maria Swinarski 1900-1965), 비평가 아르투르 산다우에르(Artur Sandauer 1913-1989)와 헨릭 베레자(Henryk Bereza

1926-2012), 그리고 잘 알려진 영화 전문가 크쥐쉬토프 테오도르 토에플리츠(Krzysztof Teodor Toeplitz 1933-2010)를 알게 되었다. 때로는 나 혼자 그들을 찾아가 만나기도 했고, 때로는 에릭과 함께 만나기도 했다; 우리는 주로 리테라투프(Literatów) 클럽에서 만났다.

자주, 저녁마다, 에릭과 나는 테아트르 쥐도프스키(the Teatr Żydowski) - 유대인 극장(Jewish Theatre)에 갔다. 평생 잊히지 않을 이다 카민스카(Ida Kaminska 1899-1980, 폴란드 배우. 연극인 부모님의 영향으로 어렸을 때부터 무대에 섰다. 평생을 바친 바르샤바 유대인 극장에 그녀와 그녀의 어머니 에스터(Ester)의 이름이 헌정되었다 - 옮긴이 주)가 이디시(Yiddish, 중앙 및 동부 유럽에서 주로 쓰이는 유대인 언어 - 옮긴이 주)로 공연을 했던 극장이다. 그렇지 않으면 우리는 시인 미론 비아워셰프스키(Miron Białoszewski 1922-1983)가 자기만의 공연을 올리던 그의 집을 방문했다. 비아워셰프스키 자신이 쓴 아방가르드 텍스트를 혼자 혹은 친구인 화가 루드미와 무라프스카(Ludmiła Murawska)와 함께 공연하는 것을 보려고 열다섯 명에서 스무 명 정도의 사람들이 모여들었다. 거의 대부분 예술가들이거나 지식인들이었는데, 그 작은 두 방에 사람들이 가득 모일 때면 검열관들도 눈을 슬쩍 감아주었다(당시에는 전형적인 일이었다).

몇 달 동안 신명나는 활동과 수업, 발견, 만남, 새로운 여행으로 재미있었다. 나는 연극학교와 대학교 사이를 오가며 밀도 있는 시간을 보냈다. 친구들과 예술계 사람들과 어울리며 매일 저녁 한두 편의 공연을 보았다. 그리고는 저녁을 함께 먹거나 연극인들이 주로 가던 스파티프(SPATIF) 클럽에 갔다.

시, 문학, 조형 미술, 영화, 현대 음악, 재즈 그리고 연극 속에서 예술적 인생이 가득 피어올랐다. 비록 폴란드어는 거의 알아듣지 못했지만, 충격적인 무대미술과 배우들의 수준은 나를 사로잡기에 충분했다. 할리나 미코와이스카(Halina Mikołajska), 이레네 에이흘레루브나(Irene Eichlerówna), 야첵 보슈체로비츠(Jacek Woszczerowicz), 구스타프 홀로우벡(Gustaw Holoubek), 얀 시비데르스키(Jan Świderski), 타데우쉬 웜므니츠키(Tadeusz Łomnicki)와 같은 배우들, 예지 브로슈키에비츠, 타데우쉬 루제비츠(Tadeusz Różewicz), 스와보미르 므로젝 등의 극작가들, 그리고 연출가들 에르빈 악세르(Erwin Axer), 보단 코제니에프스키, 카지미에쉬 데이멕(Kazymierz Dejmek), 크리스티나 스쿠샨카(Krystyna Skuszanka), 또는 신예 콘라드 스비나르스키(Konrad Swinarski), 예지 야로츠키(Jerzy Jarocki), 무대미술가로는 얀 코시인스키(Jan Kosiński), 유세프 샤이나(Jósef Szajna), 타데우쉬 칸토르(Tadeusz Kantor), 제노비우쉬 스트젤레츠키(Zenobiusz Strzelecki), 안제이 스토프카(Andrzej Stopka), 에바 스타로비에이스카(Eva Starowieyska), 신예 크리스티나 자흐바토비츠(Krystyna Zachwatowicz) 등, 이러한 예술가 한 사람 한 사람이 늘 나를 깜짝 놀라게 했고 매일 새로운 것을 배우던 그 저녁 시간들을 보장해주었다.

폴란드 연극이 지닌 다양성과 수준은 유럽 안에서도 독보적인 것이었고, 나는 그러한 폴란드 연극을 알리고 인정받도록 돕는 것이 나의 의무라고 느꼈다. 유럽의 여러 나라에 있는 친구들에게 긴 편지를 썼고, 특히 이탈리아 밀라노에 있는 연극 잡지 *시파리오(Sipario)*에 연락해서 편집장 베네데타 갈라시 베리아(Benedetta Galassi Beria)에게 폴란드 연극에 대한 내용을 제안했다. 다루어 볼 만한 주제들의 목록을 첨부하고, 함께 작업이 가능한 예술가들의 이름들과 두 편의 희곡들을 번역해서 보냈다. 그녀는 받아들였다. 그렇게 해서 나의 지인들의 반경은 더 넓어졌다. 나는 폴란드의 연극 잡지사들을 찾아다니며 그들의 조언과 연출가들에 관한 기사들을 구했고, 또한 내가 직접 인터뷰를 하기 시작했다.[1]

1961년 당시에는 폴란드에 외국인들이 많지 않았고 낯선 사람들과의 소통이 흔치 않았다. 심지어 술집이나 식당에 들어가면 당신의 '서양식' 옷차림만으로 공짜 대접을 받는다. 즉석에서 누군가가 당신에게 술을 사거나 긴긴 토론을 시작한다. 나는 그러한 환대와 호사를 이전엔 어디에서도 받아본 적이 없었다. 나는 전쟁에서 독일에 맞섰던 폴란드 레지스탕스의 저항 운동에 깊은 존경심을 가졌다. 그들은 사회주의 정권하에서 고난을 겪었는데도, 백이십여 개의 극장을 지원하여 연극 티켓의 가격을 영화와 동등하게 유지하는 등 문화 정책에도 대단한 노력을 기울였다. 나는 이러한 사람들의 생명력과 나 같은 사람조차도 과열된 도스토옙스키(Dostoevsky)다운 캐릭터로 뜨겁게 전염시키는 그들의 그 도스토옙스키다운 에너지에 매혹당했다.

3. 여행

나는 다른 지역의 연극과 연출가들을 만날 수 있는 기회라면 놓치지

---

1 *'시파리오'* 잡지는 1963년 8월 두 편(208 - 209호)을 프랑코 콰드리(Franco Quadri)를 편집장으로 하여 특집으로 발간하였다. 여기에는 얀 코트, 얀 브워인스키(Jan Błoński), 콘스탄티 푸지나(Konstanty Puzyna), 아담 타른(Adam Tarn), 에드바르드 츠사투(Edward Csató), 마리아 차네를레(Maria Czanerle), 얀 크워쏘비츠(Jan Kłossowicz), 타데우쉬 쿤들리인스키(Tadeusz Kudliński), 보이치에흐 나탄손(Wojciech Natanson), 안제이 비르트(Andrzej Wirth), 안제이 브루블레프스키(Andrzej Wróblewski) 등의 평론가들의 글과, 연출가 에르빈 악세르, 크리스티나 스쿠샨카, 리디아 잠코프 - 스웜취인스카(Lidia Zamkow - Słomczyńska)의 글들, 무대미술가 유세프 샤이나, 제노비우쉬 스트젤레츠키, 얀 코시인스키, 크리스티나 자흐바토비츠의 글들, 그리고 비츠카치의 글과 두 편의 희곡들 - 하나는 타데우쉬 루제비츠의 작품이고 다른 하나는 예지 브로슈키에비츠의 작품 - 이 실렸다. 프랑스 친구이자 시각 예술가인 롤랑 그륀베리(Roland Grünberg)가 그로토프스키에 대해 글을 썼다. 나는 괴스타 마르쿠스(Gösta Marcus)라는 필명으로, 연출가들과 무대 미술가들을 만난 인터뷰 시리즈를 올렸고, 헨릭 토마셰프스키(Henryk Tomaszewski)의 마임 연극에 대한 기사를 썼다.

않고 찾아다녔다. 우치(Łódź, 바르샤바 남서쪽에 있는 폴란드 제3의 도시 - 옮긴이 주)에 있는 카지미에쉬 데이멕를 방문해서 며칠 동안 리허설을 참관했다. 그단스크(Gdańsk)에서 열리는 폴란드 학생 연합 모임에 갔을 땐 최고의 학생 연극들을 보게 되었는데, 그중 하나가 코 토(Co To)라는 단체로, 즈비그니에프 치불스키, 바로 나에게 엄청난 영향을 주었던 영화 *재와 다이아몬드*의 바로 그 배우가 연극을 시작했던 곳이기도 했다.

6월에는 노르웨이 친구인 다그 할보르센(Dag Halvorsen)을 만나러 크라코우(Cracow, 폴란드어로는 Kraców 크라쿠프이며, 폴란드 제2의 도시로 1596년에 수도를 바르샤바로 옮기기 전까지 국가의 수도였던 유서 깊은 도시 - 옮긴이 주)에 짧은 여행을 다녀왔는데, 그 친구는 야기엘로인스키 대학(the Jagielloński University, 크라코우에 있는 동유럽 최고의 대학으로 코페르니쿠스, 교황 요한 바오로 2세 등 역사적인 인물들을 많이 배출한 곳 - 옮긴이 주)에서 사회학을 공부하고 있었다. 우리는 함께 여러 극장의 공연들을 보러 다녔고, 저녁이면 시인, 가수, 배우들이 모여드는 논쟁과 풍자가 가득한 술집에서 하루를 마무리했다.

내가 제일 좋아했던 극장은, 크라코우에서 몇 킬로미터 떨어진 곳에 5년에 걸친 원대한 계획으로 탄생한 노바 후타(Nowa Huta)라는 위성도시에 있었다. 거대한 철 공장들이 연기를 내뿜고 흉흉한 아파트 건물들을 줄지어 세운 우중충한 시나리오는 사회주의 건축의 최악의 사례였다. 그곳에 있는 대형 극장은, 수천 명의 노동자들과 그 가족들을 위한 곳으로, 연출가 크리스티나 스쿠샨카와 그녀의 남편 예지 크라소프스키(Jerzy Krasowski)가 감독으로 일하고 있었다. 그들의 작품들은 무대미술가 유세프 샤이나의 실력과 함께 수준 높은 텍스트와 연극적 완성도로 굉장히 인정받고 있었다. 전쟁 중에, 샤이나는 아우슈비츠(Auschwitz)로 강제 호송되었다. 나는 팔뚝에 잔뜩 문신을 본 것이 그때가 처음이었다. 우리가 처음 만난 날, 샤이나는 집으로 나를 초대해서 자신의 스튜디오를 보여주었다. 우리는 자주 만났고 밤늦게까지 함께 술을 마셨다. 그와 함께 있을 때면 나는 종종 꼼짝없이 사로잡혀 대조적인 반응을 보이게 되었다. 그건 마치 역사 속에 나오는 끔찍한 어떤 유령 앞에 내가 있는 것 같기도 했고, 또 동시에 죽음과 지옥에서 빠져나온 순수한 영혼의 오르페우스(Orpheus, 그리스 신화에 나오는 음유 시인이며 리라의 명수 - 옮긴이 주)를 마주하고 있는 것도 같았다. 그의 예술적 생명력과 격정적으로 쏟아내는 이야기들, 셀 수 없이 마셔댄 보드카 잔들과 엄청난 주량(나는 폴란드인들이 어떻게 술을 마시는지를 보았다!), 삶에 대한 끝없는 갈망, 그리고 여자들에게는 어찌나 충동적으로 끌리는지, 그는 너무나 인상적인 사람이었다.

크라코우 여행이 끝나갈 즈음 나는 브로츠와프를 거쳐서 바르샤바로 돌아가기로 결정했다. 브로츠와프는 전쟁의 폐허로 여전히 음울함이 남아있으나, 그럼에도 불구하고 그 아름다움은 변함없이 칭송받던 곳이었다. 나는 폴스키 극장(Teatr Polski)을 방문해서 연출가 야쿱 로트바움(Jakub Rotbaum)을 만나보고 싶었다. 다그 할보르센, 나의 노르웨이 친구가 동행하기로 했다. 그의 여자친구인 얀카 카츠(Janka Katz)[2], 젊은 유대인 평론가이자 시인인 그 친구는 우리의 계획을 듣고는 이렇게 말했다: '그럼 오폴레에도 들리지 그래? 내 친구 예지 그로토프스키라고 거기 사는데, 루드빅 플라센하고 같이 아방가르드 연극하는 13열 극장에서 연출로 일하거든.' 그로토프스키라는 이름은 내가 한 번도 들어본 적이 없었지만, 플라센은 귀에 익은 이름이었다. 매우 드물고 까다로운 글쓰기로 정평이 났음에도, 그는 콘스탄티 푸지나, 안제이 키요프스키

2 얀카는 1969년에 덴마크로 이주하였다. 당시 새로운 '반 - 시오니스트(anti - zionist)' 정책은 나치의 말살에서 살아남은 일부 유대인들에게 더 이상의 생활을 불가능하게 했다.

(Andrzej Kijowski)와 얀 부워인스키와 함께 당대 최고의 문학 평론가이자 연극 비평가 중 한 사람이었다. 그의 첫 번째 책, *우두머리와 장벽(The Head and the Wall)*은 검열에 의해 몰수당했다. 그러나 몇 부의 복사본이 드물게 지하 조직을 통해 돌았고, 공인된 문학과 그 기준들에 대한 플라센의 비판적인 태도가 알려지게 되었다.

다그와 나는 오폴레에 들러서 플라센을 만나보는 것도 괜찮겠다고 생각했다. 실은 우리같은 외국인들이 지방 극장을 방문하면 연출가들은 언제나 친절하게 술과 음식을 베풀었기에. 우리는 오후에 오폴레에 도착했는데, 시청 중앙광장인 리네크(Rynek)에서 13열 극장을 찾기는 좀 힘들었다. 극장의 작은 문으로 들어서니, 좁은 복도가 나오는데 극장 로비를 겸하는 곳이었고, 그 짧은 복도를 지나면 가로 세로 80미터 정도의 공간이 있었다. 그곳에서는 아담 미키에비츠(Adam Mickiewicz)의 *지아디(Dziady - The Forefathers 선조들)*를 공연하고 있었다. 19세기 폴란드의 위대한 낭만주의 시인 중에 하나인 이 작가는 당시 러시아, 프러시아 그리고 오스트리아로 쪼개져 있던 폴란드에서 그들의 민족 문화를 지켜낼 저항의 화신으로 그의 동료들에게 추앙받던 인물이었다.

크라코우의 일간지 *지엔닉 폴스키(Dziennik Polski)*의 비평가, 타데우쉬 쿠들리인스키(Tadeusz Kudliński)가 와있는 걸 보니 첫공연이었던 것 같다. 다그와 나는 그로토프스키와 플라센을 공연 전에 만났고, 얀카 카츠를 통해 인사를 나눴다. 그로토프스키는 젊고 키가 크고 약간 뚱뚱하고, 격식 있는 매너에 머리부터 발끝까지 온통 검정으로 차려입었다(검은색 바지, 쟈켓, 셔츠, 타이, 구두, 양말, 게다가 검은 선글라스를 심지어 공연 중에도 밤에도 쓰고 있었다). 그는 마치 개신교의 사제처럼 보였다. 플라센은 작은 키에, 통통하고, 따뜻한 사람이었고, 묘하게도 짧은 턱수염이 레닌(Lenin)과 똑같았다. 이런 작은 시골의 사회주의 마을에서는 전혀 눈에 띄지도 않는 학교 선생으로 환생한 메피스토펠레스

(Mephistopheles)를 떠올리게 했다.

공연은 80제곱미터 정도 되는 공간에서 이뤄졌다. 무대는 따로 없었다. 관객들은, 전체 40명가량 되었는데, 여기저기 흩어져 앉아있었고, 배우들이 관객들 사이사이를 움직이며 돌아다녔다. 여자 세 명이 가운데 앉아있었는데, 어떤 순간에 배우들이 그들을 공간 밖으로 끌고 나가니까 당황하고 모두가 웃기도 했다. 배우들의 연기는 과장된 형식으로 표현되었고, 몇몇은 기다란 가짜 수염을 달고 있었다. 그들은 매우 젊은, 모두 서른이 안 된 나이였다.

수많은 폴란드 공연들을 보면서 세련된 시각성과 연극적 수준에 익숙해져 있던 나에게, 이 다듬어지지 않은 *지아디* 공연의 풋내는 충격이었다. 대강 만들어서 실밥을 드러내 보이던 의상에, 땀에 얼룩진 셔츠며, 가짜 수염이 턱에서 떨어지려고 대롱거리는 모습들에 나는 기분이 상했다. 배우들이 관객들을 직접적으로 대면하고, 관객들 일부를 행위에 포함시키는 방식은 그런 것들을 관습으로 용납하는 학생들의 카바레 공연을 연상시켰다. 연극적 체험에서 본질적인 부분이라고 내가 믿고 있던 것들을 나는 그 공연에서 전혀 접하질 못했다: 즉 정서적 참여와 지적 거리감의 이중 효과.

간단히 말하자면, 내가 봤던 그로토프스키의 첫 번째 공연은 내게 별다른 감흥을 주지 않았다. 무대와 관객 사이의 구별을 없앴다는 사실과 배우들이 관객 사이를 움직이며 돌아다닌 것이 딱히 내게는 대단한 인상을 주지 못했다. 결과적으로, 그건 관객과의 밀접성, 크라코우나 다른 도시들에서 봤던 그런 특징들을 여기 오폴레 이 작은 극장에서도 또 보는 정도였다. 연기 스타일도 나를 거슬리게 했는데, 과장된 연기를 하거나 어떤 텍스트를 풍자하는 식의 아마추어 연극을 연상시켰다.

배우들과 연출가 모두 스스로를 굉장히 심각하고 진지하게 대하는 사람들이라는 인상을 받았다. 어떤 장면들은 약간 취향 부족으로 느껴졌고, 또 어떤 부분은 생각이 좋다고 여겨졌으나 지적인 단계에 머물러 있었다. 그중 한 장면에서, 주인공인 지그문트 몰릭(Zigmunt Molik)이 마치 십자가를 지듯이 빗자루를 업고 구부정히 걸었다. 의심할 여지 없이, 그러한 이미지는 폴란드 관객들에게 모호하고도 모순된 여운을 일으켰다: 한편으로는 널리 알려진 드라마에 대한 신성모독으로, 또 한편으로는 여전히 소비에트의 억압이 만연했던 러시아 차르(Tsar, 러시아의 황제. 차르가 지배하는 전제 군주제를 말하기도 함 - 옮긴이 주)를 암시하기도 했다. 최근까지도, 텍스트의 그 대목은 검열의 대상이 되어왔다. 바로 그 장면을 놓고, 비평가 타데우쉬 쿠들리인스키는 그로토프스키가 미키에비츠의 텍스트에 신성과 조롱의 변증법을 적용했다고 분석했다. 이 표현이야말로 고전 텍스트에 접근하는 자신의 방식에 대한 최고의 묘사로 여긴 그로토프스키는 즉각 이 문구를 채택해서 사용했다.

공연이 끝나고, 다그와 나는 그로토프스키와 짧게 얘기를 나눴다. 그는 쿠들리인스키와 다른 손님들로 무척 바빴다. 우리는 호텔로 돌아왔고, 다음날 브로츠와프로 이동했다. 그 아름다운 도시에서 우리는 폐허만 남은 유적지들을 거닐었고, 폴스키 극장을 방문했다. 그곳의 연출가 야쿱 로트바움에게서 역시나 황송한 점심을 대접받았다.

여름이 찾아왔고, 대학과 연극학교는 방학에 들어갔다. 나는 그 여름을 어떻게 보낼 것인가 결정해야 했다. 나와 같은 학생 호스텔에 살고 있던 레섹 보즈니악(Leszek Wożniak)이라는 약학을 공부하며 이란 아가씨와 약혼을 한 친구가 해결책을 들고 찾아왔다. 그는 코페르니쿠스가 태어난 토룬(Toruń) 주의 헤움자(Chełmża)라는 도시에 있는 설탕 정제소에서 엔지니어로 일했던 경험이 있다. 그는 나더러 연극 단체를 만든다거나 하는, 노동자들의 클럽 활동을 도와줄 수 있지 않겠느냐 제안했다. 학생이나 예술가들을 벗어난 다른 사람들을 만나게 될 가능성에 흥분해서, 나는 그것보다 공장에 일자리를 찾아달라고 제안했다. 그래서 나는 한

달을 용접공으로 지냈다. 그건 노르웨이에 있을 때 배웠던 기술이었다. 그런 다음에는 농촌 자원봉사 단체에 들어가서 농부들의 수확을 도왔다. 바르샤바에 돌아올 땐 온몸의 근육이 쑤셨다.

나는 게토(Ghetto)에 있는 영웅들의 광장에 위치한 학생 호스텔로 이사를 했다. 그곳은 1943년 유대인 항쟁이 일어난 후 독일에 의해 완전히 파괴되어버린 바르샤바 유대인 지역의 한가운데였다. 나는 연극학교에 다시 복귀했고, 대학 수업은 가능한 만큼 들어갔고, 폴란드어가 점차 완벽해지면서, 저녁이면 극장엘 갔고, 밤에는 친구들과 어울렸다.

회색의 가을 하늘이 도시를 뒤덮고, 내 마음에도 그림자가 생기기 시작했다. 바르샤바는 여전히 전쟁의 상흔을 안고 있었다. 재건 작업은 더디게 진행되었지만, 식당과 술집에선 삶의 기쁨으로 충만한 불빛들이 넘쳐났다. 극장의 공연들이 끝나면, 배우들은 새벽 두 시까지 여는 스파티프 클럽으로 모였다. 보드카와 음식, 다음날의 피로를 동반하는 특별한 신명의 힘으로 그들은 흥에 겨웠다. 그들은 새벽에야 문을 닫는 호텔 브리스톨(Bristol)로 자리를 옮겨 계속 즐겼다. 거리에는 수백 개의 작은 불빛들이 폐허들 사이에서 반짝였다. 그 작은 불빛들이 비추는 담벼락에는 독일 정권 치하에서 죽어갔던 폴란드인들의 이름들이 적혀있었다.

바르샤바, 식료품과 생필품을 사려고 가게 밖으로 길게 줄을 선 도시는 우울했다. 불도저들이 폐허가 된 터를 파내고, 땅속에서 드러난 뼈들을 짐차로 실어날랐다. 폴란드를 향하던 나의 뜨겁던 정열이 햇빛에 눈 녹듯 사라졌다. 사회주의라고 스스로를 정의한 이 사회 속에서, 정작 나의 좌파적 생각들은 충돌을 일으켰다. 끊임없는 부정부패, 권력의 남용, 관료주의, 무관심과 냉소가 만연했다. 내 안의 순박함은 사라졌고, 그 자리에 묵인과 냉담이 퍼져가고 있음을 나는 느꼈다. 모든 것이 혼란스러웠다. 나의 모든 이론들은, 정치적 연극적 모두, 녹아 없어졌다. 나는 보호받지 못하는 혼자라고 느꼈다. 미친 듯이 공부하고 놀고 연애를 해봐도 이 불운한 실망감을 떨쳐낼 수가 없었다.

내 속마음을 친구들에게 털어놓았다. 그들도 역시 폴란드의 음울한 상황을 인정하며 나를 위로했다. 하지만 나에게는, 숨 막혀 죽을 것 같은 나에 비해 그들은 숨을 쉬고 있는 것처럼 보였다. 나는 '인류에게 사회주의의 위대함이 회복되었다'는 신념 때문에 폴란드에 왔던 것이다. 하지만, 내가 보았듯이, 사회주의는 어이없고 일그러진 선동, 심지어 악몽이었다.

계속 버티도록 의지를 심어준 친구는 베리 클레이튼(Barry Clayton)이었다. 그는 영국에서 온 사회주의자로, 나보다 열 살이나 많았고, 라디오 폴란드(Radio Poland)에서 영어 방송을 내보내는 일을 했다. 그는 나에게 우울에 패배해서 좌절하지 말고 포기하지 말라고 당부했다. 나는 폴란드에 머물러야 했다. 그도 역시나 일년 정도 지낸 후에는 비슷한 위기를 겪었다고, 그건 분명 모든 외국인들이, 모든 예민한 사회주의자들이라면 겪는 것이라고 했다. 나는 일단 장학금을 연장해서, 공부를 계속하고, 연극학교 4학년을 모두 마치도록, 가능한 오래 버텨야했다. 폴란드 연극이 유럽에서 최고라는 게 객관적으로 사실이 아닌 걸까?

그 친구의 독려에 힘입어, 나는 이탈리아 정부에 장학금 연장 신청을 했다. 그해 말, 나는 장학금 연장이 승인되었다는 소식을 들었다.

4. 오폴레

시월의 어느 날, 나는 크라코우에 사는 노르웨이인 친구 다그 할보르센을 만나러 가기로 결심했다. 그런데 아무런 특별한 동기도 없이, 나는 중간에서 기차를 내려, 오폴레, 그 13열 극장을 찾아갔다. 그날 저녁엔 아무런 공연이 없었다. 나중에 알게 된 건데, 관객이 없어서 시즌을 잠시 중단했던 것이다. 1959년 이후 극장의 노선이 그로토프스키와 플라셴에게 위임된 이래로, 공연 레퍼토리들이 콕토(Cocteau), 마야코프스키(Mayakovsky)와 같은 아방가르드 작품이나 혹은 바이런(Byron), 인도의 칼리다사(Kalidasa)와 같은 고전들로 구성되었다. 그들은 그 도시에서 대단히 인기 있는 작가들이 아니었다. 오폴레는 실레시아(Silesia) 지역의 노동 계급 중심의 도시로, 소규모의 독일인들이 전쟁 후에 추방된 이후, 러시아가 합병했던 동부 지역에서 넘어온 폴란드 난민들에 의해 대체된 곳이었다.

내가 도착했을 때 마침 그로토프스키가 극장에 있었고, 그는 처음 만났을 때보다 훨씬 상냥하게 나를 대했다. 우리는 거미라는 이름의 레스토랑으로 자리를 옮겼다. 바로 여기에서, 우리 관계의 거미줄은 시작되었다. 그것은 어둡고도 어둠 속에서 빛을 발하는 강력한 – 갈망, 필요, 확신의 깊은 동굴 속에서 엮어졌다. 우리가 여러 가지 다른 이름들을 붙일 수 있는 내면의 공간들 말이다: 우리 존재의 깊은 곳으로 다가가는 여행, 혹은 그것으로부터의 도피.

그때 그로토프스키는 스물여덟, 나보다 세 살 많았지만, 이미 그의 연극 경험은 상당한 것이었다. 당시만 해도 2년 동안 그는 12편의 작품들을 연출해서, 오폴레, 크라코우, 포즈난(Poznań) 등에서 공연했고, 심지어 크라코우에서는 라디오 연극도 연출했다. 오폴레에서 했던 몇몇 작품들은 그 지역의 문제들로부터 구축한 구성들도 있었는데, 물론 권력을 비판하는 박력 있는 공연들이었다.

그는 자기 의견을 잘 설명할 줄 아는 논쟁가였다 – 연극, 정치, 종교, 철학을 넘나들며 – 강력하고도 설득력 있게. 유머 감각이 뛰어나고, 재치 있고 말장난에 능한 재담가였다. 1955년 크라코우 연극학교에서 4년간의 배우수업을 마친 후, 곧장 모스크바 기티스(GITIS - the institute for Performing Arts)에서 연출 전공 1년 코스를 유학할 수 있는 장학금을 수상했다. 바흐탄고프와 스타니슬랍스키의 배우였던 유리 자바드스키(Yuri Zavadsky)가 그의 스승이었다.

한참이 지난, 1994년 홀스테브로에서, 그로토프스키는 내게 1863년 바르샤바 민족봉기로 인해 시베리아로 강제추방 당했던 폴란드 귀족의 손자, 유리 자바드스키에 대해 밤새도록 이야기했다. 전설적인 공연 1922년 *투란도트 공주(Princess Turandot)*에서 칼라프(Kalaf)를 연기했던 그는 매우 유명하고 칭송받는 예술가였다. 다른 배우들과의 조화도 훌륭했으며, 그의 작품들은 최악의 사회주의 리얼리즘 양식으로서 무한한 영광을 얻었다. 그는 혹독하고 과민한 선생이었는데, 특히나 폴란드 학생들에게, 그러나 그로토프스키는 마음에 들어했다.

당시 기티스에 몽골에서 온 학생이 두 명 있었는데, 어느 날 그중 한 명이 러시아 말을 잘 못 알아듣는 것에 화가 나서, 자바드스키는 수업을 깨고 나가버렸다. 그로토프스키가 학생대표 한 명과 찾아 나섰을 때, 그는 이미 그의 차 안에 있었다. 그로토프스키가 먼저 그에게 다가가서 조용히 말했다고 한다: '선생님은 옆에서 일러바친 다른 몽골 학생한테 화를 내셨어야 합니다.'

그 1년 코스가(결국 5년이 걸림) 끝나는 축하 파티에서 자바드스키는 조용히 자리를 지켰다. 단 한 번 이렇게 건배를 제안했단다: 한 사람이 얼마나 오랫동안 기티스에서 공부해야 하는가를 완벽히 이해했던 예지 그로토프스키를 위하여! 그 장학 기간이 끝난 후에 그로토프스키는 폴란드로 돌아갔다.

자바드스키는 창조하는 세대와 목격하는 세대가 있다고 믿었다. 타이로프(Tairov)의 공식적인 복귀 기념식에서, 그로토프스키는 그에게 물었단다, 메이어홀드의 차례는 언제쯤이 되겠느냐고. 자바드스키는 매몰차게 대답했다: '메이어홀드는 형식주의자였고, 우리 모두가 거둔 위대한

승리보다도 훨씬 더 중요한, 가치 있는 실패를 겪은 세계주의자였다.'

딱 한 번 자바드스키는 그로토프스키를 집으로 초대했다고 한다: 셀 수도 없는 커다란 방들마다 고가구들이 가득했다. 그 호화찬란한 곳에서 사회주의 독재체제를 연상할 수 있는 것은 단 하나, 10월 혁명 주역들 중 한 명인 폴란드인 펠릭스 제르진스키(Felix Dzerzhinsky)의 작은 동상 하나를 제외하곤 아무것도 없었다. 현대의 KGB에 해당하며 NKVD의 전신인 비밀 경찰대 CEKA의 창시자이자 초대 대장인 인물이었다. 그 동상을 쳐다보고는, 자바드스키는 윙크를 하며 이렇게 말했다: '다른 거 다 빼고도, 최소한 그는 폴란드인이었지.'

그런 다음 서랍을 열어서 그로토프스키에게 자신의 여권을 보여주었다, 사회주의 국가에서 여권은 아무도 갖고 있지 않았던 문서였다: '난 내일이라도 카프리섬에 가거나, 웨스트엔드 공연을 보러 런던에 갈 수도 있지.' 그리고는 창문 너머를 가리키며 뒤뜰에 주차되어있는, 각각 전속 기사가 딸린 두 대의 대형 리무진을 보여주었다. '내가 원하는 대로 언제라도 쓸 수 있게 소비에트 사람들이 갖다 주었지. 나는 끔찍한 시대를 살아왔어, 그들은 나를 산산조각을 냈지. 기억하게, 예지: *nie warto*, 전혀 가치가 없네. 이건 타협의 대가일 뿐.'

40년이 지난 후, 홀스테브로에서, 그로토프스키는 나에게 이 순간이 자신의 인생의 전환점이 되었다고 말했다. 이 순간을 생각할 때마다, 그는 사탄이 예수를 유혹하는 장면과 정반대의 모양을 보았다고 한다. 그는 스스로에게 물었다, 만약, 이러한 상황이 없었다면, 그 말을 듣지 못했다면, 자신이 폴란드에서 확고하게 버틸 수 있었을까. 자바드스키는 그에게 위대한 스승이었다.

1976년 당시 유명해진 그로토프스키가 모스크바를 방문했을 때, 자바드스키가 입원 중이라는 소식을 들었다. 그러나 자바드스키는 집으로 가겠다고 고집하여, 집에서 그로토프스키를 기다리고 있었다. 병상에

누워서 그는, 각 나라의 러시아 대사관을 통해서 수집한 여러 나라의 언어로 번역된 *'가난한 연극을 향하여(Towards a Poor Theatre)'* 책들을 그로토프스키에게 보여주었다. 마치 그로토프스키의 작업을 통해서 자신의 삶에 의미를 되찾은 듯했다. 그러나 간호사가 방으로 들어오자마자, 자바드스키는 곧장 목소리를 낮추고 주제를 바꾸었다. 죽음이 코앞에 닥쳐왔는데도, 그는 여전히 두려워했다.

1961년 오폴레에서의 그날, 그로토프스키와 나는 분명히 각자의 속 깊은 얘기들을 털어놓았다. 모든 것은 우리 인연의 거미줄을 통해 나중에 드러났고, 우리의 인연은 바로 거미 술집의 테이블에서 시작된 것이었다. 그날 그 식당에서, 그로토프스키와 나는 모든 것을 이야기했고 아무것도 말하지 않았다. 우리는 인생을, 영원과 순간을 이야기했다. 우리는 시대 정신에서 벗어날 수 없지만, 허나 우리의 행동을 위해서 견디어낼 만한 가치를 찾아야만 했다. 우리는 영원하고 보편적인 가치와 동시에 순간에 의미 있는 행위를 찾아야만 했다, 그리하여 우리를 둘러싼 현실이 우리를 압도하지 않게.

길고 긴 점심이었고, 그날 저녁 나는 크라코우로 가는 기차를 탔다. 몇몇 책들과 낯선 이름들을 우리가 공통으로 알고 있다는 걸 발견했던 시간, 이미 나는 다른 곳으로 이동하고 있었다. 내 인생은 그러한 만남들로 가득하다.

바르샤바에서는 우울함이 다시 도졌다. 이전에 나를 사로잡았던 사회주의 폴란드의 모든 것들이 이제는 비판의 근원이 돼버렸다. 극장들이 꽉꽉 들어찼던 이유는 노동자들이 그곳에 의무적으로 가야만 했기 때문이다. 핫케이크처럼 팔려나가던 책들과 시인에 대한 관심은 오로지 문학적 허구를 통해서만 자유를 얻을 수 있다는 증거였다. 예술가들에 대한 특권은 차별의 증거였고, 노동자들이 처한 불공평한 조건을 보여주었다. 폴란드는 감옥이었다, 여권을 가질 수도 외국을 여행할 수도 없는, 이는 자본주의 유럽에서 누구나 할 수 있는 것이었다. 비밀 경찰들은 어디에나 있었고, 친절하게 다가오는 여성은 의도를 숨긴 정보원일 수도 있었다.

크리스마스가 다가왔다. 나는 타트라(Tatra)산 주변의 작은 마을인 자코파네(Zakopane)에서 휴가를 보내기로 결정했는데, 그곳은 예술가들과 지식인들의 소굴이었다. 나는 크라코우에서 기차를 갈아타야 했다. 프란추스키(Francuski) 호텔 바에서 나는 그로토프스키를 다시 한 번 만났다. 나는 그에게 나의 상황을 이야기했다, 폴란드에 대해 느끼는 환멸을, 연극학교에서의 지지부진함을, 떨쳐낼 수 없었던 숨 막히는 답답함을. 얼마나 많은 보드카를 우리가 마셨던가? 밤 몇 시쯤이었던가? 그는 나에게 함께 작업하자고 제안했다, 당장 1월부터. 그는 *코르디안(Kordian)* 공연을 마무리하고 있었고, 새 작업을 시작할 예정이었다. 나는 그의 조연출이 되는 것이었다.

그는 왜 그런 제안을 했을까? 어쩌면 극장에 외국인 한 명을 끼어서 유명세를 타려고 그랬을까? 나는 왜 받아들였을까? 어쩌면 그 시기에 산소가 필요해서? 잃을 것도 없으니까, 유일한 대안이라곤 연출가 졸업증도 없고 정치적 신념도 없이 그냥 노르웨이로 돌아가는 것뿐이라 그랬을까?

거의 40년의 거리를 두고 이제 와 생각하니, 그로토프스키가 어떻게, 연극의 기법을 통해, 언제나 타인과의 심오한 공존의 관계 속에서 매우 개인적인 접근을 실행했던가를 이해하겠다. 내가 3년 가까운 시간을 보내고 오폴레를 떠났을 때, 그는 리샤르드 치에실락과 이러한 관계의 작업을 시작했다. 결과는 엄청난 것이었다: *불굴의 왕자(The Constant Prince).* 그 믿기 어려울 정도로 깊은 훈련을, 나는 1966년부터 1969년까지 매년 여름마다 오딘 극단에서 그로토프스키와 치에실락이 주관했던 세미나에서 볼 수 있었다. 1970년대 그로토프스키가 파라시어터

(paratheatre, 초연극 또는 초월연극이라고도 한다. 그로토프스키와 연극실험실이 일반적인 개념의 공연 제작을 중단한다고 선언한 이후 주로 1969년 - 1976년 시기에 집중했던 작업이다. 여기에는 관찰자로서의 관객은 없다. 선택된 참여자들은 자연 속에서 긴 시간의 공동체 생활을 하며 함께 훈련하고 인간 영혼의 본연의 창의성을 발견하려는 프로그램을 추구하였다. 브로츠와프 근교의 시골에서, 때로는 미국에서도 몇 차례 특별 프로그램으로 진행되었다 - 옮긴이 주)에 몰두했을 시기에, 그의 선택받은 동료는 내가 한 번도 만나본 적 없던 야첵 즈뮈스워프스키(Jacek Zmysłowski 1953-1982)였다. 그는 1982년 2월 미국에서 백혈병으로 죽었다. 나에게 그에 대해 얘기하며 그의 죽음을 말했을 때, 그로토프스키의 목소리는 그의 감정을 배반하고 있었다. 그게 내가 유일하게 그로토프스키의 눈에서 눈물을 보았던 때였다. 그로토프스키가 미국인 연극 연출가 안드레 그레고리(André Gregory)와 영화감독인 부인 메르세데스(Mercedes)와의 깊은 우정을 나누었던 이유 중 하나도, 야첵이 미국에서 병중에 있었을 때 그 부부가 인간적으로나 재정적으로 관대하게 도움을 주었기 때문이라는 것을 나는 알고 있다. 지금은 토마스 리처드(Thomas Richards, 1962년생 미국인으로 그로토프스키의 작업이 초연극에서 객관연극(the Objective Drama) 단계로 넘어갔던 시기 1984년에 당시 예일대 재학생으로 리샤르드 치에실락이 주도했던 워크샵에 참여하였다. 이후 이탈리아로 이주하여 그로토프스키의 협업자로 배우의 행위와 전이에 관한 작업을 함께 하며 상대적으로 짧은 시기에 핵심적인 동료로 인정받았다. 1986년 그로토프스키는 이탈리아 폰테데라에 '그로토프스키 워크센터'를 설립하였는데, 1996년에 자신의 이름과 토마스 리처드의 이름을 함께 넣어 '예지 그로토프스키와 토마스 리처드 워크센터'로 명칭을 변경하였다 - 옮긴이 주)가 그로토프스키의 선택받은 동료이자 그의 공식적인 후계자로 남아 있다.

1962년부터 1964년까지는 내가 그 선택받은 동료였다.

그해 1월 초에 나는 지도 교수 보단 코제니에프스키에게 학교를 떠나겠노라 선언했다. 외부 극장에서 공연 제작을 준비하면서 그것으로 시험을 치르고 학교 위원회의 평가를 받겠다는 의도를 밝혔다. 코제니에프스키는 오폴레의 13열 극장으로 가겠다는 내 말에, 망연자실해서, 나를 쳐다보았다. 나는 그분이 그때까지 그로토프스키의 작품을 하나라도 본 적이 있다고 생각하지 않는다. 그의 심각하고 묘한 얼굴 표정 뒤로, 그는 분명 내가 미쳤다고, 그리고 학교를 절대 제대로 마칠 수 없을 거라고 생각했을 것이다: 그때 난 장학금을 딱 1년 남기고 있었다.

1962년 1월 말 나는 오폴레에 도착했다.

5. 원형과 샤먼

그로토프스키는 폴란드 낭만주의의 대표작인 스워바츠키(Słowacki)의 작품 *코르디안* 연습의 막바지에 있었다. 차르를 암살해서 그의 조국을 해방시키고자 하는 어느 귀족의 이야기이다. 암살 시도는 실패로 돌아가고 코르디안은 정신병원으로 이송되어 검사를 받는다. 정상 진단이 나오자 그를 사형에 처한다.

그로토프스키는 텍스트를 변형시켜, 작품 전체가 정신병원에서 일어나는 것으로 각색했다. 코르디안의 애국적 장광설은, 그리하여, 병든 마음에서 터져 나오는 폭발이 되었다. 관객들도 역시, 배우들이 돌아다니는 병실의 침대 사이사이에 흩어져 있는 환자들이 되어, 생생하게 광기의 현장을 목격했다. 즈비그니에프 친쿠티스가 코르디안이었다. 그의 젊음에서 뿜어져 나오는 부드러움과 목소리의 음악성이 기계적이고 강렬한 신체 움직임과 끊임없이 경이롭게 충돌했다. 철제로 된 이층침대들은 배우들이 타고 올라갈 수 있게 구멍이 뚫린 구조였고, 마치 광란의 아우성을 보여주듯이 과감하게 설치되어 있었다. 이 공연의 강렬한 신체성은 내가 *지아디*에서는 느끼지 못했던 강력한 힘을 제시해주었다.

내가 도착하자마자 그로토프스키는, *연극의 가능성(The Possibility of Theatre)*이라는 제목으로 24쪽 분량의, 막 인쇄되어 나온 책자를 건네주었는데, 표지에는 그의 이름이 적혀있었다. 절반가량은 그로토프스키와 플라센의 글로 채워졌고, 나머지 반은 13열 극장의 작품들에 대한 폴란드 비평가들의 글이었다. 플라센과 그로토프스키는 그들이 바라보는 핵심 사상을 밝혔다: 연극의 매우 특정한 특별함은 배우과 관객 사이에 살아있는 직접적인 교류에 존재한다는 것. 각각의 작품에서는 공간을 장악하는 새로운 방식과, 배우와 관객이 서로 섞이는 물리적인 삼투현상에 의해 하나의 조화를 창조하는 방식을 찾아내야 한다. 그리고 적극적인 교감에 대한 것. 공연은 두 개의 앙상블, 즉 배우와 관객이라는 존재들 사이에서 생기는 교감에서 비롯된다. 연출가는 이러한 두 앙상블들을 '연출'해야 한다. 어떤 근원적 형태－원형(archetype)에 도달하기 위해서 그들의 상호작용을 의식적으로 형상화해야 한다. 그리하여 두 앙상블들이 만드는 '집단적 무의식'이 텍스트에 적용되는 신성과 조롱의 극단적 변증법을 통해 그 원형을 인식하게 되는 것이다.

그즈음에 그로토프스키는 아방가르드 텍스트들을 한쪽으로 미뤄두고 고전에 집중하고 있었다. 그는 고전이 담고 있는 특정한 원형들과 모든 문화에 내재하고 있는 고유한 인간 운명의 핵심적인 상황들에 주목했다. 예를 들어, 치명적인 사랑(로미오와 줄리엣 혹은 트리스탄과 이졸데), 또는 집단을 위해 희생하는 개인(예수 혹은 프로메테우스) 등. 공연은 일종의 집단적 내향성의 행위가 되어야 하며, 일상의 삶으로부터 가면을 벗겨내고 개인과 집단 체험의 본질로 구성된 상황을 통해서 관객과 직면하는 일종의 의식이었다. 그러한 공연들에서, 배우는 자신의 개인적인 체험과 텍스트 안에 담겨 있는 집단적 원형들 사이의 관계를 관객들에게 드러내 줄 수 있는 샤먼이 되어야만 했다. 관객들이 보는 앞에서 전이의 핵심에 집중하여 자신을 변형할 수 있어야만 했다. 내가 오폴레에 막 도착했을 때 그로토프스키가 내게 잠깐 얘기했던 내용대로, *시파리오* 잡지와의 인터뷰에서 그는 이렇게 말했다. '배우는 의식적인 잔혹성을 통해서 스스로의 '초자연적인 돌발'을 공격하는 법을 알고 있어야만 한다. 그리하여 집단의 '초자연적인 돌발': 조직의 이미지들, 신화, 원형과 몽상을 공격하여, 그것을 통해 자신의 내면의 심층에 도달할 수 있어야 한다. 이처럼 신화와 사회에 직면해서, 그 둘 다를 모독하거나, 둘 다를 입증해줄 수 있는 배우들의 창조 과정을 자극하는 임무는 모두 연출가에게 닥쳐온다. 배우를 전제로 한다는 것은 영혼의 삶을 가정하는 것과 관련이 있다. 만약 신이 존재한다면, 그가 우리를 대신한 영적 삶을 갖고 있을지 모른다. 하지만 우리가 신은 존재하지 않는다고 주장한다면 어찌 되는가?'

코르디안 공연에서 나는 추상적인 이론이 피와 살이 되는 것을 목격했다: 원형들, 신성과 조롱의 변증법, 두 앙상블들의 연출, 내가 파악할 수 있는 모든 요소들이 위대함과 좌절의 상황을 만들어냈다. 동시에, 확 찬물을 끼얹듯, 아이러니한 모멸감이 내 얼굴에 쏟아져 직전의 반응을 얼어붙게 했다. 원래의 텍스트에서는, 코르디안이 차르의 억압에서 조국을 구하기 위해 자신의 피를 바치며 맹세를 하는 긴 독백이 있다. 공연에서는 이 강렬한 대사가, 정신 발작을 일으킨 한 남자를 침대에 눕혀 그의 혈압을 낮추기 위해 의사가 피를 뽑는 동안 진행되었다.

*코르디안*에서는 내가 *지아디*에서 봤던 식으로 배우들의 행동을 특징화하려는 듯한 임의성들이 전혀 없었다. 마치 현재의 나에 대한 이야기를 하고 있는 듯이 텍스트를 더욱 강조해주는 역설적인 논리를 공연

속에서 느꼈다. 배우들과 관객들을 공간에 흩어놓은 방식은 심오하게 논리적이었다. 나는 그 극적인 해결방법과 텍스트의 해석, 배우들의 실연에 완전히 경탄했다.

무대 공간의 창작자는 예지 구라프스키라는 건축가(무대미술가가 아닌)로 그로토프스키와 동갑이었다. 그들의 만남은 역사적이라는 단어로 보통 묘사되는 사건들의 영역에 속한다. 서로가 없었더라면 둘 중 누구라도 그렇게 특별한 해결책에 도달하지 못했을 것이다. *코르디안, 닥터 파우스투스* 그리고 *불멸의 왕자* 등에서의 구라프스키의 공헌은 절대적이었다. 그와의 협동 작업이 부족했을 때, 그로토프스키의 무대 공간은 관객들을 측면에 앉힌 텅빈 방으로만 제한된, 그리하여 어쩔 수 없이 한가운데가 극장이 되는 식이었다. 구라프스키는 작업을 할 때 그로토프스키와 끊임없이 연락을 취하며 홀로 일을 하고, 극장에는 거의 나타나지 않는 소박한 사람이었다. *닥터 파우스트* 작업도 마찬가지로, 내가 조연출로 참여했던 작품인데, 그는 연습에도 나오지 않았고 그의 디자인을 제작하는 과정에도 전혀 끼어들지 않았다. 그는 그로토프스키와의 만남을 통해, 미래 세대에게 극장 공간의 개념을 완전히 바꿔놓은 잊을 수 없는 인물이 되었다. 그로토프스키가 언제나 그의 중요성을 강조했음에도 불구하고, 세계연극사는 그에게 합당한 특별한 주목을 해주지 않았다. 이는 집단의 창작 활동에 흔히 있는 경우로, 전체의 노력과 효과적인 공존은 단 한 사람의 이름으로만 연결되어버린다.

또 한 명의 출중한 인물은 그로토프스키보다 몇 살 많았던 루드빅 플라센이었다. 그 극단의 문학감독(폴란드에서는 모든 극단이 각각 예술감독 한 명과 문학감독 한 명을 두고 있었다. 그는 크라코우의 슬로바츠키 극장(Slowacki Theatre)에서 문학감독의 역할을 훌륭하게 해냈다)이었던 그는 '내부 비평가'로서 끊임없이 의심하고 끈질기게 '악마의 변호인'을 자처한 매우 중요한 역할을 했다. 그로토프스키와 플라센은 모두,

1959년 어느 봄날 크라코우의 기자 클럽에 앉아있던 플라셴이 어떻게 13열 극장의 감독직을 수락할까 말까를 고민했던가를 서로 웃으면서 얘기하곤 했다. 플라셴은 우연히 그로토프스키가 지나가는 걸 봤고, 그 때 바로 그로토프스키는 마음속으로 플라셴에게 협력 연출가로 제안을 해봐야겠다는 생각이 들었다는 것이다. 그들을 웃게 만들었던 일화는, 그로토프스키가 1959년 3월에 공연했던 *바냐 삼촌(Uncle Vania)*에 대해, 연출가가 유머가 부족하고 지적으로 과잉이라고 약간 회의적인 평을 썼던 유능한 비평가가 바로 플라셴이었다는 사실이었다.

이러한 농담과 자조 섞인 내용 뒤에 진실은 따로 있었다. 플라셴은 그로토프스키와 만나서 미래의 연극 예술에 대한 토론을 했는데, 그것은 연극성과 문학에서 벗어난 자율을 바탕으로 하는 것이었다. 서로에 대해 거의 아는 것이 없었고 함께 작업한 적도 전혀 없었던 두 사람은, 아주 작은 극장을 만들기 위해 그들의 고향인 크라코우를 떠나 오폴레로 갔다. 그것이 바로 1958년에 문을 연, 아주 작은 무대 앞에 놓인 13열의 객석에서 이름을 따온 작은 극장이었다[3].

플라셴의 얘기를 듣는 것은 유쾌했다. 그와의 대화는 역설로 이어지고, 한 가지 생각에서 다른 생각들로 마구 건너뛰고, 연결되고, 주거니 받거니, 언어의 재치와 말장난으로 가득했다. 그는 그로토프스키의 달변만큼 자신을 드러내지는 않았지만, 의미심장한 사이를 두면서 딱딱 강세

3 오폴레에는 작가, 건축가, 화가, 디자이너, 배우들, 언론인들이 모여 술 마시고 이야기 꽃을 피웠던 '예술가 클럽'이 하나 있었다. 그곳에서는 '목요일 문학회'를 진행했는데, 외부에서 예술가들을 초빙하기도 했다. 전직 레두타 극장(Reduta Theatre)에서 활동했고 나중에는 오폴레 시립 극장 소속이었던 스타니스와프 워푸샤인스카(Stanisław Łopuszańska)와 에우게니우쉬 워프스키(Eugeniusz Ławski) 등 몇몇 배우들이 1958년에 80제곱미터의 이 작은 클럽을 13열 극장으로 개조했다. 여기에서 그들은 시와 희곡 등의 문학 작품들을 발표했다. 다양한 예술가들 중에서, 그들은 젊은 학생 연출가였던 예지 그로토프스키를 초청하여 예지 크쥐쉬토인(Jerzy Krzysztoń) 작 *'불운한 자들(The Unlucky)'*의 연출을 의뢰했다.

를 두는 문구들과 더불어 다시 한번 팽팽하게 줄을 당겨가면서 밀도를 높여갔다. 그는 화물 운송인으로 일했던 아버지가 일차 세계대전 때 오스트리아 프란츠 요셉프(Franz Jesef) 황제를 위해 싸웠던 시절에 대한 향수를 드러냈다. 그의 유머 감각은 난폭하고 불손하기도 했다. 초기에 오폴레에서 우리가 점심을 함께했던 어느 날, 나는 그즈음에 다녀왔던 아우슈비츠에 대한-충격과 분노의-얘기를 하고 있었는데, 그는 내 말을 끊더니 아우슈비츠를 누가 지었는지 아느냐고 나에게 대놓고 물었다. 그가 무슨 말을 하려는지 이해할 수 없었다. 그건 당연한 거 아닌가: 나치. 플라셴은 고개를 저었다: '아니, 그건 유대인들이었어.' 그러더니 그와 그로토프스키는 당황하는 나를 보고 웃음을 터트렸다.

플라셴은 예술에 대한 고밀도의 글을 쓰는 대가였다. 13열 극장의 프로그램에 작업의 특징에 관한 개념들을 형식화하는 글을 쓴 건 바로 그였다. '가난한 연극'을 말했던 것도(1962년 *아크로폴리스(Akropolis)* 공연에 관한 글에서) 바로 플라셴이었다. '시작할 때부터 이미 존재하지 않는 것이라면 그 어떠한 것도 연극 안으로 갖고 들어오는 것을 절대적으로 금한다'는 가장 엄격한 절대주권의 원칙을 구성했다. 몇 명의 사람들과 도구가 극장에 있다. 그거면 극 중의 상황은 뭐든지 충분히 다룰 수 있다[4]. '가난한 연극'이란 표현은 *아크로폴리스*의 작업 과정을 설명하기에 가장 완벽한 정의였다. 그로토프스키가 1965년에 쓴 논문 *가난한 연극을 향하여*에서 다시 이 개념을 제기했고, 그는 확실히 또 다른 의미를 부여하여, 일종의 외침으로, 하나의 구호로 만들었다: '연극이란 분장 없이도 존재할 수 있다, 의상과 무대 장치 없이도, 분리된 연기 공간(무대) 없이도, 음향 효과와 조명 등이 없어도 존재할 수 있다. 그러나 배우

4 *아크로폴리스: 텍스트를 다루는 법*, 예지 그로토프스키의 *가난한 연극을 향하여* 중에서(p.61, 오딘 극단, 홀스테브로 1968), 그 외 루드빅 플라셴의 여러 글들 참고.

- 관객의 관계, 지각적이고 직접적이고 "살아있는" 교감 없이는 연극이란 존재할 수 없다.'[5]

그럼에도 의상이며 도구들, 무엇보다도 공간 연출에 있어서 13열 극장은 오히려 매우 세련되었고 상대적으로 비용도 많이 들었다. *닥터 파우스투스*에서의 시각적 장치, 또는 극장 속의 극장을 구조로 보여준 *불굴의 왕자*를 떠올리면 충분히 알 수 있다. 발데마르 크리기에르(Waldemar Krygier)의 의상은 불일치를 자극하거나, 유세프 샤이나의 무대는 정서적 효과를 높였고, *아크로폴리스*에서 보여준 철제 구조물들은 공간을 장악하며, 죽음의 수용소에서 벌어지는 끈덕지고 진 빠지는 노동을 연상시켰다.

'가난한 연극'을 하기 위해서는 부유해야 한다. 그러나 분명히 그로토프스키의 풍요로움이란 돈이 아니었다. 그것은 함께 작업하는 창조적인 인력들이었다: 건축가 구라프스키, 악마의 대변인 플라센, 매혹적인 상징을 보여주는 창조적인 의상 디자이너 크리기에르와 무대미술의 샤이나, 또 원형을 탐구하기 위해 고전을 낱낱이 해체했던 그로토프스키 자신이었다. 그리고 바로 배우들이 있었다: 레나 미레츠카, 지그문트 몰릭, 즈비그니에프 친쿠티스, 안토니 야훠코프스키(Antoni Jahołkowski) 그리고 리샤르드 치에실락. 그들의 목소리와 몸짓은 내가 그들을 떠올릴 때마다 생생하게 나의 감각들을 채워준다. 공연은 그들과 나 사이에 일어난 어떤 무엇이다, 그리고 그 결과는 살아있고, 전이되어, 새로운 생명으로 구현된다.

그로토프스키는 플라센이 표명한 '가난한 연극'을 곧장 받아들여 이상적인 연극의 신호탄으로 삼고 그와 그의 배우들은 그것을 사람의 모습으로 실현해냈다. 장인 정신과 같은 규율, 고된 구성 작업, 철저한 기술적

---

5 예지 그로토프스키, *가난한 연극을 향하여* p.18.

작업은 배우의 필수조건으로 창작 과정은 매우 심오하여 '총제적 행동(total act)'을 이끌었다. '배우들은, 엘 그레코(El Greco 1541-1614, 그리스 태생의 스페인 종교화가 - 옮긴이 주)의 그림에 나오는 인물들처럼, 개인의 기술로, 즉 "영혼의 빛"의 근원이 되는 빛을 뿜어낼 수 있어야 한다.' *가난한 연극을 향하여*(20쪽)에서 그로토프스키가 말한 이 문장은 바로 절대석인 은유이다.

내가 오폴레에 도착했을 때는 8명의 배우들이 있었다. 지그문트 몰릭, 레나 미레츠카, 안토니 야훠코프스키는 그로토프스키, 플라센과 초창기부터 함께 작업을 했다. 안제이 비엘스키(Andrzej Bielski), 에바 루보비에츠카(Ewa Lubowiecka), 즈비그니에프 친쿠티스는 1960년부터 함께 했다. 마야 코모로프스카(Maya Komorowska, 그로토프스키의 사촌으로 나중에 유명한 영화배우가 됐다)와 리샤르드 치에실락은 1961년 - 62년 시즌을 시작할 때 합류했다. 이 중에서 오직 몰릭, 미레츠카, 친쿠티스만이 연극학교를 졸업했고, 마야 코모로프스카와 리샤르드 치에실락은 인형극 학교를 졸업했다. 다른 배우들은 모두, 1964년에 합류한 스타니스와프 스치에르스키(Stanisław Scierski)를 포함하여, 학교 연극을 경험한 후 13열 극장에 들어왔고, 여러 해 작업을 한 뒤에 시험에 통과하면 연기 학위증(the actor's diploma)을 받았다.

내가 도착했을 때의 극단은 소위 연극 '집단'도 반체제 극단도 아니었다. 작고 전통적인 지역 극단으로 시작해서, 이런저런 배우들이 섞여 있고, 예술감독 하나와 문학감독 하나가 서로를 잘 알지도 못하고 있던 그런 곳이었다. 배우들은 괴이한 성격들도 아니었고, 그 지역으로 이사와서 살면서, 주요 배역들을 기대하는 소박한 사람들이었다. 초반에 몇 작품들을 공연한 뒤로는 새로운 후보자들도 많지 않았다. 리샤르드 치에실락을 제외하고는, 그도 나중에 내게 말하길, *샤쿤탈라* 공연을 보고 나서야 오폴레로 갈 결심을 했다고 했다. 13열 극장도 마찬가지로, 규모만 작다뿐이지 다른 큰 극단들이 갖고 있는 위계질서며 특징들을 다 갖고 있었다. 기술직, 행정직, 비서팀, 심지어는 매 공연마다 배우의 의상을 챙기고 관리하는 의상실 여직원도 있었다. 그렇게 총 15명 정도 되었다.

이러한 지역 극단이 앙상블 극단으로 변신하여, 그들의 예술적 옹고집이 우리 예술사에 심오한 혁신의 씨앗을 뿌린 것은, 20세기 연극의 가장 상징적 사건 중에 하나이다. 그것은 배우 훈련의 재발견과 실천, 연극 공간의 개혁, 배우 - 관객의 관계, 텍스트의 극적 재구성, 우리 사회에서 연극이 갖는 가치와 감각의 혁신을 포함한다. 이러한 모든 질문과 실천적 해법들은 새로운 세대에게 영감을 주었고, 특히나 60년대 후반 제도권 연극의 틀을 벗어나 뻗어 올라온 그룹들이 연극적 돌연변이를 일으키는 데 자극을 주었다. 13열 극장이 연극실험실로 진화하는 것은 어느 남루한 극단 하나가 그야말로 아방가르드 예술로 시작해서, 예술적 정치적 영혼의 태도를 온전히 드러내는 창조의 과정을 구현하는 것으로 끝을 맺는 하나의 예시가 되었다. 이 연극적 윤회는 10년 동안 지속되었다.

여기 배우들의 운명은 내겐 언제나 감동이었다. 자신을 바쳐야 했던 엄격한 수행, 정치 혐오의 위험성과 그로토프스키의 지독한 고집을 통과하여, 그들은 연극 자체를 넘어서길 갈망했던, 초월하는 연극의 살아있는 상징이 되었다. 그런 다음 그들은 관객을 만나는 배우와 예술가로서의 정체성을 버리겠다고 선언했다. 1970년 그로토프스키가 더 이상의 공연 제작은 하지 않겠다고 결정했을 때, 대부분의 배우들은 연출가의 새로운 길을 함께 따랐다. 그들은 교육자가 되고, 초월연극의 전문가가 되고, 다른 배우들에게 신뢰받는 지도자가 되었고, 매우 극소수만이 다시 무대에 섰다[6].

---

6 그 예로, 리샤르드 치에실락은 피터 브룩(Peter Brook) 연출의 '마하바라타(1985 - 1988)'에 출연하였다. 눈먼 왕을 연기한 그의 표현은 특출났다는 평을 받았다. 나는 공연을 못봤지만, 몇 년을 무대에 서지 않았던 그가 작품 연습 기간에 얼마나 고통

나는 그로토프스키의 배우들을 만날 때면 슬픔의 감정을 떨쳐낼 수가 없다, 특히나 치에실락은 더했다. 내 기억 속에 깊게 박혀있는 그 찬란했던 역할들의 연기, 잊히지 않는 울림의 목소리들, 얼굴 표정들, 강렬하고도 미세한 움직임 혹은 황홀한 정지 상태의 에너지, 그 빛나던 배우들을 우연히라도 마주칠 때면 내 감각을 아프게 쑤시는 괴로움을 뭐라고 설명할 길이 없다. 나는 그들의 단호한 자율성을 존경했다, 그러나 그들을 삼켜버린 고독은 나를 울컥하게 했다. 연극의 일반적인 영역 밖에 잔류하는 것을 그들 자신이 스스로 선택한 것은 아니었다. 그러나 그건 원치 않는 일을, 그럼에도 불구하고, 기꺼이 해야 했던 또 다른 필요성의 결과였다. 1996년에야 나는 비로소 내가 느낀 감각이 뭔지 이름을 붙이는데 성공했다. 이탈리아 쉴라(Scilla)에서 있었던 유라시아 연극 대학(the University of Eurasian Theatre, 유제니오 바르바가 설립하고 이름 붙인 세계의 공연 예술과 연극 연구 프로그램 - 옮긴이 주)의 강연 중에, 사십 대 어느 연출가가 자신이 십여 년 동안 이끌던 극단이 깨졌다는 이야기를 하며 이렇게 말했다. "그 후로 다시 작업을 시작하기까지 삼 년의 애도 기간을 거쳤습니다."

바로 '애도'라는 단어가 나와 그로토프스키 배우들을 연결짓는다. 나는 서른셋에 남편을 잃은 내 어머니를 떠올렸다. 웃고 떠들고 즐겁게 지내고, 다른 남자들에게 눈길도 주고 했지만, 그녀의 마음 가장 어두운 한구석에는 대체 불가능한 상실감, 또는 되돌릴 수 없는 허탈감, 번개 맞아 하루아침에 잿더미가 된 집에서 살아남아야 했던 깊은 기억이 도사리고 있었던 것이다.

스러워했는지를 가까운 지인들에게서 들었다. 브룩의 공연에 함께 출연했던 동료 배우, 폴란드 출신 안제이 세베린(Andrzey Seweryn)의 냉혹한 인터뷰를 읽는 것으로도 충분했다. *연극 노트(Notatnik Teatralny)*, 10호, 브로츠와프 1995.

6. 사막을 건너, 그리고 히치하이킹

전에도 애기했듯이, 당시에 그로토프스키는 스물여덟, 겨우 나보다 세 살 많았는데도, 그의 작업을 함께 따르기로 하고 바르샤바 연극학교를 도중에 그만두기로 결심한 그 날부터 나는 그를 내 스승으로 섬겼다.

맨 처음부터 우리는 서로에게 별명을 붙여가며 강조했던 두 가지 각기 다른 역할로 우리 자신을 규정하기 시작했다. 키플링의 소설 *킴*에서 따온, 그는 늙은 라마였고 나는 사춘기 킴이었다. 그는 회의주의자 파우스투스였고, 나는 다혈질 동 쥐앙(Don Juan)이었다. 그는 내성적인 라마크리슈나(Ramakrishna), 나는 외형적인 비베카난다(Vivekananda)였다. 그로토프스키는 배우로도 활동을 했었고, 여러 신문에 많은 글을 발표했고, 인도와 중국 철학을 강연했고, 크라코우 연극학교 강사였으며, 청년 정치 운동에서도 상당한 활약을 했었다. 그럼에도 나는 그의 설명할 수 없는 방어적인 본능을 느꼈다. 그는 항상 건강에 문제가 있었는데, 특히 신장이 좋지 않았다. 내게는 오히려 약간 경험부족으로 보이거나 심지어는 촌스럽기까지 했다. 나는 수백가지 장소에서 수백가지 일들을 해봤다. 선원이 되어 동양으로 가는 원양 어선을 타기도 했고, 그리스, 라플란드(Lapland, 스칸디나비아 반도 북부, 유럽 최북부지역 - 옮긴이 주), 터키, 이스라엘 등지를 떠도는 방랑자로 살기도 했었다.

당시에 그로토프스키는 러시아어를 제외하곤 외국어를 전혀 못했기에, 내가 주로 그를 위해서 여러 텍스트들을 번역해주곤 했다. 자유여행 금지의 희생자였던, 그 부당함에 대해 나는 억울하고도 그에게 미안했다. 그 시절, 사회주의 폴란드에서, 여권을 만들고 환전을 한다는 건 불가능했다. 장학생이 되거나, 공식적인 대표단으로 혹은 여행과 체류 비용 전체를 보장하는 초대장이 있는 경우에만 외국에 갈 수 있었다.

예술가는 많은 것을 알고 있지만, 오직 작업이 다 완성된 끝에서야 그것을 인식하게 된다. 그때 그로토프스키는 막 시작하는 단계였다. 그의 '지식'은 일종의 태아 상태였고, 그러다 1966년부터 위대한 스승으로 하루가 다르게 인정을 받게 될 때까지도 전혀 드러나지 못했던 사람이었다. 유명한 것도 아니었고, 그렇다고 폴란드 지역 극단에서 공인된 연출가도 아니었다. 그런데 나는 왜 오폴레에 머물기로 했던 걸까?

내가 13열 극장에서 제일 처음 본 *지아디* 공연에 엄청 충격을 받았다거나, 그로토프스키 이론에, 배우와 관객을 다루는 그의 연출법에, 또는 신성과 조롱의 변증법에 완전히 매료당했다고 한다면 그건 거짓말일 것이다. 연극 혁명에 가담한다거나 예술적 모험을 나서는 정복자를 따른다는 생각은 추호도 없었다. 이제 와서 내가, 그로토프스키는 나에게 연극 기술이란 머리로 쥐어짜내는 게 아니라 당신 피 속에 이미 존재하는 무엇에 이식되는 것임을 깨닫게 해준 사람, 이렇게 말한다면 완전 거짓이다.

*아크로폴리스*와 *닥터 파우스투스* 공연에서 '조연출'로서의 내 역할은 내내 앉아서 연습과 훈련 과정을 지켜보고, 그런 다음 그로토프스키와 단둘이 남아서, 대화하고, 의문을 던지고, 설명을 요구하고, 의견을 제안하고, 나의 모든 느낌과 인상과 질문을 다 펼치는 일이었다. 이걸 나는 삼십 개월을 했다. 아주 드물게 내가 직접 배우들과 작업할 수 있는 기회가 있었다. 그럴 때는 늘 고통스러운 경험이었다. 내가 제시하는 것에 배우들은 묘한 웃음을 지으며 따랐는데, 그 미소는 어느 정도 명확했고, 나의 진부한 제안에 내가 몸둘 바를 모를 지경이었다. 연습 기간 동안 나는 꼼짝 않고 그러나 주의 깊게, 작업 과정에 전혀 나서지 않고 방해가 되지 않는 절대적 수용자였다.

아크로폴리스 연습 중이었는데, 나는 유세프 샤이나의 소맷자락이 아우슈비츠 문신이 그려진 팔뚝 위로 말려 올라간 것을 보았다. 거친 자루를 뒤집어서 붙여서 꿰매고, 그 위에 생긴 구멍을 다시 기워서 덧댄,

잔인하고 '빈곤'을 조롱하는 샤이나의 의상은 배우들의 행위들을 감옥에 가두고 비인간화했다. 나는 배우들이 쇠막대기 더미를 도구로 사용해서 분주하게 움직이는 것을 열심히 관찰했다. 막대를 들고 나르고, 내 머리 위에 매달아 세우고, 내 발끝 바로 앞에다 내려놓고 긁어대고, 그걸 이용해서 침대를 만들고, 집을 짓고, 심지어는 상대역을 만들어 연기하기도 했다. 그런 상황이 벌어지는 단 몇 분의 공간이 마치 천둥 번개가 치는 것만 같았다. 그런 다음엔 반복 연습이 이어지고 그러면 지루해졌다. 이게 연출가가 되는 길인가? 의자에 딱 붙어 앉은 채, 나는 뭘 배우고 있는 건지 자문했다.

지금에야 나는 이렇게 답할는지 모른다. 어떻게 기다림 속에 행동이 있으며 행동 속에 기다림이 있는지를 배웠다고. 그리고 어떻게 기다림과 행동 사이의 차이가 삶에서는 오직 눈먼 자에게만 존재하며, 연극에서는 오직 조급한 관객에게만 존재하는지를 배웠다고. 나는 '본다'는 것을 배웠다, 표상을 넘어 관통하는 법, 깊은 곳에 다다르기 위해서 바라보는 법, 표피적인 것과 필요한 것을 구별하고, 본질을 알아차리는 데 집중하는 법을 배웠다. 인간은 하늘의 뜻을 따라야 한다고 나도 믿지만, 신의 섭리가 모두가 파멸당할 난파의 위험에서 당신을 구조해주는 건 아니다. 당신이 매달려 있던 합판을 다른 이들이 가로채서 당신은 모랫바닥으로 가라앉고, 그렇게 다른 사람들만 살아남을 수도 있다. 나는 이렇게 말하면서 스스로를 위로했다… 너는 너의 결정에 충실해야 한다, 궁극의 결론에 이를 때까지 결심을 붙들고, 그것이 어디로 너를 데리고 가든지 따르리라. 소를 타고 소가 이끄는 대로 길을 맡겨 떠돌았다는 노자를 생각했다. 그러나 이런 현자의 시적인 이미지는 위로가 되지 못했다.

정말로 그건 사막을 건너는 과정이었다. 하나의 테크닉은 영원으로 느껴질 만큼 몇 시간 동안 지속된다, 단조로움이 되지 않게 싸우며, 느린 발걸음은 한 발 또 한 발 도무지 어디에도 갈 수 없을 곳으로 내 몸을 이끌고, 소용없는 짓이라고 끊임없이 속삭여오는 유혹의 소리에 저항하기 위해 지속한다. 자기 자신만 생각해서는 사막을 건너는 건 불가능하다. 다른 사람을 향해서 자신의 마음, 의지, 열정 전체를 투사해야 한다. 생텍쥐페리(Saint-Exupéry)의 소설 *야간비행(Vol de nuit)*에서, 그의 비행기가 추락한 뒤 이집트 사막을 헤쳐나올 때 묘사한 것처럼 말이다. 그는 마음속으로, 집착적으로, 동료 앙리 기요메(Henri Guillaumet)를 생각했다. 친구였던 기요메는 안데스산맥에서 비행기 추락 사고 이후, 그만 눈 위에 드러누워 포기하고 싶은 유혹을 극복하고, 5일 밤낮을 걸어 살아나온 우편 비행사의 영웅이었다. 기요메는 자신이 실종 처리되어 시체도 못 찾으면 연금을 한 푼도 받지 못하게 될 그의 아내를 생각하며 살아남으려 버텼다는 것이다. 사막을 건널 때는 반드시 '딴 데' 온통 집중을 해야만 가능하다. 그래서 날씨도, 지치는 것도, 몸을 가눌 수 없고 마음에 의심이 드는 것에도 무감각해져야 한다.

나에게, 이 '딴 데'는 막 시작된 그로토프스키와의 끈이었다, 연약하고도 매우 강인한 내 또래의 이 친구. 우정과 그를 보호해주고픈 충동이 섞인 유대감은, 하루하루, 우리를 점점 더 결속시키는 서로의 너무나 비슷한 점들에 끌리며 더욱 단단해져 갔다.

그러나 시간이 지나면서, 내가 여기서 참여하고 있는 부분이 연출가로서 미래의 경력에 도움이 될 것이라는 확신이 사그라져가는 것을 느꼈다. 내가 참여했던 연극은 그야말로 비평가들이나 연극계 대다수가, 정부 관료들이 딱 이렇게 말할 만한 것이었다: 괴상한, 형식주의, 예술적으로나 사회적인 울림 전혀 없음. 객관적인 사실들도 그걸 증명했다: 관객은 적었고, 종종 거의 없었고, 때로는 전혀 없었다.

나 자신 그런 작업 속에서 벌어지는 모든 것들을 이해하지는 못했다. 하지만 때때로, *아크로폴리스* 공연에서, 어느 장면을 보고 있는데, 완전히 상반되는 리듬에 혹은 잔혹한 디테일에서, 나의 시야가 이중으로 되면서 눈물의 어느 보이지 않는 한 겹이 내 시선을 안쪽으로 꺾어서, 내 속에 내가 알지 못하는 비밀을 향해 바라보게 했다. 그 장면, 그 소리와 움직임은 나의 온 감각들을 뒤흔드는 거센 태풍이었다. 나는 소리들을 듣고, 거기에 답했다, 내가 이런 대화에 빠져드는 동안, 공연은 더 이상 거기에 없었다. 나 자신이 공연의 중심에 있었고, 그 경계를 넘어가 버렸고, 다른 어딘가로 옮겨갔다. 그러나 어디로?

나는 사막을 건넜고, 연극이란 타오르기 위해서 장작 – 배우의 몸과 영혼 – 을 필요로 하는 불꽃이라는 확신을 무의식적으로 흡수했다. 광활한 모래벌판에서 나는 갑자기 불타는 숲을 보았다. 한순간의 마찰로 배우에서 뿜어져 나온 불꽃은 내 안에 숨겨져 있던 한 부분에 불을 붙였다. 그 불꽃은 말을 했고, 그것은 신화의 몸이 되어, 나를 흔들었고, 나를 어두운 곳으로 끌고 갔다. 내 손을 붙잡고 내가 망설임과 두려움을 극복하도록 도와주었다.

그해 여름, 휴가 기간에 *아크로폴리스* 연습을 잠시 쉬어가기로 했다. 그로토프스키는 헬싱키에서 열리는 청년 페스티벌(the Youth Festival)에 폴란드 대표단으로 선정되었다. 그들은 배를 타고 헬싱키로 가서 축제 기간 동안에도 그 선박에서 묵기로 되어있었다[7]. 그로토프스키와 나는 핀란드에서 만나기로 했다, 그러면서 여러 신문들과 연극계에 13열 극장을 알리기 위해서였다.

나는 핀란드까지 히치하이킹을 해서, 오슬로에서부터 알고 지내던 핀란드 텔레비전의 언론인 라스 비스트룀(Lars Biström)을 만나러 갔다. 그는 즉시 그로토프스키를 인터뷰하기로 동의하고, 그를 연극계에 소개할 공식 회견을 기획해주었다. 우리는 그의 집을 기지로 삼았다. 어느

---

7 이 축제는 사회주의 국가들이 정기적으로 개최하는 행사였다. 그때가 최초로 '철의 장막' 국가 외 타지역에서 열렸던 첫 번째 축제였다.

저녁 라스는 우리를 랍스터 요리에 초대했다: 바닷가재, 이 고대의 조개류–그가 말하길–바다 생물이 우리 안에 있는 원형적 반향을 일깨우고, 딱딱한 껍질과 부드러운 속살 사이의 완전한 대조의 역설은 신성과 조롱을 창조할 우리 능력을 변증법적으로 다시 불러일으켜야 한다고 했다.

핀란드에서의 여정은 그로토프스키에게 실로 엄청난 결과를 낳았다. 그곳에서 레이몽드(Raymonde)와 발렌틴 템킨(Valentin Temkine), 그로토프스키를 세계로 알리는데 결정적 역할을 해준 부부를 만나게 된다. 레이몽드는 파리에서 일하는 연극 비평가로, 프랑스와 스위스의 여러 잡지들뿐 아니라, 카뮈(Camus)가 창간한 신문 *콩바(Combat*, 프랑스어로 전투라는 뜻 - 옮긴이 주)에 글을 쓰고 있었다. 그들은 현대식 야외극장을 방문하러 탐페레(Tampere)로 가는 버스 안에서 그로토프스키를 만났다. 1963년 부활절 기간에 템킨 부부는 오폴레에 와서 *아크로폴리스*를 관람했다. 그 순간부터 그 부부는 그로토프스키와 그 극단을 위해서라면 최선을 다하는 집요하고 관대한 지원자가 되었고, 우리 중 누구라도 파리에 갈 때면 언제나 그들의 집에서 환대를 받았다. 레이몽드 템킨은 그로토프스키의 연극과 개념에 관해서 셀 수 없이 많은 글을 썼고, 1968년 그녀의 책 *그로토프스키*[8]를 출판하면서 작업의 정점을 찍었다. 1966년에 가능했던 13열 극장의 파리 투어는 바로 이 지칠 줄 모르는 여인에 의해서 기획되었고, 그녀의 글들과 인맥을 통해 많은 가능성의 문이 열렸다. 그녀는 그로토프스키 극장을 위해 최후까지 맞서 싸웠던 인물이었다.

다시 바르샤바로, 그해 8월 초에 그로토프스키와 나는 브리스톨 호텔에서 그의 스물아홉 생일을 미리 축하했다. 그리고 며칠 뒤에, 그는 이번

8 La Cité, Lausanne 1968. 이듬해에는 드 도나토(De Donato)에 의해 이탈리아어로 출판되었다.

에도 공식 대표단으로서 3주 동안 중국을 방문했다. 나는, 반면에, 문화부를 통해 불가리아 서커스 공연의 폴란드 투어에 참여하였다. 3주간의 일정 동안 32회의 공연을 폴란드 여러 도시에서 무려 2천 5백여 명의 관객들로 가득 채웠다. 나는 예술가들의 고단한 삶에 놀랐다. 그들의 생존은 그야말로 오랜 시간에 걸친 매일의 훈련과 그 효율성에 달려있었다. 이후 그로토프스키의 연극 시각으로 색이 입혀진 나의 의견과 사후 평가 보고서를 문화부에 제출했다. 나는 '샤먼'과 '초자연적' 행위라는 용어를 썼다. 즉 몸 - 신체의 효율성, 힘과 완벽성, 그리고 심리적 요인으로서 흥분과 관객의 도취, 극적 효과를 갖는 위험한 동작, 음악, 조명, 북소리로 강조되는 연극적 요소들, 강렬한 역동성, 일정하게 유지하면서도 계속되는 행위에 관객은 또 다른 게 나올 것을 내내 기대하고, 무대장치도 없고 다른 불필요한 요소는 전혀 없이, 관객과의 관계를 계속 조율하며 – 공중곡예 예술가들은 귀족적으로 거리를 멀게 두고, 광대역들은 느슨하고 익살스럽게 – 대가들의 연기가 이어지면서 관객에게는 엄청난 반향을 일으켰다. '몽타주 효과'에 관한 예이젠시테인의 관찰의 타당함에는 의심의 여지가 없었다.

9월 중순에 나는 오폴레로 돌아갔다. 그로토프스키는 중국 순방을, 나는 불가리아 서커스 공연단과의 경험을 이야기했다. *아크로폴리스* 연습은 막바지 단계였다. 10월 초에 처음으로 관객에게 공연을 선보였는데, 나는 그때 감동적인 어떤 느낌, 동시에 비현실적인 감각을 느꼈다. 다시 몇 날 며칠의 시간을 보냈다. 나는 돌이켜보았다, 꼼꼼하게, 구축의 단조로움을, 그리고 이제는 나도 작은 배를 타고 떠내려가고 있었다. 그의 극장에 들어온 나를 환영하며 *코르디안* 공연 프로그램에 그로토프스키가 쓴 헌사를 떠올렸다. '유제니오, 예술이라는 고되고 지치는 모험을 향한 좋은 출발로서, 그 고난을 준비하고 있는 그대에게.'

나는 *아크로폴리스* 공연 프로그램을 펼쳐서 읽고 또 읽었다, 마치 기

도문인듯, 혹은 타데우쉬 보로프스키—아우슈비츠에 끌려갔다가 해방 후 자살한 폴란드 작가—의 문장인듯:

> 우리는 지하에서 일하고 밭에서도 일하고, 비가 오면 삽자루, 수레, 곡괭이, 망치들과 더불어 지붕 아래 몸을 피한다. 우리는 시멘트 자루를 나르고, 벽돌을 쌓고, 철로를 놓고, 울타리를 치고, 땅을 밟는다. 우리는 새로운 문명의 기반을 건설하고 있다. 겨우 지금에서야 고대의 가치를 알아본다. 만약 독일이 승리한다면 세상은 우리들에 대해서 무엇을 알게 될까? 거대한 건물들, 도로, 공장은 날로 치솟아 오르고, 기념탑들은 구름을 찌른다. 그것들은 우리의 가족들을 죽이고, 병든 자와 노인을 죽인다. 그것들은 아이들을 죽인다. 그리고 아무도 우리에 대해서 아무것도 모르게 될 것이다. 우리의 목소리는 시인, 법률가, 철학자, 왕자들의 통곡으로 숨이 막힌다. 그들은 아름다움, 선, 진실을 창조한다. 그들은 종교를 창조한다. (…) 어느 날 우리가 캠프로 돌아갔을 때, 오케스트라가 포로들의 행진에 맞춰 음악을 연주했다. 십여 개의 부대가 도착했고 문 앞에서 대기하고 있었다. 수십만 명의 남자들. 그러더니, 벌거벗은 여자들을 가득 실은 트럭이 나타났다. 그들은 두 팔 벌려 외치고 있었다. '살려주세요. 저들이 우리를 가스실로 실어가고 있어요. 살려주세요.' 그리고는 우리 코앞에서 사라졌다. 수십만 명의 남자들은 침묵했다. 아무도 움직이지 않았다. 손 하나 들어 올리지 않았다. 왜냐면 죽은 자 앞에서, 산 자는 언제나 옳기 때문이다.

7. 연극의 신약 성서

오늘날 그로토프스키를 말할 때면, 보통 '가난한 연극'이라는 표현, 그리고 무대 장치나 음악, 문학 등의 다른 예술적 규범들에 의존하지 않고 배우와 관객 사이의 만남에 본질적으로 기초하는 공연이라는 개념을 떠올린다. 그의 전복적인 행위는 그리하여 로페 데 베가(Lope de Vega 1562-1635, 스페인의 극작가, 시인, 소설가 - 옮긴이 주)의 '탁자 세 개, 두 사람, 열정 하나'에 비견된다. 이런 식의 사고방식은 우리 세기에 가장 널리 퍼진 강력한 혁명이 되었고, 그 혁명이란 네 가지 근본적인 영역 – 무대와 객석 사이의 관계, 연출가와 텍스트 사이의 관계, 배우의 기능 그리고 연극 기술의 초월적 가능성 – 에서 연극의 물리적인 몸통을 변화시켰다.

바이로이트(Bayreuth, 독일 바바리아 지역의 도시. 바그너가 바이로이트 축제 극장이라는 오페라 하우스를 지었고, 매년 여름 그곳에서 오페라 페스티벌이 열린다 - 옮긴이 주)에서 열린 오페라 공연에서 무대와 객석을 동시에 어둠 속에 잠기도록 하여 무대와 객석 사이의 정서적인 융합을 창조했던 최초의 인물은 리하르트 바그너(Richard Wagner)였다. 관객을 보지 못하게 함으로써 서로를 방해하지 않고, 무대에서 벌어지는 마법으로 관객의 주의를 곧장 끌고 가는 것이었다. 이러한 융합은 배우의 '진정성'이 관객을 정서적으로 몰입시키는 배우 작업에 집중하였던 스타니슬랍스키에 의해 더욱 심화되었다.

배우와 관객 사이의 물리적인 분리를 제거함으로써, 그로토프스키는 글자 그대로 무대와 객석 사이의 일치를 깨달았다. 이것은 일종의 코페르니쿠스적 혁명이었고, 극작술, 공연 제작, 배우들의 공연, 관객들의 감각에 예측할 수 없는 결과들을 가져왔다. 배우의 무대와 관객의 객석이라는 이 두 분명한 영역의 구분을 없앤다는 것은 동물원에서 사자 우리에 있는 철창을 제거한다는 것이다. 철창으로 보호받기 때문에, 우리는 동물의 왕을 불과 몇 센티미터 떨어져서 보면서도 안전하다고 느낄 수 있다. 공연에서 그런 '철창'을 제거하면 우리의 경계망이 사라지게 되고 매우 다른 밀도의 참여가 발생한다. 요즘은 정통 연극이든 거리 공연이든 이런 삼투가 흔한 '다반사'가 되었지만, 당시 *아크로폴리스*, *닥터 파우스투스*, *불멸의 왕자* 등의 공연이 보여준, 또는 그런 작품들에 영감을 준 아이디어나 창작 방식이 1960년대 초반에 던진 충격과 파장은 상상조차 어려운 일이다.

연출가가 텍스트를 주무르는 건 우리 세기에는 새로운 일이 아니다. 단 한 마디 대사를 바꾸지 않고도 특정한 해석을 통해서 작품 전체를 완전히 변화(가끔의, 스타니슬랍스키 같은 경우)시키거나, 혹은 텍스트를 '재구성'(메이어홀드의 *검찰관* 같은 경우)하는 방식으로도 존재했다. 하지만 그로토프스키는 인간 조건의 근본적인 상황, 그 원형을 담고 있다는 고집스러운 확신을 갖고 고전에 접근했다. 관객들에게 이것을 인식하게 하기 위해서, 그는 상응하는 장면들을 구축했다. 그 텍스트로부터 일관된 논리로 나온 방법이었으나 기존 연극사에서 전혀 생소한 극단적인 모양새로 변형된 것이어서, 동시에 신성모독으로 여겨졌던 것이다. 그러한 과정은 텍스트의 새로운 화신을 도출해냈는데, 그것은 마치 아테네의 그리스 비극작가들이 완전한 자유를 갖고 변이형의 모체로 신화를 해석(예를 들면, 소포클레스 작품에선 안티고네가 죽지만, 유리피데스 작품에선 안티고네가 살아남아 크레온의 아들인 헤몬과 결혼한다)했던 것과 같은 기능을 획득한 것이었다.

그로토프스키는 문학적 구조를 급격한 방식으로 해부하고 수술을 감행한 연출가의 전통을 개척했다. 그의 목적은 단지 텍스트를 동시대적으로 보여주는 것만이 아니라, 모든 걸 넘어서서 개인과 역사의 극단적 사건들과 집단적인 강박의 체험을 재창조하는 것이었다. 그가 끌린 고전의 매력과 그 가치에 대한 신념은 신성모독[9]의 형식으로 분출되었다.

원형적 영혼을 해방시키기 위해 텍스트를 깎아내는 극작술의 방법은 그 시대의 연극에서는 독보적인 기술과 존재감을 지닌 배우들에게서 구현되었다. 폴란드에는 헨릭 토마셰프스키(1919-2001, 폴란드 마임 극단(Polish Mime Theatre)을 이끌며 발레와 마임을 접목한 화려한 무대 예술과 정교한 신체성으로 세계적 명성을 얻은 마임의 거장 - 옮긴이 주)의 마임 전통이 있었고, 공립 극장들의 '진짜처럼 보이는' 기존 스타일을 깨는 상상력 넘치는 학생 연극들이 있었다. 또한 전통적인 연극에서도, 극작가들(이오네스코, 베케트, 루제비츠(Różewicz), 므로젝), 무대 미술가들(샤이나, 칸토르), 연출가들(스쿠샨카, 스비나르스키)의 덕으로, 배우의 연기력이 상당히 정교한 연극성을 확보하고 있었다.

그러나 그로토프스키는 진정으로 보이고, 들리고, 무엇보다도 관객과 집단적 상상에 정신적인 충격을 주는 '기호들'을 창조해낼 수 있는 배우 세계를 추구했다. 이러한 '기호들'을 찾아가는 방식은 심리학이나 인과관계의 메커니즘이 아니라 연극적 논리를 바탕으로 연결되었다. 이러한 논리는 유기적이고 일관된 일체감에 뿌리를 두고, 신체와 정신의 수련, 다시 말해 기술 - 테크닉을 전제로 한다. 기술의 수련과 획득은 개인적인 과정이 되고, 그것은 즉 배우들이 자신의 내면의 존재, 식물적 동물적 에너지를 발견하고, 집단적 상상이라는 공유된 영역으로 배우들을 안내해준다. 스타니슬랍스키의 공식에 따르면, 훈련과 공연 작업은 본질적으로 자기 자신에 대한, 즉 개인으로서의 배우 작업이 된다. 이러한 변증법 – 군살을 벗겨낸 텍스트와 그 텍스트의 영혼으로 환생한 배우 – 은 추상

9 이런 방식은 많은 연극인들을, 예를 들어 프랑스 연출가 로저 플랑숑(Roger Planchon) 외 많은 비평가들을 불쾌하게 했다. 그로토프스키의 작업에 완전히 설득이 된 레이몽드 템킨은 그녀의 글에서, '대학 교육으로 물려받은 금기의 관념을 넘어서려면 스스로에게 가혹해야 함을' 인정하는 진심을 드러냈다. *Grotowski*, La Cité, Lausanne 1968, p.87.

적인 이론이나 환상의 신기루가 아니라, 기술의 수련, 즉 구체적인 훈련의 과정이며 매우 세밀하게 표현되는 행위들이다[10].

오늘날 누군가는 그로토프스키의 열린 태도와 창조적 과정에 대한 그의 진정성을 존경할 수 있다. 이러한 태도가 그로 하여금 끊임없이 새로운 관점을 발견하고 자기 이론과 선입견에 묶이지 않고 탐험을 지속하게 했다. 이러한 예를 잘 보여주는 것이 바로 훈련(training)이다. 처음엔 *아크로폴리스* 공연 연습 과정에서 배우들의 구체적인 문제점들을 해결하기 위해 훈련을 시작했지만, 그로토프스키는 작품 제작의 준비로 굳이 연결되지 않더라도 훈련이 자율적인 행위가 될 정도로 발전시켰다.

그로토프스키의 연극 작업에는 일정하면서도 상호보완적인 이중적 측면이 있다. 한편으로는 공연이 '평신도'의 제의로서, 배우와 관객을 특별한 삼투현상으로 휘감아 인간 조건의 상처들에 대해 사유하고 명상하게 한다. 연극사에서 이러한 개념에 참고가 되는 예는, 앙투안(André Antoine), 스타니슬랍스키, 라인하르트(Max Reinhardt)로 시작하여 나치즘과 스탈리니즘의 등장으로 끝나버린 1930년대, 폴란드에서는 동요와 전복의 시대라고 불리는 대변혁기의 주인공들에게서 볼 수 있다.

또 다른 한편으로, 그로토프스키의 공연들은 예술적 사회적 가치를 넘어서 종교성(종교가 아닌)을 지향하는 비밀스러운 긴장을 내포하고 있다. 내가 아는 한 그로토프스키에게 그 종교성이란 무엇보다도 힌두교의 정신과 연결되어 있었다. 그에게는 미학과 기술을 통해 다다르는 이러한 긴장이 파괴 - 부수고 깨고 어기는 위반의 개념에 이르게 했으며, 그건 오폴레 시절의 그로토프스키 작업의 핵심 용어가 되었다. 공연이란 파괴 행위이며 그것이 우리의 장벽을 허물게 하고, 한계를 뛰어넘고,

10 유제니오 바르바, *연극실험실 13열 극장에서의 경험*, 오폴레 1962.
예지 그로토프스키, *가난한 연극을 향하여*, 오딘 극단, 홀스테브로 1968.

공허를 채우고, 내면을 충만하게 하여 중심의 영역으로 데리고 들어간다. 일반적으로 받아들여지는 이미지와 정서, 의견들을 뒤집고 모욕함으로써, 배우들은 배우 자신과 관객들을 자극하고 도전한다. 금기에 대한 이러한 모독과 파괴는 충격을 낳고, 역사적 생물학적 환경으로 씌워진 가면을 부수고, 우리를 발가벗긴다. 그로토프스키의 파괴는 고전의 텍스트들을 통해 우리에게 계승되었던 전통적 가치에 적용되었고, 연극을 인식하고 실행하는 방법들에 적용되었고, 공리주의적 또는 타성적인 이념 예술의 개념에 적용되었다.

그러한 태도는 모르는 사이에 사회주의 정권에 전복적으로 비추어졌다. 공안 당국은 곧 이것이 형식주의 연극이 아니라, 그들이 주무르는 세상에서 새롭게 떠오르는 '힘의 중심'으로 정권에 반하는 세력이라고 판단했다. 그것은 상징적인 저항이었으며, 예술가가 사용할 수 있는 유일한 무기였다. 그 시절 그로토프스키를 비정치적이라고 단정한 소위 '의무감' 예술가들의 비난을 읽고 듣는 건 괴로운 일이었다. 자기 배반과 자기 분열을 벗어나 진실을 지키려는 그로토프스키의 노력과 전략은 말할 것도 없거니와 그의 생각과 공연 제작 방식의 극단적인 도전을 전혀 알아보지 못하는 완전히 장님들의 태도였다.

연극에 대한 이런 특별한 견해와 그것을 실행하는 기술적 역량으로, 그로토프스키는 여섯 작품을 제작하고 생명을 불어넣었다. 그의 공연은 울림을 낳고, 오해, 열정, 당황, 착각을 빚고, 오직 소수의 관객들만 그것을 보았다. 폴란드 밖으로 여행한 공연은 *아크로폴리스, 불굴의 왕자,* 그리고 1971년 이후 *무형의 묵시록(Apocalypsis cum figuris)* 뿐이었다. 그로토프스키 사상의 파괴적인 역량은 1968년에 영어로 출판된 그의 책 *가난한 연극을 향하여*에서, 그리고 그의 전설적인 연극실험실을 곳곳으로 전파했던 수많은 글과 기사들을 통해 주로 드러났다. 연극의 신약성서(the New Testament of Theatre)로 대표되는 혁명적인 비전은 60

년대 말 새로운 연극의 가능성들을 상상하고 실천할 수 있는 다양한 방법과 실험에 영감을 주었다. 바로 이러한 이유로, 그것은 연극의 구약 성서에 편재하는–동시에 어디에나 존재하는 몸 속으로 더욱 깊숙이 확장되고 흡수되었다. 전복, 용기, 비타협의 예는 미학적 범주로 변형되거나, 또는 위반의 필요성과 초월의 갈망에 근거하는 뿌리에서 치고 올라온 기술의 예가 되었다.

그로토프스키가 연극 제작을 멈춘 이유 중 하나가 연극 공연이 그에게 더 이상 위반의 필요를 만족시키지 못했다는 사실이었다. 그의 이후 활동들은 계속해서 배우 기술에 집중했으나, 무엇보다도 그런 노력들은 근본을 추구하는 그의 관심으로부터 다른 출구들을 발견하게 했다. 그러므로 그는 스스로 자기 안에 도발과 위반을 간직하고 있으며, 또한 연극의 현장에서 그를 관찰하는 우리 안에 살아있다. 그의 실천들은 여전히 우리의 분야에서, 장인 기술로 이어 내려오는 직업 유산으로서 그 의미를 이해하고 찾고 노력하는 사람들 속에 살아있는 것이다.

8. 관계와 체스 게임

나는 지금 그로토프스키와 내 인연의 근원과 나의 끈질긴 오폴레에서의 30개월을 설명하려고 노력하고 있는 중이다. 하지만, 나는 그 어떤 잘못된 생각도 지어내고 싶지 않다, 마치 거기서는 매일 기적이 일어났다거나 감각과 영혼의 영원한 도취였다는 등의. 아니, 거기서의 생활은 단조롭고 무뎠다. 인구 6만의 작은 도시는 회색빛이었고, 그곳의 문화생활이란 자극과는 거리가 멀고, 순전히 예외적이었던 그 13열 극장에겐 적대적이긴커녕 무관심했다. 극장일은 폴란드의 여느 전통적인 극장들과 같은 리듬을 따랐다: 오전 10시부터 오후 2시까지 연습 그리고 저녁엔 공연. 공연이 없는 시기에는 저녁마다 연습이 있거나 밤 늦게까지 작업이 이어지기도 했다. 상황에 따라 결정되는 유동성은 항상 있었다.

극장 기술직과 행정직과는 분리된 예술가들의 엄격한 위계 구조가 있었다. 전형적인 폴란드 문화였는데, 매우 형식을 갖춘 예의범절로 관계들이 정해졌고, 판(Pan), 파니(Pani)라는 호칭(영어로 각각 미스터 Mr. 미스 Ms.에 해당)을 붙여 3인칭의 존칭(프랑스어에서 '당신 vous'에 상응)으로 상대를 불렀다. 그로토프스키는 배우들도 나도 이렇게 불렀고, 우리도 그에게 또 서로에게 그렇게 했다. 오직 그로토프스키, 플라셴, 몰릭만 서로에게 '너(you)'라는 친근한 표현을 썼다. 극단 단원들은 작업 외에는 따로 만나지 않았지만, 가끔 만나서 술 한잔하기도 했다. 아주 가끔은 부부 단원의 집에서 모여 밥 먹고 늦게까지 술도 마셨다, 물론 플라셴과 그로토프스키도 함께였다. 5월 1일 메이데이(노동절)에는 극단 전체가 플라셴과 그로토프스키 주도 하에 노동자 행진에 참가했다. 생산력 증대를 다짐하는 거대한 플래카드를 들고 지역 코뮤니스트 간부들이 미소 짓고 손을 흔드는 연단 앞을 줄지어 지나갔다.

작업을 할 때도 말투는 항상 정중했다. 나는 그로토프스키가 배우들에게 화를 내는 것은 단 한 번도 본 적 없고, 화가 났다 해도 스스로 조절할 줄 알았다. 내가 그곳에 갔을 때, 배우들은 이미 연극적 해법들, 즉 원형을 드러내는 신체적 음성적 '기호들(signs)'을 추구하는 데 익숙해져 있었다. 이 용어는 전혀 쓰인 적이 없었으나, 대개는 '구성(composition)'이라고 일컬어지는 단어였다: 배우가 자신의 행동을 연극적이고 밀도 있게 행하는 방법. 배우들은 모두가 인내심이 있었고, 같은 장면이나 짧게 나눈 토막들을 지속적으로 반복하는 데 자신들을 바치고 있었다. 그 분위기는 수공업 장인들이 작업에 몰두하는 방식이었고 오직 필요할 때만 말을 했다.

연습에는 모든 배우들이 다 참여했고, 심지어 다 나올 필요가 없을 때에도 그랬다. 그로토프스키가 배우들과 개별적으로, 한 번에 배우 한 명씩과 작업을 시작했던 건 *닥터 파우스투스* 때부터였다. 가장 긴 시간 작업했던 건, 밤새도록 이어진 리샤르드 치에실락과의 작업이었는데, 나는 이중으로 충격을 받았기에 생생히 기억한다. 그 기간(1963년 2월 - 3월) 동안 나는 단테의 *신곡(La Divina Commedia)*을 바탕으로 한 작품을 준비하고 있었고, 그 공연을 13열 극장의 레퍼토리로 그로토프스키와 합의했던 작업이었다[11].

이 작품을 나는 바르샤바 연극학교 졸업 공연으로 올릴 계획이었다[12]. 나는 크라코우 예술학교에 장학생으로 온 프랑스인 롤랑 그륀베리를 무대미술가로 이름을 올렸다[13]. 가장 유럽적인 전통의 대표작으로서, *오이*

---

11 단테의 *신곡*은 오폴레 극장의 고전 레퍼토리로서 그리고 그로토프스키의 이론에 딱 들어맞는 이상적인 선택이었다. 여행을 주제로 하는 내용은 원형을 제시할 수 있고, 이탈리아 사람인 내가 나의 문화에서 고른 고전이기에 적합한 선택이었다. 그로토프스키와 나는 누가 무대미술을 할 수 있을지 오랫동안 의논했다. 나는 샤이나가 해주길 원했는데, 그로토프스키와 이미 *아크로폴리스*에서 함께 작업을 했고 새로운 사람을 만나는 게 더 좋겠다고 결정했다. 타데우쉬 칸토르라는 이름이 떠올랐다. 그는 화가였고, 가끔 연출 작업도 했고(나도 크라코우에서 몇 편을 보았다), 그러나 무대미술가로 더 잘 알려져 있었다. 그는 그로토프스키를 몹시 싫어했고, 자주 그로토프스키를 경멸하듯 말하고 폄하했다. 그러니 그를 우리의 관계 속으로 불러들인다면 좋은 기회가 될 게 분명했다. 그래서 나는 어느 날 아침 크라코우의 한 카페에서 칸토르와 만나기로 했다. 그에게 나는 이탈리아인이고, 장학금으로 여기 와서, 지금 단테의 작품을 준비하고 있다고, 몇 가지 내 생각들을 설명했다. 그는 흥미가 생기는 듯 질문을 하기 시작했다. 뭔가 잘 될 것만 같았다. 그리고는 어디서 공연할 계획이냐고 물었다. '오폴레에서요', 내가 대답했다. '지에미 오폴스키에이 극장(Teatr Ziemi Opolskiej)인가요?', 그가 물었다. 거긴 전통적인 평범한 레퍼토리 극장이었다. '아니요', 내가 말했다, '그로토프스키의 연극실험실이요.' 칸토르는 나를 강하게 노려보더니, 벌떡 일어나 한 마디도 하지 않고 그대로 나가버렸다. 그후로 다시는 그를 만나지 않았다.

12 그 제작 계획은 실현되지 않았다. 왜냐면, 그로토프스키에 따르면, 공안 당국이 절대 허가를 내주지 않았다는 것이다.

13 롤랑 그륀베리와 나는 오폴레에 오기 전부터 친구였고, 칸토르와의 그 사건 이후 나는 곧장 그 친구를 떠올렸다. 또 그에게 *시파리오* 잡지에 13열 극장에 대한 글을 써달라고 부탁하기도 했다. 그때 내가 편집을 담당하고 있었기에, 나의 지나친 흥분

디푸스왕, 로미오와 줄리엣, 체홉의 *세 자매,* 이 세 작품들의 장면들을 연달아 보여주고, 그러한 장면들을 위한 전통적인 무대를 재구축할 의도였다. 모든 몸짓과 말투, 창작된 모든 요소들은 텍스트 속의 어떤 특정한 것, 혹은 텍스트를 해석하고 의견을 표현하는 방식을 소통하려는 의도였을 터이다. 나는 극장 공간을 마치 엘리자베스 시대의 극장처럼 빈공간으로, 관객들이 바닥에는 서서 보고 객석 층을 달리하는 구조로 계획했었다. 단테와 그의 어머니는, 마치 비행기 여행하는 가족처럼 돌아다니고, 객석 바닥 아래 숨어있거나, 갑자기 나타나고, 그러는 동안 내내 단테의 텍스트를 중얼거리고, 노래하고, 무대에서 일어나는 상황과 언제나 대조적으로 충돌하며 거스르는 것이다. 내가 상상했던 그 공연에서는, 연극사의 위대한 전통은 끄떡없이 그 걸작들의 위용을 드러내고 있으며, 반면에 세상은 그 똑같은 관객의 발밑에서 부서지고 있다는 것을 말하려 했다.

이런 내 모든 생각들을 그로토프스키에게 다 얘기했고 그는 인정해주었다. 어느 날 밤연습에서 치에실락과 그로토프스키가 밤새도록 작업한 뒤에, 치에실락은 극 중 벤볼리오가 미치는 장면에 엄청난 생명을 불어넣어, *닥터 파우스투스* 공연 때 관객들이 앉기로 되어있었던 두개의 긴 탁자들을 그야말로 분열시켰다. 파우스투스가 친구들－관객들－을 초대해서 최후의 만찬을 벌이는 그 시작은 단 몇 초만에 고함이 난무하는 지옥의 아수라장으로 초토화되었고, 극도로 분노한 궁정신하를 마침 파우스투스가 기적적으로 진정시켰다.

나는 *신곡*에 대한 나의 모든 아이디어에 작별을 고하고 전체 장면의 공간을 다 지워버렸다. 나는 도둑질했다며 그로토프스키를 비난했고,

---

을 드러낼 수 없었기 때문이다. 롤랑은 프랑스 낭시(Nancy) 출신이었고, 학생 연극 축제의 젊은 감독 잭 랑(Jack Lang)을 알고 있었다. 그는 1964년 낭시 페스티벌 심사위원이었고 그로토프스키를 축제에 초청하였다. 롤랑은 나와 계속 협력 작업을 했고, 이후 오슬로에서 오딘 극단의 첫 번째 공연을 올렸을 때 그 포스터를 만들어주었다.

그날 밤연습 때 즉흥을 하면서 도구를 다 깨부순 건 바로 치에실락이었다며 그로토프스키는 순진무구하게 대답했다. 나는 안드레 살몽(André Salmon 1881-1969, 프랑스 시인이자 비평가인 피카소의 친구 - 옮긴이 주)의 책에서 읽은 에피소드를 그에게 들려주었다: 입체파 초기에, 화가 브라크(Georges Braque)는 피카소가 자기 아틀리에를 찾아올 때마다 작업하고 있던 모든 캔버스들을 다 벽 쪽으로 돌려놓아 그림이 보이지 않게 했다.

그러나 그 리허설을 보면서 나는 또 다른 충격을 받았다: 치에실락 연기의 수준, 그의 격분한 상태, 극도의 침착함, 불과 단 몇 센티미터 관객의 얼굴 앞에서 그 무거운 탁자들을 허공에 들어올리는 그 독보적인 정교함이라니.

작업을 할 때 그로토프스키의 특징이었던 그 진지하고도 예의바른 상냥함은 그가 유명해진 다음엔 사라져버렸다. 1966년 7월 홀스테브로에서 오딘 극단이 주최한 첫 번째 세미나에서 그가 스칸디나비안 배우들을 연출하는 것을 보자마자 나는 바로 알아차렸다. 그는 딱딱해졌고, 인내심을 잃고, 어리석다고 여긴 질문에는 짜증을 내고, 질문을 하는 사람들에게 거친 태도로 야단을 쳤다. 즉흥이나 어떤 훈련을 이끌 때, 그런 엄격함은 고무적으로 배우들에게 망설임을 극복하게 하고, 반사신경과 불안정함을 자극하여, 결과는 탁월했다. 하지만 타협하지 않는 완고한 행동은 그의 개성이 되어버렸고, 자기 자신을 드러내는 방식이 되었다. 이러한 확고함이 누군가에겐 매력적으로 보였지만, 또 다른 사람들에겐 자기 중심적이고 무례하게 보였다. 아마도 나이와 신체적 연약함이 결국 드러났던 것일까, 오직 90년대에 들어서야 그가 한 사람을 대할 때나 적은 숫자의 사람들과 말할 때처럼 언제나 그를 특징지었던 특유의 부드러운 아이러니와 따뜻한 말씨가 대중 앞에서도 다시 나타났다.

오폴레에서 자신을 완전히 열고 상대를 온전하게 진심으로 대하는 그로토프스키의 능력은 내가 배운 가장 효과적인 '전쟁터 학교'였고, 공안 권력－검열, 밀고자, 비밀경찰, 정치인들, 비평가와 적대자들－과 어떻게 체스 게임을 하는지 배웠던 최고의 수업이었다. 그로토프스키는 어떻게 의도하고 행동하는지, 어떤 가능성과 어떤 다른 경우의 반응이 나올지, 굳이 러시아인들과 고난도의 문제를 만들지 않고 '이념적으로 부적절'하기 위해 누구와 어떻게 어느 만큼 폴란드 애국주의를 상대해야 하는지, 나에게 극도로 자세하게 설명했다. '본질적'인 것을 지키기 위해서 전략적 움직임으로 방향을 튼 그의 심리적 과정을 탄생부터 성장까지 보았던 나는 목격자였다.

용어의 선택은 중요했다. 모든 단어는 그 단어를 드러내면서도 '이상주의적'이라거나 '신비주의적'이라는 비난과 낙인을 피해야 했다. 사회주의 폴란드에서 종교적일 수는 있었다. 공개적으로 종교를 밝힐 수 있었고, 교회는 어디에나 있었다. 정권은 가톨릭교회와 공존의 합의를 찾는데 성공했고 지식인들과 교회 작가들은 수준 높은 잡지들을 편찬했다. 그러나 당신이 '신비적' 혹은 '이상적'이라고 규정된다면, 그건 정부가 당신을 반대파로 여긴다는 걸 의미했다.

자기의 '회사'와 '암자'를－그로토프스키는 그의 극장을 그렇게 부르곤 했다－지키려 했던 이토록 끊임없는 노력과 조심스러운 집중이 13열 극장을 연극실험실 13열 극장으로 승화시켰다. 이 간단한 이름의 변화는 예측할 수 없는 결과들을 낳았다. 1962년 1월 폴란드 문화부는 극단마다 서류를 발송해서 어떤 장르의 작업을 하는지 조사했다: 드라마, 뮤지컬, 어린이 연극, 인형극, 오페라, 오페레타, 실험극 기타 등등. 그로토프스키는 아무것도 13열 극장에 해당하는 게 없었기에 그 마지막 항목에 표시를 했다. 그는 즉시 용어의 가치를 깨달았다: 그것은 그가 연극 예술의 '본질적인 것'을 찾아가는 연구와, 공연 하나를 준비하는 데 들어가는 기나긴 과정, 제한된 관객 숫자를 정당화했다. 게다가, 그 용어는 역사적인 전례와 맥이

닿는다. 스타니슬랍스키 연극실험실, 즉 소비에트 연극의 모델, 그러므로 좋아하든 않든 사회주의 권역에서는 모델로 삼는 예술가가 아닌가.

주저 없이, 그로토프스키는 1962년 1월 그의 신작 *아크로폴리스* 공연의 대서특필을 여러 신문사에 요구했고, 대문자로 대범하게 선언했다: 연극실험실 13열 극장.

9. 천일야화

오폴레에 들어온 이후로, 연습이 끝나면 내가 그로토프스키를 만나는 것은 관습이 되었다. 배우들은 이것에 어떻게 반응했는지 나는 모른다. 그들은 나에게 언제나 친절했고 그중 몇 명은 심지어 나를 좋아했다. 오로지 플라센만이, 항상 친근하긴 했지만 나를 미심쩍어하는 듯, 왜 그로토프스키가 나에게 그렇게 말을 많이 하는지 모르겠다며 그 특유의 아이러니를 툭툭 날렸다[14].

그로토프스키는 전혀 미식가가 아니었다. 그가 제일 좋아하는 것 중 하나가 꽁치 통조림을 먹는 거였다. 그건 당시 폴란드에서는 구할 수 없었기 때문에, 내가 해외 여행을 갈 때면 사다주었다. 그는 검소하게 살았고, 바르 믈레츠니(Bar Mleczny, 영어로는 밀크바라고도 하며 보통 간단한 음식과 음료를 파는 식당 - 옮긴이 주)라는 자본주의 패스트푸드

14 그로부터 20년이 지난 1983년, 팔레르모 근처 트라페토(Trappeto)에서 열린 국제 회의에서 플라센을 만났다. 오딘 극단은 *브레히트의 재(Ashes of Brecht)* 공연을 했고, 그 공연이 끝난 후에 플라센이 나에게 다가와 놀라운 이야기를 털어놨다. '폴란드에서 나는 당신을 순진한 카사노바로 여겼는데, 그런데 그로토프스키의 *아크로폴리스*와 칸토르의 *죽음의 교실*을 합친 듯한 작품을 만들어냈군요. 내가 본 역사상 가장 정교한 잔혹과 공포의 연극적 실현이었어요.'

체인 같은 싼 레스토랑에서 종종 식사를 했다. 음식은 맛도 없고 색깔도 없고, 테이블은 몇 개 되지도 않은데 늘상 지저분한 접시로 가득했기에 서서 먹는 곳이었다.

그는 아주 조그마한 셋방에 살았고 앙상한 침대는 책으로 잔뜩 뒤덮여 있었다. 마치 어디에 살든 어떻게 살든 신경쓰는 것 같지 않았고, 이런 무관심은 항상 그가 사는 공간의 특징이었다. 이후 내가 그를 방문했던 장소들 모두 - 캘리포니아 어바인(Irvine)의 작은 방 두 곳, 이태리 폰테데라의 작은 아파트 - 는 덜 지저분하고 책은 좀 줄었다 해도, 죄다 썰렁했고 장식 하나 없이, 아무리 텐트나 피난처에 살아도 집같은 분위기를 내려고 해봄직한 그 어떤 최소한의 시도도 전혀 없는 그런 식이었다.

나는 독일 출신 가정에 넓고 안락한 방을 빌렸고, 바르샤바에서 가져온 책들을 가지런히 꽂아두었다. 나는 작은 축음기에다, 유대인 송가, 민요, 폴란드 투쟁가, 스페인 내전 때 불린 노래 등 여기저기서 사모은 레코드판을 많이 갖고 있었다. 바짝 깨어있게 하는 데엔 최고로 효과적인 새까맣게 우려낸 진한 차를 몇잔씩 마셔가며 그로토프스키와 내가 수양했던 방해받지 않는 골방이었다. 우리는 추측도 하고 토론도 하고, 음악도 듣고, 내가 쓴 기사나 그로토프스키가 적어둔 글들을 다시 읽었다. 길고 긴 대화를 나눴고, 우리의 대화들은 내가 *'연극의 신약 성서'* 라고 제목을 붙여 인터뷰 형식의 책으로 쓰기도 했다.

이 방에서 우리는 비스피아인스키(Wyspiański)의 *아크로폴리스* 텍스트와 말로(Marlowe)의 *닥터 파우스트* 원작을 글자 하나하나 읽고 또 읽으며, 우리 공연에 사용할 부분들을 고르고 붙이고 했다. 우리는 폴란드 잡지에 나온 기사나 공연 평들을 읽으며 토론했다. 자신의 비전통적인 공연들을 못마땅하게 주시하고 있는 지역 공안 당국에 미칠 악영향의 가능성뿐 아니라, 그 글들을 누가 무슨 목적을 품고 썼는지 그로토프스키는 설명해주었다. 때때로 우리의 대화는 황당하게 진부했고, 쓸데없는 자잘한 얘기에, 거친 발언, 모순된 논평, 서로를 골탕먹이기도 했다.

거의 매일 저녁 그로토프스키와 나는 밤새 영업하는 기차역 식당에 갔다. 거기가 우리의 거실이었다. 저녁을 먹은 다음, 계속 차를 홀짝거리며 – 한 잔에 티백을 두 개씩 넣어 – 우리는 몇 시간이고 종종 새벽까지 이야기했다. 가끔은 우리 중의 한 명이 긴 독백을 했고, 그러는 동안 나머지 사람의 존재는 생각, 기억, 의심, 질문 들을 던져주면서 독백에 생명을 불어넣고 언어의 옷을 입혀주었다.

그로토프스키는 폴란드 어느 작은 마을에서 아버지 없이 자랐던 어린 시절을 이야기했고, 읽었던 책들, 토마스 만(Thomas Mann)과 카를 마이(Karl May)에 대해서, 어머니 에밀리아(Emilia)[15]에 대해서, 크라코우와 모스크바에서 경험했던 정치적 활동과 연극 공부에 대해서, 투르크메니스탄(Turkmenistan), 드골(De Gaulle), 그리고 마샬 피워수드스키(Marshall Piłsudski) 전장터를 여행했던 이야기를 했다. 그는 폴란드에 강박적으로 사로잡혀 있었지만, 그 애국심이 국가주의는 아니었다. 그건 깰 수 없고 제압할 수 없는 예술가들의 자부심이었다. 그는 폴란드 역사와 문학을 연결하며 몇 시간의 이야기에 끝을 맺었다. 그는 낭만주의 위대한 작가들, 스워바츠키, 노르비트(Norwid) 그리고 누구보다도 미키에비츠를 사랑했다. 그는 긴 구절들을 외우고 있었고 내게 낭송해주었다:

15 에밀리아 그로토프스키는 아들에게 엄청난 영향을 준 훌륭한 인품의 여인이었다. 그녀는 크라코우에 살았고, 나는 1962년 크리스마스 이브에 꽤나 정식으로 인사를 드리게 되었다. 폴란드 전통에는 이런 말이 있는데, 크리스마스 식사에는 고통의 예수나 불쌍한 사람이 문을 두드릴 수 있으므로 만약을 위해 식탁에 여분의 자리를 만들어둔다는 것이다. 그로토프스키와 나는 작전을 짜고, 그가 어머니와 저녁을 먹고 있을 때, 내가 친구 없는 고독한 나그네로 설정하고 저녁 8시쯤 나타나기로 했다. 그의 어머니는, 나를 전혀 몰랐는데도, 나를 집안으로 들이고 세 명이 함께 밥을 먹었다. 저녁 식사가 다 끝나갈 때야 그로토프스키는 나를 어머니께 소개했다.

Litwo! Ojczyzno moja! Ty jesteś jak zdrowie;
Ile cię trzeba cenić, ten tylko się dowie,
Kto cię stracił.
오 리투아니아여! 나의 조국. 너는 마치 건강처럼,
오직 너를 잃고서야, 우리는 진정으로
그 가치를 알 수 있다지.

특히 미키에비츠의 *판 타데우쉬(Pan Tadeusz)*의 시작 부분, 그로토프스키는 그 구절의 매우 음악적인 부드러움에 빠져 스스로에게 자장가를 불러주는 듯했다: '오 리투아니아여! 나의 조국, 나의 몸. 마치 건강처럼 너를 잃고서야 진정으로 그 가치를 알 수 있지.' 미키에비츠가 태어난 나라 리투아니아는 폴란드 대왕정 당시에 폴란드에 속해 있었다. 그로토프스키는 러시아에 대한 반란과 저항, 지식인 망명, 미키에비츠의 순례기를 들려주었다. 거기엔 언제나 반-소비에트 정서(이건 당시 폴란드에서 흔한 일이었다. 러시아 군부대가 대규모로 주둔하고 있었고, 그중 한 곳이 오폴레와 멀지 않았다)가 서브텍스트로 깔려 있었다. 그는 *지아디* 3부의 일부분을 자주 인용했는데, 땡볕에 긴 행진을 하고 기절한 러시아 군인에 대한 미키에비츠의 글을 짓궂게도 좋아했다:

Ach, żał mi ciebie, biedny Słowianinie!
Biedny narodzie! Żał mi twojej doli,
Jeden znasz tylko heroizm - niewoli.
안타까워라, 불쌍한 슬라브!
비참한 나라! 너의 운명이 애통하구나.
네가 아는 영웅은 오직 하나 - 노예로다.

또한 1920년에 적군파를 격퇴하고 폴란드에 독립을 안겨줬던 마샬 피워수드스키 전쟁에 대해 그는 아주 상세하게 설명했다.

나는 이태리 남쪽 어느 작은 마을에서 아버지 없이 자란 어린 시절을 얘기했고, 내가 읽었던 책들, 살가리(Salgari)와 크누트 함순(Knut Hamsun)에 대해서, 내 어머니 베라(Vera)에 대해서, 나폴리 군사학교, 아타튀르크(Kemal Atatürk 1881-1938, 터키의 개혁가로 공화제를 선포하고 초대 대통령이 되어 정당 정치를 확립하였다 - 옮긴이 주)와 이븐 사우드(Ibn Saud 1880-1953, 사우디아라비아의 국왕이자 독재적 통치자, 사막의 근대화로 석유를 개발하였다 - 옮긴이 주)에 대해서, 오슬로에서의 정치 활동에 대해서, 외국인들 사이에서 살아남는 천가지 방법과 나의 방황, 노동의 경험들과 선원으로 돌아다녔던 항구들에 대해 이야기했다.

우리는 이 모든 것들을 마치 두 명의 셰에라자드(Sheherezade, *천일야화 - 아라비안나이트*에 나오는 술탄의 왕비. 밤마다 재미있는 이야기를 남편에게 들려주어 목숨을 보전했다고 한다 - 옮긴이 주)가 된 듯 은밀한 열정으로 서로에게 이야기했다. 온갖 반전과 역설로 얘기에 재미를 더한 청산유수의 달변가, 반질거리는 문구, 애매모호하거나 양성적인 표현의 추구, 리듬의 확장, 속삭임, 사이와 공백을 겁내지 않고. 우리는 낡아빠진 탁자에 앉아, 맥주와 담배 연기로 찌든 냄새, 나른한 분위기, 기차의 출발과 도착을 알리는 시끄러운 스피커의 소음이 훼방을 놓는 그 밤과 싸웠다. 우리의 사설과 고백은 다시 시작되고, 마치 강물이 바다로 흘러가듯 피할 수 없이 '우리의 영혼의 눈앞에 존재하는' 인도에 대한 얘기로 흘러 들어갔다. 힌두이즘이야말로 우리들만의 특별한 접점이었다. 라마나 마하리쉬(초월 명상의 그루와 혼돈하지 말 것)는 그로토프스키의 인생에, 그리고 라마크리슈나는 나에게 매우 중요한 역할을 했다.

우리는 샹카라(Shankara)와 그의 아드바이타 베단타(Advaita Vedanta, 힌두이즘의 비이원론 - 옮긴이 주), 여러 다르사나(darsana - 힌두이즘의 다양한 관점들)의 기법들, 파탄잘리(Patanjali)와 그의 하타 요가 텍스트에 나오는 박티(bhakti - 라마누자(Ramanuja)의 종교적 열정), 마하야나(Mahayana) 불교와 선(Zen) 사상, 나가르주나(Nagarjuna, 인도의 불교 승려인 용수 - 옮긴이 주)와 그의 마디야미카(Madhyamika, 중관론) 또는 *수냐타(Sunyata)* - 원리를 설교하는 신지혜학파(New School of Wisdom)에 대해 이야기했다. 수냐타, 즉 비어있음 - 공(the Void, 空)이란 아무것도 없음(nothingness, 無)이 아니다. 그것은 반이원론(non-duality)으로 주체와 객체가 따로 분리되어 있지 않다는 것이다. 자아와 자아에 대한 확신이 실수와 고통의 원인이다. 실수와 고통에서 벗어나는 길은 자아를 제거하는 것이다. 이것이 바로 비아 네가티바(via negative, 부정법), 즉 세속적인 범주와 현상들을 부정하고 자아를 부정하는 단계로 공에 도달하는 법을 통해 얻을 수 있는 완전한 지혜이며 깨달음이다.

수냐타는 예스(yes)와 노(no) 사이, 존재와 비존재 사이의 연결이다. 그것은 인식과 거부, 주장과 거절이 섞이는 순간이다. 불교 전통에서 수냐타는 이성적 사고가 아니라 경험을 바탕으로 하는 현세의 절대적 부정이다. 확언과 결여, 행동과 행동의 유보 사이에 존재하는 수행이다. 깨달음을 얻기를 원한다면, 성취하지 않는 상태로 머물러야 한다. 왜냐하면 무엇을 원하는 순간 두 가지 이중성이 생겨나기 때문이다: 욕망하는 목적을 향해 추구하는 자아와 자아가 아닌 추구하는 대상. 진정한 성취는 무언가를 가지려고 더 이상 바라지 않을 때에만 도달할 수 있다. *가난한 연극을 향하여*에서 그로토프스키는 이 관점을 배우에게 적용했다. '능동적인 역할을 실행하기 위한 필수적인 마음의 상태는 바로 수동적 준비상태이다. 이것은 무엇을 하려고 원하는 것이 아니라 오히려 그것을 *하지 않을 수 없는 상태가 되는 것이다.*'[16]

그로토프스키는 수냐타 철학을 잘 알고 있었다. 1957년과 1958년에 그는 크라코우에서 '동양 철학과 사상'에 대한 연속 강연을 했고, 나가르주나에 대해 자주 설명했다. 1960년 3월, 13열 극장의 연출을 맡은 일년 후에, 그는 직접 쓴 시나리오를 바탕으로 나가르주나에 대한 크라코우 라디오 방송을 제작했다. 이처럼 수냐타의 관점으로 그로토프스키 방법론에 붙인 최초의 정의의 근본을 엿볼 수 있다: '확언과 초월의 변증법', 그리고 나중에는 '신성과 모독의 변증법'으로 변화한 개념이다. 또한 어떻게 수냐타의 개념이 연극의 본질을 설명하는 그의 부정법(via negativa)에 영감을 주었는지를 알 수 있다: 즉 배우와 관객의 관계.

우리는 오래도록 이야기했다. 적—정념—을 물리치는 수단으로써 사리불과 불교의 구지혜학파에 대해서, 그것들은 개인의 정신력에 집중하고, 밀교와 라마교의 종파 내에 초능력을 믿는 학파에서 발견되는 내용이었다. 그런 다음 우리의 대화는 밀교에서 밀라레파(Milarepa)와 마르파(Marpa)로, 그의 엄정한 스승들로 넘어갔다. 안겔루스 질레지우스(Angelus Silesius 1624-1677, 독일의 신비주의 종교시인 - 옮긴이 주)와 장자로, 도덕경과 우파니샤드로, 복음서와 에르네스트 르낭(Ernest Renan 1823 - 1892, 프랑스의 종교사가, 작가이며 철학자 - 옮긴이 주)이 그의 책 *예수의 생애(Life of Jesus)*에서 묘사한 그 주인공에 대해: 항상 다른 쪽 뺨을 내민 허무주의자, 존재의 무상함을 알고 있던 고독한 선동가, 어디에도 머리 누일 곳이 없던 사람의 아들.

때때로 구르지예프(Gurdjieff 1874-1949, 러시아 아르메니아 출신의 사상가로 유물론적인 신비주의를 주창하며, 영적 자유를 달성하기 위해 서양의 정신의학을 접목한 선 수행을 하였다 - 옮긴이 주)나 우스펜스키(Ouspensky 1878-1947, 러시아의 철학자 - 옮긴이 주)에 다가가, 그들

---

16 *가난한 연극을 향하여*, p.17. 이탤릭체는 그로토프스키의 표기를 따른 것.

의 책과 방법론(구르지예프 춤 속에 있는 '정지(stop)'는 배우 훈련에 녹아들었다)에서 멈추기도 했다. 그로토프스키는 구르지예프가 '인류의 조화로운 발전을 위한 교육원'을 티플리스(Tiflis, 조지아(Georgia)의 수도 트빌리시(Tbilisi)의 옛이름 - 옮긴이 주)에 설립하는데 성공한 과정을 대단히 흠모했다. 당시 소비에트인들이 권력을 잡고 있었기에 이러한 진통해열제 같은 이름을 써서 그 속에서 이루어지는 훈련들을 숨겼던 것이다. 또한 구르지예프가 그의 협력자들을 모두 안전하게 들여온 방법은 불리한 정치적 환경 속에서 어떻게 본질적인 것을 지켜내는지를 가르쳐주었다: 마치 산행이 '조화로운 발전' 프로그램의 하나인양, 그들은 모두 산속을 걸어서 도착했다. 이런 식으로 소비에트 군인들은 그들이 터키 국경지대의 산을 홀로 걷거나 소규모로 걷는 것을 익숙하게 보게 되었다. 그러던 어느 날 그 교육원의 모든 회원들은 구르지예프를 대장으로 모시고, 다같이 터키로 넘어가 그곳에 정착하였다.

우리는 연금술, 샤머니즘, 신들린 상태, 제의에 관한 얘기로 넘어가고, 이쯤에서 핵심적인 작가들이 재등장했다: 융(Jung), 뒤르켐(Durkheim), 레비브륄(Lévy-Bruhl), 모스(Mauss), 레비스트로스(Lévi-Strauss), 카유아(Caillois), 바슐라르(Bachelard), 엘리아데(Eliade). 그들의 저서들은 우리에게 큰 반향을 일으켰고, 우리는 스스로의 경험을 사용해서 '원형'과 '집단적 재현', '거친 사유'의 비옥한 토대를 개척했다. 우리는 그 책들을 논평했고, 인용했다; 우리에게 끝없는 가정과 가설의 영감을 주었던 책들. 이것들이 우리가 끊임없이 연극의 관점을 재구성하는 데 부어 넣은 재료들이었다.

새로운 연극의 특징들을 축약해주는 적합하고 제시적인 용어들을 찾는 게 내게는 중요했다. 내 글 속에 내가 고안해낸 용어들은 이런 식이다: 인류학적 탐험으로서의 연극, 영혼의 충돌로서의 공연, 한편으론 온전히 자신을 드러내는 배우의 정신 작용과 또 다른 한편으론 자신의 확신과 정신적 평안을 방어하고자 하는 관객 사이에서 일어나는 충돌의 공연. 아직은 '가난한'이라고까지 정의할 수는 없었던 연극에서 배우의 내적 과정을 특징짓기 위해, 나는 '자아 꿰뚫기(self-penetration)'라는 표현을 사용했다. 그건 용어의 문제가 아니라 신념의 문제였다. 나는 그로토프스키의 사고방식이 고대로부터 내려온 이론과 관습의 전당을 뒤흔들 것임을, 그의 말은 말씀이 되고, 연극의 신약 성서가 되리라고 확고하게 믿었다. 나는 목격자가 되고, 그 말씀을 전파하고, 개종자로 활약하고 싶었다. 그런 뒤에 우리는 진한 차를 또 한 잔 주문했다, 아주 여러 번에 걸쳐 결국 중국 땅에 차 잎을 탄생시킨 달마대사에게 감사하며. 어느 날, 명상 중에 잠이 들었던 달마대사는 스스로 자기 눈썹을 잘라버렸다. 눈썹이 떨어진 땅 위에 차 잎이 피어났는데, 이는 졸음과 싸우는 데 도움이 되는 자애로운 잎이 되었다는 것이다.

때때로 우리는 예지 팔코프스키(Jerzy Falkowski)에 의해 방해받았다. 그는 아주 유능한 언론인이었는데, 언제나 바쁘게 서둘렀다. 그는 바르샤바에서 그로토프스키를 인터뷰하러 왔다가 그로토프스키의 연극에 매료됐고, 더불어 어느 예쁜 여인에게 매료되어 오폴레에 남았다고 한다. 그는 우리 대화에 끼어들어 지역과 전국의 예술계 - 정치계 주변의 최근 뉴스와 풍문들을 쏟아냈다. 언젠가는 새벽 3시에 나타나서 제비처럼 신나게 지저귀다 날아갔다. 우리한테 오기 한 시간 전에 그는 그 지역의 어느 작가와 통화를 했단다: '나는 예지 안제예프스키(Jerzy Andrzejewski, 위대한 폴란드 작가 중 한 사람)인데, 지금 막 오폴레에 도착했거든요. 당신의 책들을 읽었는데 아주 대단하다고 생각합니다. 당신 집으로 방문을 하고 싶은데…' '그러세요, 기꺼이 손님으로 모실 테니 당장 오시지요', 그 시간에 자고 있던 작가는 이렇게 대답하고 그토록 특별한 전화를 받은 것에 자부심을 느낀다. 그런 다음 팔코프스키는 또 다른 작가에게 전화를 걸어, 똑같은 이야기를 반복한다: '나는 예지 안제예프스키인데, 지금 막 오폴레에 도착했거든요. 당신의 책들을 읽었는데, 기타등등 기타등등…' 그러면 또 다른 초대를 받는다. 그런 다음 그는 첫 번째 작가에게 다시 전화를 건다: '있잖아요, 제가 막 동료를 만났는데(두 번째 작가), 그 사람한테 내가 막 당신에게 가는 길이라고 말했더니, 그 사람이 굉장히 당황하더라고요. 분명 당신은 나를 엄청 비판적으로 얘길 하고 내 책들을…' 그러면 첫 번째 작가는 그건 모함이고 자신이 얼마나 안제예프스키의 작품들을 존경하는지를 항변한다. '그렇군요, 그럼 당신한테 가도록 하지요', 이렇게 팔코프스키 - 안제예프스키는 대답하고 곧장 두 번째 작가에게 전화해서 그 똑같은 이야기를 반복한다. 이렇게 한 시간 동안을 팔코프스키는 번갈아 전화를 하면서, 마음에 들지 않는 두 명의 지식인들을 골탕 먹였다는 것이다.

나는 아직도 그 꿀꿀한 레스토랑을 기억한다: 바닥엔 담배꽁초가 가득하고, 눌어붙은 양배추 수프 냄새며, 연기로 자욱한 분위기, 곯아떨어진 취객들, 그 속에서 그로토프스키와 나는 팔코프스키의 뻔뻔한 상상력과 공명심에 박장대소했다[17]. '그루(guru, 산스크리트어로 '깨달음을 얻어 존경받을 만한 자'를 뜻하며 인도에서 스승을 가리키는 말 - 옮긴이 주)' 그로토프스키에게 유머 감각이 부족하다는 말을 들을 때마다 내게는 이 장면이 떠오른다. 또 다른 기억도 있다. 내가 쓴 13열 극장에 관한 책자를 근처 도시에서 인쇄를 하고, 히치하이킹을 해서 오폴레로 돌아오는 길이었다. 우리는 길따라 걷다가 지나가는 모든 차를 향해 대범하게 팔을 흔들었다. 그때 고위 관료들이 타던 러시아제 자동차가 멈춰 서더니, 오폴레 코뮤니스트 비서관이 창문으로 머리를 내밀었다. 그로토프스키

17 팔코프스키는 그 후 몇 년 뒤 방송국으로 급하게 가던 중에 갑자기 세상을 떠났다. 부검 결과 그의 심장은 그야말로 두 개로 쪼개졌다고 했다. 그로토프스키는 홀스테브로에서 나에게 그 얘기를 했는데, 우리의 의견은 일치했다: 달려가다 죽었으니 그는 얼마나 운이 좋은가.

와 나는 즉각 심각하고 책임감 강한 표정으로 돌변하여 이렇게 말했다: 안타깝게도 저희가 기차를 놓쳤습니다. 자동차에는 딱 한 자리만 나서 그로토프스키가 탔고, 그래서 나는 혼자 걸으며 내내 이런 생각을 했다. 그 비서관의 놀란 얼굴과 그로토프스키의 표현 능력, 그리고 카렌 블릭센(Karen Blixen 1885-1962, 덴마크의 소설가. 그녀의 자전적 소설 *아웃 오브 아프리카*가 유명하다 - 옮긴이 주)의 지혜로운 문장을: '나는 당신의 얼굴이 아니라 가면(mask)을 보고 당신을 알아보겠어요.'

10. 맥박, 리듬, 움직임

우리는 물론 연극 얘기도 했다. 우리가 다시 또다시 되돌아가는 곳, 경험들, 텍스트와 사람의 일대기로 가득한 그 하나의 정밀한 영역이 그것이었다. 그것은 스타니슬랍스키(엄청난 분량으로), 메이어홀드(그보다는 적게), 바흐탄고프(내 추측에 그로토프스키가 가장 끌렸던 작품들의 연출가), 덜린(Dullin, 즉흥에 관한 그의 텍스트를 매우 높게 평가함) 그리고 델사르트(그의 응축과 확장의 원칙은 배우 훈련에 널리 소개됨) 등으로 이루어졌다. 또 다른 핵심 항목은 마르셀 마르소(Marcel Marceau)의 마임이었다. 그로토프스키는 그를 1959년에 프랑스에서 만났고, 그에 관한 열정적인 글을 발표했다. 여러 가지 마임 훈련들이 배우 훈련에 융합되었다[18].

18 마르셀 마르소가 1963년에 헨릭 토마셰프스키의 배우 중에 한 명을 만나러 브로츠와프에 왔었는데, 나는 그를 오폴레에 오도록 설득하려고 만나러 갔었다. 안타깝게도 마르소는 전혀 알지도 못하는 사람을 만나는 걸 내켜하지 않았다. 여기에는 자크 르콕(Jacques Lecoq)이 그로토프스키를 비난했던 것처럼, 마임이라는 틀에 사로잡혀 완고하게 집착하는 태도가 있다. 매번 내가 르콕을 만날 때마다 그는 참지 못하고

셀 수 없이 많은 폴란드 예술가들이 참고 자료가 되었다. 예를 들어, 비트카치, 이보 갈(Iwo Gall), 그리고 율리우쉬 오스테르바(Juliusz Osterwa)와 미에취스와프 리마노프스키(Mieczysław Limanowski)가 창단한 레두타 실험극장(the Reduta laboratory), 그곳의 배우들은 유니폼을 입고 있고 그 배우들이 연극 - 사원에서 밤에 빠져나와 놀아보려 해도 술도 못마시게 한다며 그로토프스키는 짓궂게 잔소리를 했다. 하지만 존경을 바탕으로 한다는 데 모순이 있었다. 그는 할리나 갈로바(Halina Gallowa)의 고지식한 엄격함에 대해서 몇 번이나 이야기했었다. 그녀는 그로토프스키가 크라코우 포에지(Poezji) 극장에서 처음 연출했던 1957년 이오네스코 작품 *의자(The Chairs)*에 출연했던 레두타 그룹의 전 배우였다. 그는 또한 이레나(Irena)와 타데우쉬 뷔르스키(Tadeusz Byrski)에게 매우 끌렸다. 그들은 1960년 그로토프스키가 초기 두 작품 – 콕토의 *오르페우스(Orpheus)*와 바이런의 *카인(Cain)* – 으로 바르샤바 투어 공연 때, 비평가들이 그 공연들을 난도질하던 당시 지지의 편지를 보내주었던 사람들이었다[19].

이렇게 말했다, *불굴의 왕자*에서 배우들이 '바람을 거슬러 걷는' 장면을 보는데 너무나 진부해서 깜짝 놀랐노라고.

19 많은 비평가들이 특히나 배우들의 거의 아마추어 수준의 낮은 기술에 대해 지적했다. 당시 배우들 중에 즈비그니에프 오시인스키는 현재 바르샤바 대학의 교수로 있는데, 이 책에 나오는 그로토프스키의 삶과 작업의 중요한 사건들에 대한 기억을 아주 본질적이고 자세하게 기록해 놓았다. 안타깝게도 딱 하나의 번역본이 미국에 남아 있는데, 완전히 잘려나가 내용이 없고 연대순의 표기 정도로만 요약되었다. 대학 조교였던 젊은 오시인스키는 *아크로폴리스* 공연을 본 후 1963년 어느 날 포즈난에서 오폴레로 왔다. 그는 13열 극장 일을 도우며 며칠을 보내다 갔고, 언제라도 시간이 나면 다시 찾아왔다. 그때부터 그는 폴란드와 해외로 이어진 그로토프스키의 여정을 따라다녔다. 연극실험실 해산 후 그로토프스키가 처음에는 미국으로 나중에는 이탈리아로 완전히 옮긴 후에도, 오시인스키는 브로츠와프의 역사적인 자리를 지켰고, 용기와 상당한 희생으로, '예지 그로토프스키 작업 및 연극 문화 연구 센터(Centre of Studies on Jerzy Grotowski's Work and of Cultural and Theatrical Research)'를 만들었다. 이곳은 이러한 연극 작업의 기초적 자료 보관뿐 아니라, 수준 높은 국제적인 공연들, 회의, 세미나들을 기획한다.

처음 일년 반 정도 우린 아시아 연극에 대해선 거의 얘기가 없었다. 나는 선원으로 돌아다니며 싱가폴, 홍콩, 상하이, 캘커타 등지에서 여러 공연들을 보았었다. 솔직히 거의 기억이 안 났고, 내 기억에 남을 만한 아무런 흔적도 없었다. 그로토프스키는 1962년 8월에 3주 동안 중국을 다녀왔는데 아주 많은 정보와 좋은 인상을 받고 돌아왔다. 그는 중국 경극에서는 배우들이 궁극적으로 가려고 하는 곳과는 반대 방향에서부터 움직임을 시작한다는 것을 발견했다. 이 관찰은 매우 효과적인 작업 도구가 되었고, 우리는 거기에 '중국 원칙'이라고 세례명을 붙였으며, 나중에 같은 이름으로 오딘 극단의 훈련법으로 입성했다. 또한 그로토프스키는 상하이에서 음성 전문가 링 박사(Dr. Ling)와의 만남에 대단히 충격을 받았다. 링 박사는 배우가 말을 할 때 후두가 열리는지 혹은 닫혀있는지를 확인하는 법을 그에게 보여주었다. 이렇게 발성 기관을 조절하는 형태는 음성 훈련 방법으로 적용되었고, 나의 책 *잃어버린 연극을 찾아서(In Search of Lost Theatre)* 142쪽에 매우 자세하게 묘사되어 있다.

1963년 7월부터 12월까지 있었던 나의 인도 여행 후에 상황은 약간 달라졌다. 나는 자동차로 그곳을 여행했다, 유럽을 지나 터키, 이란 그리고 파키스탄까지. 내가 봤던 다양한 형식의 인도 연극 중에서, 케랄라(Kerala)의 카타칼리(Kathakali)는 나에게 가장 지대한 인상을 주었다. 3주 동안 카타칼리를 배우면서, 눈과 얼굴 근육의 움직임을 발전시키고 특정한 걸음걸이를 배우는 신체 훈련들을 전부 기록했다. 오폴레에 돌아와 그 모든 걸 알려주었고, 몇 가지 연습법들이 배우 훈련에 추가되었다.

그로토프스키와 나는 줄곧 아시아 연극에 대해 얘기했지만, 우리 지식의 대부분은 책이나 기사로 접한 것뿐이었다. 우리의 좌표를 찾곤 했던 별자리는 원형, 제의, 전이, 샤머니즘, 특정 힌두 학파나 불교 철학 그리고 대변혁의 전통, 즉 20세기 초반 30년 동안을 휩쓴 유럽 연극의 변혁의 경험이었다.

그로토프스키는 다른 형태의 아시아 연극의 고전들은 잘 접하지를 못했다. 그의 세계관에 결정적인 영향을 주고, 그의 존재 방식과 연극 실천에 깊게 스며들었던 건 특정한 부분의 인도 철학이었다. 그건 극작술이나 기술적 조합의 아주 작은 부분에서도 발견할 수 있었다. 1992년 폰테데라에서 나의 이런 확신을 그에게 얘기하며, 많은 비평가들과 학자들은 아시아 연극과 그의 관계를 두고 정교하게 상상을 펼쳤다며 그를 놀렸다. 내 관점으로, 그는 오직 한 가지에만 관심이 있었는데 말이다: 인도, 아니 그보다는 힌두이즘. 그로토프스키는 인정했고, 인도에 대한 '비밀스러운 소명'은 바로 그의 어머니, '힌두교도'였던 에밀리아에게서 받은 것이라고 내게 말했다. 게다가 다시금 폴 브런튼(Paul Brunton)의 책 *비밀의 인도를 찾아서(A Search in Secret India)*, 이차 세계대전 중 난민이 되어 니에나두프카(Nienadówka) 마을에서 살던 그때, 당시 나이 여덟에서 아홉 살이던 그에게 어머니가 읽게 했다는 그 책의 중요성을 말했다. 라마나 마하리쉬의 생애에 관한 내용들은 그에게 특별한 인상을 심어주었다. 1976년 12월, 그로토프스키는 그의 네번째이자 마지막 인도 여행을 어머니와 다녀왔고, 마하리쉬가 수행했던 산 아루나찰라를 함께 방문하였다.

이러한 힌두이즘의 영향은 그로토프스키 연극의 제일 첫 단계에서부터 나타났다. 그가 스물일곱이던 1960년, 13열 극장의 연출가가 된 1년 후에, 그는 이렇게 썼다:

> 만약 우리의 장면을 위한 리서치를 한마디로 정의한다면, 나는 신화 속에 나오는 쉬바 신의 춤이라고 하겠어요. (…) 모든 측면에서 실재하는 현실을 그대로 흡수하려는 시도이면서, 동시에 그 다중적인 양상들을 바깥에 놔두고 거리를 두는 것이죠. 다른 식으로 표현하자면, 그것은 형태의 춤이

고, 형태의 맥박이며, 연극 관습, 스타일, 연기 전통들이 흘러넘쳐 핵분열하는 다양성입니다. 하지만 서로 반대의 것들을 구축하기도 합니다: 격렬함 속의 지적인 게임, 기괴함 속의 진지함, 고통 속의 조롱. 연극의 모든 환영과 모든 '극사실성'을 부수는 춤이면서 동시에 나 자신을 다시 들여다보고, 전체성 속의 인간 운명을 받아들이고 끌어안을 수 있는 야망을(절대 충족된 적은 없죠, 당연히) 불러일으키는 춤입니다. (…)

고대 인도 연극은, 고대 일본 연극과 고대 그리스 연극처럼, 춤과 움직임, 연기와 함께 일체되는 하나의 제의였습니다. 공연은 '현실의 재연'(환영의 구축)이 아니라, 현실의 '춤'(의도적인 구축으로, 현실을 불러내는 '리듬의 비전 - 시각화'와 흡사한)이지요. (…)

쉬바가 말했다는 신화의 인용이 있습니다: 나는 이름이 없고, 형태가 없고, 행위도 없다. 나는 맥박이고, 움직임이며 리듬이다(쉬바기타Shiva-gita 중에서). 우리가 추구하는 연극의 본질이 바로, '맥박, 움직임 그리고 리듬'입니다[20].

그로토프스키가 말한 쉬바의 춤은 그저 은유가 아니다. 그것은 존재에 대한 개인의 비전이며, 배우의 기술적인 측면에서 본다면 유기성(맥박과 리듬)으로 번역되고, 극작의 측면에서 본다면 반대의 성질이 동시에 존재(신성과 조롱의 변증법)하는 것이고, 공연의 미학적 측면으로는 현실의 환영을 주는 것을 거부하고 응축과 확장과 대조를 재창조하려는 시도이다: 그것은 '춤'.

우리끼리, 그로토프스키와 나는 두 가지 유형의 테크닉에 대해 논하고, 그걸 '테크닉 1'과 '테크닉 2'라고 정의했다[21]. '테크닉 1'은 소리와

---

20 이 글은 그로토프스키가 1960년 9월 *샤쿤탈라* 연습 기간에 13열 극장의 회원들에게 발표했던 것이다. 같은 해 10월 크라코우 연극학교 연출과 시험에서도 그는 똑같은 글을 제출했다.

몸의 가능성들, 그리고 스타니슬랍스키 이래로 전해 내려오는 심리 - 신체적 다양한 방법론들을 말했다. 이러한 '테크닉 1'은 복잡할 수도 있고 세련된 방식일 수도 있는, 이를테면 연극적 기술을 통해 얻을 수 있는 것이었다.

'테크닉 2'는 개인의 '영혼' 에너지를 여는 데 목적이 있다. 그것은 나 자신을 나에게 완전히 집중하는 실천적인 방향으로, 그것을 통해 주관성을 극복하여, 개인의 영적인 힘들이 통합되는 다른 영역, 즉 샤먼, 요기와 같은 신비의 영역으로 향하는 길을 여는 것이었다. 이러한 '테크닉 2'에 가까이 가고 그것을 얻을 수 있는 능력이 배우들에게 있다고 우리는 심오하게 믿었다. 우리는 그 길을 상상했고 한 사람의 내면의 에너지라는 깜깜한 밤을 헤쳐나가는 데 도움이 되는 정교한 걸음들을 찾아댔다.

오늘날 나에게 그로토프스키의 인생 전체를 관통하는 삶의 태도를 말하라 한다면, 그게 연극 안에서든 밖에서든, 나는 산스크리트어로 사다나(sadhana)라는 단어를 빌려 말하겠다. 그건 어떤 유럽의 언어로도 번역이 불가한데, 영적인 추구, 방법과 실천을 동시에 의미한다.

우리는 아르토에 대해선 전혀 얘기하지 않았다. 나는 그를 전혀 몰랐고, 그로토프스키도 아마 몰랐던 것 같다. 내가 그에 대해 처음 들었던 건 1963년 부활절 기간에 오폴레를 방문했던 레이몽드 템킨을 통해서였다. 나는 1958년부터 59년까지 오슬로 대학에서 프랑스 문학을, 특히 20세기 문학을 공부했기에, 이 모든 게 더 재밌게 다가온다. 어쨌거나, 아르토는 시인으로나 작가로서 전혀 관심을 못 받고 있었는데, 1961년에서 64년 사이에 오로지 갈리마르(Gallimard)가 아르토의 연극에 대한 선언과 텍스트를 총 3권의 전집으로 출판했을 때에야 비로소 그의 신화가 떠올랐다.

---

21 이 책 2부에 나오는 편지글 중 1965년 2월 6일 그로토프스키의 편지 13 참고.

함께 차를 마시고 담배를 피우며 그로토프스키와 나는 그날 했던 연습들, 배우들이 겪은 여러 문제들과 그걸 극복하는 가능한 방법들을 토론했다. 그로토프스키는 왜 그런 결정들을 하고 왜 그렇게 바꾸고 왜 중간에 끊었는지 등을 아주 자세히 설명했다. 그는 왜 어떤 배우에게는 그런 방법을 쓰고 왜 다른 배우에게는 똑같은 접근을 하지 않았는지를 짚었다. 그는 각각 다른 사람에게 심리학적으로 다가가는 법을 잘 알고 있었고, 그렇게 연출을 했다. 그건 역할과 관련해서 배우들의 심리를 다루는 문제가 아니라, 어떻게 하면, 자발적으로, 장면 속의 행동에 색을 입히기 위해서 개별적인 특징과 개인의 에너지를 끌어내느냐의 문제였다.

또한 그것은 훈련에서 생기는 문제를 해결하려는 시도에서 비롯된 것이었다. *아크로폴리스* 초연 때 연습(1962년 3월 - 4월) 과정에서 에바 루보비에츠카(Ewa Lubowiecka, 그녀는 공연 기간이 다 끝나기 전에 극단을 나가버렸다)가 계속해서 너무 감정적인 어조로 빠져들어갔다. 극 중 행동은 아우슈비츠에서 일어나는 거였고, 그로토프스키는 어떤 경우에도 절대 감상적이 되지 않길 원했다. 그래서 그는 배우들에게 마치 돌이 된 듯이 얼굴을 얼어붙게 하라는 의견을 냈다. 따라서 과도하게 얼굴 표정을 짓던 에바 루보비에츠카조차도 분장의 도움 없이 '가면(마스크)'을 창조하게 되었고, 배우들은 전적으로 얼굴 근육을 효과적으로 사용할 수 있는가에 의존해야 했다. 공연 내내 얼굴은 '무슬림'을 불러일으키는 한 가지 표정만을 유지해야 했는데, 아우슈비츠의 수감자들은 생존의 가장 마지막 단계에서 '무슬림'으로 불리어졌다고 한다.

이러한 '가면'을 찾는 작업은, 그로토프스키에 의하면, 배우의 성격에 따라 유형적인 반응을 갖는다고 한다. 여러 가지 고안해낸 방법들로 절대 그의 목적을 드러내지 않고서, 그로토프스키는 배우 한 사람 한 사람을 다른 방법으로 이끌어서, 험악하고 비웃는 얼굴, 비굴하면서 순종적인 노예근성, 소심하고도 반항적인 태연함 등을 끌어냈다. 가면은 유기적인 힘과 놀라운 정서적 효과를 갖고 있어서, 의도적인 것임에도 불구하고, 찡그린 얼굴과는 전혀 차원이 달랐다.

연습 과정 중에는 '마스크'를 창조하는 특정한 시기가 잡혀 있었다. 그리고는 수감자라는 특징적인 행위들과는 균형이 맞지 않는 걸음걸이와 자세를 찾는 작업으로 연장되었다. 공연과는 간접적으로 연결되는 새로운 요소들이 포함되기 시작했다: 아크로바틱, 작곡, 호흡과 소리 훈련. 이런 특정한 시간은 연습(리허설)과는 따로 분리되었고, '치비체니아(ćwiczenia)' 즉 훈련(exercise)이라고 불렀다. 대단한 것은—역사적으로 심오한 결과를 낳았는데—이러한 훈련이 리허설이 끝난 후에도 계속되었고, 배우 스스로의 자율성을 성취했다는 점이다.

이미 *사쿤탈라*를 준비할 때 배우들은 작업 과정에서 발생하는 수행 과제와 관련된 훈련들을 계속 하고 있었다. *코르디안* 공연 때도 마찬가지였다. 다만, 이러한 훈련들이 보다 실용적으로, 항상 공연의 목적에 쓰이는 것으로 바뀌었고, 그리고 리허설 과정이 끝나면 같이 마무리되었다. 그러다가 *아크로폴리스* 공연부터, 작품이 끝나고도 배우들은 훈련들을 지속했고 배우 스스로의 가치를 획득하여, 훈련은 더 이상 특정한 공연에만 요구되는 게 아니었다.

매일 배우들은 훈련을 위해 극장에 모였다. *아크로폴리스* 공연에 직접 연관된 훈련들은 빠졌고, 다른 것들이 조절이 되어 들어오고 새로운 훈련들이 추가되었다. 그로토프스키는 배우들 각자를 신뢰했고, 각자 특정한 영역에 책임을 갖고, 모두가 서로에게 영감을 주고 조언을 해주었다. 지그문트 몰릭(공명이 훌륭했다)은 소리 훈련에 책임이 있었고, 레나 미레츠카는 조형적 신체 훈련과 구성을 맡았고, 즈비그니에프 친쿠티스는 리듬법을, 리샤르드 치에실락은 아크로바틱을 맡았다. 당시 나는 특히 레나 미레츠카와 지그문트 몰릭의 기술적 수준에 상당히 놀랐었다.

훈련들은 실습과 수정을 거치면서 특징과 이름을 바꿔나갔다. 1964년에는 각기 다른 영역에 각기 다른 지도자가 붙어서 이런 식으로 정리되었다: 신체와 리듬 훈련 - 치에실락, 조형과 눈 훈련 - 야훠코프스키, 소리와 호흡 훈련 - 몰릭, 얼굴 훈련 - 미레츠카[22].

아주 초창기부터 치비체니아 - 훈련이라는 용어는 그로토프스키와 플라센에게 매우 중요했다. 그것은 중립적이면서도 간결한 외관 뒤에 의미심장한 암시를 감추는 데 딱 완벽한 단어였다. 그 용어는 *아크로폴리스* 바로 다음 공연이었던 1963년 4월 *닥터 파우스투스* 프로그램에서 처음 공개적으로 사용되었다. 그 프로그램에는 '연극적 훈련들'이라는 제목의 내용이 있었는데, 훈련에 대한 설명이나 방법, 목적 등을 쓴 건 아니었고, 오폴레 연극에 대한 국내외 기사들의 일부를 인용해서 실었다. 그러나 오히려 훈련의 개념을 명확히 드러내는 소개의 글로, 서명은 없었지만 플라센이 쓴 게 거의 분명한 기록이었다:

> 우리는 여기에 연극실험실 13열 극장의 제작 공연들과 작업 방법론에 대한 기사 중 일부를 발표하는 바이다. 우리끼리 쓰는 허튼소리로, 13열 극장의 작업 기술을 정의하는 단어로서 우리가 선호하는 용어이기에, 이 글들을 '**연극적 훈련들**'이라는 제목으로 모아봤다. 의심할 여지 없이 **연극적 훈련들**이라는 용어는 특별히 인상적일 것도 없는 것이다, 다만 그것은

22 1968년에 나온 책 *가난한 연극을 향하여* (p.133)에서 그로토프스키는 1964년 이후의 이러한 훈련에 대한 나의 설명에 이렇게 덧붙였다. '이 당시에, 나는 어떤 긍정적인 테크닉, 달리 말하면, 배우의 상상력과 개인적 연관에 기인한 창조적인 기술을 객관적으로 제공할 수 있는 훈련 방법을 찾고 있었습니다. 어떤 요소들은 그 시기 이후의 훈련에도 이어졌지만, 목적은 바뀌었습니다. 모든 훈련은 어떤 질문에 대한 답을 찾는 것이었는데: "이것을 어떻게 가능하게 할것인가?" 그러한 질문을 없앴습니다. 지금의 훈련은 수련이라는 개인의 형식을 수행하기 위한 구실이 되었습니다. 배우는 자신의 창작 작업에서 스스로를 방해하는 저항과 장애를 극복해야만 합니다. 그러므로 훈련은 이러한 개인의 장애를 극복하기 위한 수단입니다. 배우는 더 이상 이렇게 묻지 않습니다: "이것을 어떻게 할 것인가?" 그대신, 배우는 무엇을 하지 않아야 하는가를, 무엇이 그를 가로막는가를 알아야 합니다. (…) 이것이 내가 말하는 부정법입니다: 제거의 과정이지요.'

긍정적인 측면을 갖고 있다. 그것은 우리의 방법론을 차별 짓는 구체적인 특징을 강조하고 있다. 우리에게 이러한 방법이란 어떤 길 혹은 어떤 발판과 비슷한 것이며, 그 어떤 교리적인 가치는 절대로 없다는 사실을 분명히 한다. 이곳에서 작업의 체계는 배우 훈련과 절대 분리할 수 없다. 우리에게 모든 역할과 모든 제작은 그 자체로가 목적이 될 수 없고, 그것 역시 하나의 훈련이자 보다 더 복잡한 훈련을 위한, 이제까지 가본 적 없는 영역에 도달하기 위한 준비인 것이다. 더 나아가, **연극적 훈련들**이란 용어는 또한 우리에게 일련의 즐거움–'영혼의 작동'을 암시하는–을 허락한다, 그것조차 이미 하나의 이야기에 불과하지만.

플라센이 의미하는 '영혼의 작동'이라는 암시는, 이냐시오 로욜라(Ignatius Loyola, 스페인의 신학자 - 옮긴이 주)의 실천적 명상과 '정신의 훈련', 예이젠시테인이 이미 스타니슬랍스키 시스템에 대해 언급했던 실행과 관련이 있다. 플라센은 그러한 '이상주의적'이고 '신비주의적'인 태도를 향한 코뮤니스트 정부의 검열과 간섭을 피하기 위해서 그 주제에 대해서는 거의 건드리지 않는다. 하지만 그는 분명히 훈련의 보완적인 잠재력을 제시하고 있다: 배우가 스스로에 대해 기술 장인과 같이 작업하는 것, 그리고 동시에 영혼의 작동에 관한 것. 이러한 개념은 그로토프스키가 배우와 관객이 엄밀하게 연결되는 연구 및 공연 제작을 완전히 중단했던 1970년 이후 여러 작업의 근본적인 핵심에서도 발견된다.

11. 검열과 연합

그 시기 내내, 폴란드에서는 모든 표현 형식에 검열이 작동했다: 공연,

대중 집회, 모든 유형의 출판물, 심지어 초대장 하나라도. 연극은 대본부터 분명히 허가를 받아야 했고, 그런 다음 초연이 올라가기 직전, 정권을 불쾌하게 할 만한 내용은 없는지 확인하기 위해 공연 검사가 이루어졌다. 검열의 동기는 상황에 따라 달라질 수 있었다: 형식주의적 혹은 퇴폐적 경향, 유해한 반종교적 정서(때때로 정부가 가톨릭 교회와 좋은 관계를 원할 때), 반소비에트 암시, 이상주의 그리고 세계주의. 그중에 나는 형식주의와 반종교적 측면을 거론하겠다, 왜냐면 그게 오폴레 당국에서 그로토프스키를 비난하는 데 사용했던 주장이었기 때문이다. 그의 작품 속 파우스투스는 신에 반항하는 인물로서, 성직자들의 동정심을 얻은 것도 아니고 심지어 막시스트에게서도 동정받지 못했다, 왜냐면 그가 성인이 되기를 원하면서 신비적인 암시들로 가득 찬 종교적인 언어를 썼기 때문이다. 게다가, 그런 문제는 다른 극장이라면 넘어가는 정도였다고 하더라도, 배우의 기술은, 연극성이 너무나 노골적으로 강력해서 심지어 비난의 대상이 되었다.

하지만 독재라고 해도 유독 지루하고 쓸데없이 잔인한 상황이 아니라면, 1960년대 초 폴란드의 경우가 그러했는데, 또한 인간적인 면이 있었다: 연대와 비리. 오폴레 검열관 중 한 명이 진심으로 그로토프스키를 좋아했고, 비공식적으로 업무 외에도 공연을 보러 왔었다. 어느 날 저녁, 나는 함께 차를 마시자고 그로토프스키와 그를 내 방으로 초대했는데, 그가 종교적인 노래를 부르기 시작했다:

Ludu, mój ludu,
Cóżem ci uczynił?
W czymem zasmucił albo w czym zawinił?
Jam cię wyzwolił z mocy Faraona,
A tyś przyrzadził krzyż na me ramiona.

오 나의 사람들,
내가 도대체 당신들에게 무슨 일을 했던가?
나는 당신들을 파라오의 권력에서 풀어주었네,
그러자 당신들은 내 어깨에 십자가를 씌웠지.

그로토프스키도 찬송가를 부르기 시작했고, 그들은 계속해서 크리스마스 노래까지 나아갔다. 내가 듣고 있는 그 선율들, 폴란드 문화에 깊게 뿌리박힌 그 멜로디들을 그로토프스키는 *아크로폴리스* 공연에서 순전한 잔혹함을 표현할 때 사용하기도 했다. 그리고 며칠 뒤 *닥터 파우스투스* 연습 때, 즈비그니에프 친구티스는 파우스투스가 메피스토펠레스를 주술로 불러내기 위해 사용하는 불경스러운 형식을 찾고 있었는데, 그로토프스키가 그 검열관이 불렀던 노래를 제안했다. 파우스투스가 마음을 녹이고 호소하는 예수의 슬픈 연가를 통해 악마에게 빌면서, 그의 아들을 희생시킨 아버지의 나약함을 시사하는 것이다.

같은 검열관에게 나도 도움을 받아 1962년 4월 책자*(연극실험실 13열 극장에서의 경험)* 하나를 출판하였다. 그가 인쇄업자를 찾아주었고, 담당 감독관과 잘 얘기해주었고, 인맥을 동원하여 인쇄 비용 해결뿐 아니라 상당한 금액의 후원금까지 마련해준 덕분에, 모든 게 순조롭게 진행되었다. 독재정권의 이러한 인간적인 특징(사람들은 비리라고 부르는)은 나중에 내가 다른 책자를 출판할 때에도, 잼 공장에서 버스를 '빌려왔을' 때에도 중요하게 작용했다.

한 달에 한 번씩 나는 장학금 수령을 위해 바르샤바에 다녀왔다. 그럴 때면 친구들과 지인들을 방문했다: 대학과 연극학교의 동료들, 외국인 학생들, 지식인들, 예술가들, 연극인들, 그리고 폴란드 연극을 연재하며 알게된 *시파리오* 잡지 관계자들. 어느 누구도 도대체 내가 오폴레같은 그 작은 동굴 안에서 뭘 하는지 이해하지 못했다. 거의 아무도 그로토프스키에 대해 들어본 적도 없었고, 1960년 그로토프스키 초기 두 작품의 그 엉망진창 투어를 봤다는 소수의 사람들은 더욱이 내가 그 작은 시골 극장의 뭐에 그렇게 특별함을 발견하는지 전혀 이해하지 못했다. 누구라도 내 얘기를 듣는 사람들의 그 당황하는 모순 속에서 나는 몇 시간씩 그로토프스키의 연극 이론과 작품들에 대해 떠들어 댔다. 열정과 선한 의지로 넘쳐나지만 다른 사람들 눈에는 미친 사람으로 뵈는, 나는 내가 코르디안이 된 느낌이었다.

하지만 이 모든 게 드디어 열매를 맺었다. 유명한 무대미술가 제노비우쉬 스트젤레츠키를 만났는데, 당시 그는 폴란드 무대미술사에 기념비 같은 작품을 막 끝냈을 때였다. 나는 그에게 *시파리오*에 실을 기사를 하나 부탁했는데, 구라프스키와 그로토프스키에 대해 내가 하도 말을 많이 하는 바람에, 이런저런 자료들까지 줘가며, 그러는 통에 결국 그는 이미 출판이 끝난 그의 책에 부록을 추가하게 되었다. 그와 그의 아내, 비평가인 크리스티나 마주르(Krystyna Mazur)까지 우리는 친구가 되어, 바르샤바에 갈 때마다 그들은 나를 자주 집으로 초대했다.

내 지인 중 누구도 연극의 신약 성서를 향한 나의 선동과 선교 활동을 피해갈 수 없었다. 모르는 사람이더라도 찾아내서 13열 극장에 대해 얘기를 하려고 달라붙었다: 시인 즈비그니에프 헤르베르트(Zbigniew Herbert), 유머 작가 예지 레츠(Jerzy Lec), 연극학자 즈비그니에프 라셰프스키(Zbigniew Raszewski), 그리고 비평가 에드바르드 츠사투, 안제이 드라비츠(Andrzej Drawicz), 예지 코에닉(Jerzy Koenig), 보예치에크 나탄손, 예지 포미아노프스키(Jerzy Pomianowski). 이때가 1962년 상반기였는데, 그로토프스키가 *코르디안*을 끝내고 *아크로폴리스*를 제작하던 시기로 공안 당국과는 전혀 심각한 문제가 없었다.

내 얘기를 잘 들어주었던 건 주로 나의 외국인 친구들이었다. 몇몇은 대단히 효과적인 연합군이 되었다. 마이크 엘스터(Mike Elster)라고 우치에서 영화 연출을 공부하고 있었던 영국인 친구는 오폴레까지 나를 만나러 왔었고, 1963년 그의 졸업 작품으로 그로토프스키의 극장을 촬영하기로 결심했다. *오폴레에서 온 편지(Letter from Opole)*는 연극실험실 13열 극장의 주된 활동, 배우들의 일상의 장면들, 훈련하는 모습과 *닥터 파우스투스* 작업까지 담은 가장 오래된 다큐멘터리 영화이다. 그것은 연극사에서도 상당히 흥미로운 부분이다, 왜냐하면 작은 '전통적인' 극장의 구조와 훈련을 동시에 보여주는 데다가, 그것도 겨우 아주 초창기의 단계에서 말이다. 그러므로 누구라도 연속적인 훈련의 발전을 연구하고자 하는 사람에게는, 1972년 이후의 리샤르드 치에실락의 훈련을 담은 토르게이 베달의 필름에서 기록된 내용과 비교해 볼 수 있는 피해갈 수 없는 자료가 되었다[23].

또한 절친한 친구 에릭 보, 내가 프랑스어로 글을 쓰면 교정을 해주는 그 친구가 오폴레에 왔고 그로토프스키의 통·번역가가 되어주었다. 그는 프랑스에서 그로토프스키에 대해 글을 썼고, 여전히 무명이었던 그가 파리에 처음 방문했을 때 기꺼이 안내를 도맡아주었다.

---

23 마이크 엘스터는 마이클 커스토(Michael Kustow)라는 함께 옥스포드에서 공부했던 친구가 있었다. 그는 피터 브룩, 찰스 마로비츠(Charles Marowitz) 등이 기고하던 영향력있는 잡지 *앵콜(Encore)*의 편집장이면서 로열 셰익스피어 컴퍼니와 작업하는 젊은 비평가였다. 엘스터는 커스토를 오폴레에 데리고 왔고, 1963년 9월에 길고 흥미로운 기사가 나갔다. 그로토프스키가 처음으로 영국에 왔을 때가 1965년 나의 결혼식이었는데, 그때 마이크 엘스터와 그의 친구들을 통해서 그로토프스키는 피터 브룩을 만나게 되었다.

12. 비둘기와 뱀이 동시에 되는 법

고마운 이탈리아 여권 덕분에, 나는 폴란드 안팎을 내 의지대로 여행할 수 있었다. 이러한 장점을 최대한 살려 몇 차례 짧은 해외여행을 다녀왔다. 연극의 신약 성서를 전파하는 것, 그렇게 해서 호의적이지 않은 폴란드 공안 당국과 평론가들에게 그로토프스키가 해외에 꽤 알려졌다는 인상을 심어주는 것, 이렇게 두 가지가 나의 해외여행의 목적이었다. 내 방에서 또는 기차역 식당에서 그로토프스키와 나는 여행 일정을 함께 짰다. 여행 의도는 13열 극장에 대한 내 기사들을 잡지사와 신문사들에게 전달하고, 정당, 연극인, 예술계 인사 들을 만나 오폴레의 그 극장에 대해 설명하고, 우리의 언론 기사들, 사진, 그림, 그 밖에 자료들을 그들에게 안겨주고 오는 것이었다. 그것이 내가 글을 쓰기 시작한 계기였다. 나는 프랑스어를 사용했다, 왜냐면 프랑스어가 국제적으로 통용되고 내 모국어인 이태리어보다 훨씬 더 광범위하게 소통되기 때문이었다. 더 나아가, 파리는 여전히 폴란드인들뿐 아니라 국제적으로 문화 중심지였기 때문이다.

이런 해외여행은 내가 여러 사람 앞에서 말을 하거나 유명한 사람들에게 접근할 때 망설임을 극복하도록 도움이 되었고, 사람들을 설득하기 위해 꼭 필요한 예리함을 발굴하도록 나를 몰아갔다. 내 안에 살아있는, *아크로폴리스*나 *닥터 파우스투스*의 생생한 장면들과 구체적인 상황, 얼굴 표정과 목소리들은 나에게 힘을 주었고 용기를 북돋아 주었다. 나는 그로토프스키의 생각과 실천의 우주였던, *우리의* 극장에 감정적이고 지성적으로 나를 동일시했다. 다른 모든 연극의 형태들은 나에게, 나가르주나의 표현을 응용해서 말하자면, '돌로 조각된 메마른 처녀의 아들'같이, 아마 매우 아름답긴 한데 영혼이 없는 것처럼 느껴졌다. 내가 엄청나게 호감을 갖고 있는 그로토프스키의 작업과 내게는 집이고, 모험이요,

열정이며 종교인 그 작은 극장을 비호하려는 내 욕망은, 영원한 도전과 강력한 집착, 필요성이 되어버렸다. 이런 모든 것들을 수호해야 한다는 책무는 투쟁, 민첩함, 속셈, 결단력과 빠른 행동력으로 이루어졌다. 매일 매 순간을 비둘기와 뱀이 동시에 되어야 한다는 뜻이었다. 나는 그때까지 잠들어 있던 내 안의 기능들을 발견했다. 까비르(Kabir 1440-1518, 인도의 신비주의 시인이며 사상가, 그의 철학이 담긴 아름다운 잠언시를 많이 남겼다 - 옮긴이 주)는 이것을 알고 있었고 거기에 시를 붙였다:

완벽한 거장은 진정한 영웅
그는 단 하나의 화살을 쏘듯 말하지.
명중, 그대는 땅으로 쓰러지네
그리고 그대 영혼 깊은 곳에 상처가 피어나네.

나에게 세속적인 재산은 장학금에서 모은 2400즈워티(złoty, 폴란드 화폐 단위(zł) - 옮긴이 주)가 전부였는데, 그건 당시 고등학교 교사의 월급 정도에 해당했다. 이 돈은 어떤 외국 돈으로도 환전이 불가능했고, 폴란드 돈으로는 외국행 기차표 한 장도 살 수가 없었다. 가끔 운이 좋으면 막 도착한 외국인 학생들과 얼마의 즈워티를 달러로 교환하는 데 성공했다. 내 유일한 수입원은 주로 스칸디나비안 신문사와 잡지에 글을 쓰고 경우에 따라 기사료를 받는 것이었다. 1센트라도 백만달러 같은 결실을 내야만 했다. 나의 빈약한 달러 예금은 꼭 필요한 데에만 사용됐다: 기차표. 친구들과 지인들의 관대함이 나의 자본이었다.

밤 기차로 움직이면서 기차 안에서 잠을 자는 게 내 여행의 관행이었다. 문제는 한 도시에서 며칠을 지내야 할 때 발생했다. 만약 친구가 있으면 친구네 집에서 밤을 보내고, 그렇지 않으면 공원이나, 어디 현관, 공사 중인 건물 안에서 잠을 잤다. 하지만, 다음 날 아침에 나는 만나는 사람들에게 좋은 인상을 주기 위해 깔끔하고 옷도 제대로 입어야 했다. 기차역, 수하물 보관실에 몇 가지 짐을 맡겨둔 곳, 거기가 나의 미장원이었다. 제일 힘들었던 게, 면도칼로 면도를 하고 크림을 바르고, 입고 잔 냄새나는 셔츠들을 빨고 하는 것이었다. 나는 매번 새로운 도시를 갈 때마다 내가 구한 혹은 주어진 이름과 주소가 적힌 목록을 손에 쥐고 미궁 속으로 빠져들었다. 그로토프스키 공연 사진들, 내가 프랑스어로 쓴 책자들, 최근 기사들, 그리고 구라프스키의 그림들(복사기란 존재하지 않아 몇 장씩 손으로 그리는 데 몇 시간씩 걸렸다)이 담긴 가방을 팔꿈치 아래 단단히 움켜쥐고서.

나의 첫 번째 정거장은 언제나 비엔나였고, 거기 사는 폴란드 극작가 아르투르 마리아 스비나르스키의 집에 정박했다. 나보다 연장자로, 내가 처음 바르샤바에 왔을 때 만났던 냉소적인 동성애자인데, 그는 폴란드 밖으로 나갈 수 있는 허가를 받았다. 에로스 제단에 그와 같은 방향으로 경배드리지 않는 나를 타박하면서도, 그는 나를 융숭하게 대접해주었다. 폴란드에서는 구할 수 없는 맛난 음식에 자잘한 선물들을 잔뜩 안겨주며, 아름다운 희곡들을 망치는 능력뿐인 불한당 그로토프스키에 대한 나의 '발광'을 끊임없이 놀려댔다. 그는 예술계 언론계에 있는 그의 친구들을 나에게 소개해주었다. 내가 젊은 오스트리아 극작가인 아돌프 오펠(Adolf Opel)을 만난 곳도 그의 집이었다. 알게 모르게, 그로토프스키와 그의 극장에 중요한 도움을 주었던 인물이다.

만나는 사람들마다 오폴레의 그 극장에 관심을 가져줄만한 사람을 혹시 아느냐고 묻는 게 나의 관습이었다. 오펠은 몇몇의 이름들을 내게 알려주었다. 그중에 파리에 있는 사르트르의 잡지 *현대*에 글을 쓰는 연극 평론가 르네 소렐(Renée Saurel), 그리고 이집트 카이로 대학에서 일하는 미국인 교수 제임스 해치(James Hatch)가 있었다. 그로부터 며칠 후, 나는 파리에 도착했고, 르네 소렐에게 전화를 걸자 그녀는 나를 집으로 초대해주었다. 그분은 용감하고 얽매이는 게 없는 자유로운 여성이었고, 내가 얘기하는 것에 즉각 관심을 보였다. 내가 쓴 책 *잃어버린 연극을 찾아서*의 프랑스어 타자기 복사본을 보여주었고, 그녀는 최대한으로 출판인을 알아봐 주었다. 그 일은 성사되지 않았지만, 1965년에 이탈리아에서 그 책이 출판되었을 때, 그녀는 잡지 *현대*에 9쪽에 걸친 리뷰를 써주어 국제적인 반향을 일으켰고, 또한 폴란드 전역에도 큰 반응을 일으켜 사르트르의 잡지사가 엄청난 명성을 누렸다. 르네 소렐은 그로토프스키를 직접 만나 알게 되기도 훨씬 전부터 그에 대한 글을 자주 그리고 매우 훌륭하게 써주었다. 그러고 나서 그로토프스키가 마침내 프랑스에 갔을 때 그들은 친구가 되었고, 그녀는 그의 활동들을 언제나 지지하고 객관적인 열정으로 지켜봐 주었다.

나는 사진들, 프랑스어로 쓴 책자들, 구라프스키의 그림 등 여러 가지 자료들을 담은 소포를 만들어 아돌프 오펠에게 받은 또 다른 이름, 카이로에 사는 제임스 해치에게 보냈다. 그는 오폴레로 답장을 보내주었고, 관심을 보이며 뉴올리언즈 대학에 있는 그의 친구에게 자료를 보내줄 수 있으냐 물었다. 그의 친구 이름은 리처드 셰크너(Richard Schechner)였다. 당시에 나는 미르체아 엘리아데(Mircea Eliade 1907-1986, 루마니아에서 태어나 미국에서 생을 마친 종교학자이며 철학자 - 옮긴이 주)나 페르난도 아라발(Fernando Arrabal, 1932년 스페인령 모로코에서 태어나 프랑스에서 활동하는 극작가 - 옮긴이 주) 같은 사람들과 연락하던 사람이었다. 그러니 이 남자 리처드 셰크너는 왜 안 되겠는가?

나는 1963년 봄에 셰크너에게 연락을 받았다. 그의 편지는 큰 충격이었다: 그는 *튤란 드라마 리뷰(Tulane Drama Review)*라는 잡지 편집장이고 작가 말로에 대해 기획 중이라고 했다. 그는 그로토프스키가 작업했던 *닥터 파우스투스* 사진들과 정보를 보내달라고 했다. 나는 곧바로 공연 자료와 그로토프스키가 어떻게 텍스트를 해석하고 재구성했는지 정리해서 보내주었다. 1964년 여름호 *TDR*에 미국에서는 처음으로 연극 실험실 13열 극장이 실렸다. 실수로, 셰크너는 내가 쓴 글에 그로토프스키의 이름을 적어서 발행했고, 그런 오해는 우리를 아주 즐겁게 만들었다: 그로토프스키는 작가로서 자기가 재능이 있다며 우쭐댔고, 나는 괴발개발 낙서광이라고 놀려댔다. 1965년 봄호 *TDR*에 나의 프랑스어 책자 두 권의 번역이 실렸다: *연극실험실 13열 극장에서의 경험과 집단의 자율 집중으로서의 연극*, 그리고 그로토프스키에 대한 유럽에서의 기사들을 발췌한 것과 더불어 *아크로폴리스* 공연에 플라셴이 쓴 중요한 글들까지 포함되었다.

지성적이면서 호기로운 연출가를 찾고 있었던 셰크너는 1967년 캐나다 몬트리올에서 열린 그로토프스키의 세미나에 참여했다. 그해 12월에는 자신이 교수로 있던 뉴욕 대학으로 그로토프스키를 초청할 수 있게 도와주었다. 자크 슈바트(Jacques Chwat), 테어도르 호프만(Theodore Hoffman), 메리 티에니(Mary Tierney)와 함께, 그는 긴 단체 인터뷰로 그로토프스키를 취재했고 1968년 가을호 *TDR*로 발행하였다. 그로토프스키의 이론과 훈련에 영감을 받아, 셰크너는 그의 극단 퍼포먼스 그룹(Performance Group)의 작업으로 환경연극(environmental theatre)이라는 개념을 이론화하여 넓은 파장을 일으켰다. 이 시기를 거쳐 셰크너는 언제나 그로토프스키와 그의 활동에 적극적인 관심을 가졌고, *TDR*에 자주 넉넉한 지면을 할애해주었다[24].

비엔나에 정착한 다음에 나의 여행은 세 갈래 여정이 가능했다: 이태리로 내려갔다가, 파리로 올라가서, 거기서 폴란드로 돌아가기. 또는,

---

24 1997년 리차드 셰크너와 리사 월포드(Lisa Wolford)는 *그로토프스키 소스북(The Grotowski Sourcebook*, Routledge, London and New York)을 출판했다. 514쪽의 단행본으로, 세계 여러 곳에서 모은 자료로 그로토프스키가 발전시킨 작업의 다양한 측면들을 잘 보여주는 책이다.

스위스를 돌고, 파리로 곧장 가기. 아니면 북쪽으로 덴마크, 스웨덴, 노르웨이로 가기, 거기는 신문사에 내 글을 팔기가 좀더 수월하고, 무엇보다도 돈을 바로 주는 곳이다.

로마에서 나는 자신의 연금으로 '예술가' 아들을 먹여 살리는 어머니 집으로 갔다. 거기서 나는 어떤 해프닝을 기획 중이던 화가 아킬 페릴리(Achille Perilli)를 만났고, 그는 나를 63그룹(Gruppo 63, 영어식으로는 Group 63으로 1960년대 이탈리아 아방가르드 문인들의 모임이자 그들이 펼친 문화 예술 활동 - 옮긴이 주)의 일원이었던 시인 알프레도 길리아니(Alfredo Giuliani)에게 보냈다. 나는 안젤로 마리아 리펠리노(Angelo Maria Ripellino)도 만났다. 그와의 대화는 유쾌했다: 그는 슬라보 지역에 대해 굉장한 지식을 갖고 있고, 즉각적으로 알아듣고, 넌지시 암시하는 걸 즐기는 사람이었다. 놀랍게도, 나는 그곳에서 카르멜로 베네(Carmelo Bene)라는 배우 - 연출가가 이끄는 연극실험실이라는 곳을 발견했다. 이태리에서 '같은 부류'를 발견한 기쁨으로, 무대에서 관객(평론가였던가?)에게 오줌을 쌌다는 기사를 읽고서 그 사람을 만나볼 준비를 하고 있었다. 퇴폐적 자본주의 사회의 이런 전형적인 예술가 행태에 폴란드 공안은 어떻게 반응할까 상상하면서, 나는 그에게 그로토프스키 이름을 엮지 않는 게 현명하겠다고 생각했다[25]. 나는 폴란드 연극에 대한 어떤 책의 출판 기념회장에 슬쩍 끼어 들어가, 저자인 람베르토 트레지니(Lamberto Trezzini)에게 그로토프스키란 사람을 빼먹었다며 아쉬워했다. 나는 좌파 성향의 신문사들에 접근했고, 그중 청년 사회주의자 주간지에 1964년 3월 괴스타 마르쿠스를 저자로 올린 내 글이 발행되었다[26].

---

25 사실은, 카르멜로 베네는 전혀 관객에게 오줌을 싸지 않았다. 하지만 로마에 세차게 불어닥친 격렬했던 그 밤의 연극을 바탕으로 가장 저급한 속물 신문사들이 반복적으로 퍼트린 그 전설은 그를 오래도록 따라다녔다.

26 나는 아주 많은 사람들이 13열 극장에 관심을 갖고 있다는 인상을 주기 위해서 가끔 여러 가명으로 글을 쓰기도 했다.

나는 아방가르드 연극에 관심이 있던 작곡가 루이지 노노(Luigi Nono)와 피렌체의 교수 페루치오 마시니(Feruccio Masini)에게 자료를 보냈고, 그로 인해 1963년 1월호 잡지 라 레지오네(La Regione)에 그로토프스키에 관한 글이 실렸다. 1963년 6월에 나는 폴란드 연극에 대해 통신원으로서 줄기차게 글을 보낸 잡지 시파리오의 편집장 프랑코 콰드리를 드디어 직접 만났다[27].

스위스에서는 취리히에 있는 융 연구소(the Jung Institutue)를 방문해 그곳 감독인 제임스 힐만(James Hillman)에게 상당한 자료를 남기고 떠났다. 바젤에서는 그와 똑같은 행동을 융 분야의 잡지 *안타이오스(Antaios)*의 편집장 필립 볼프 - 빈데크(Phillip Wolff-Windegg)에게 하고 떠났다. 작가 발터 베이델리(Walter Weideli)가 따뜻하게 맞이해준 제네바에서는 평론가 조 엑스코피에(Jo Excoffier)가 나를 라디오 방송용으로 길게 인터뷰했다. 그는 제네바 신문의 문화면을 담당했는데, 1961년 크라코우에서 *지아디* 공연을 본 후 열정 넘치는 리뷰를 썼던 적이 있다(나는 여행 기간에 만나는 사람들에게 보여주려고 그 복사본을 늘 가지고 다녔다). 그는 곧바로 내 글을 발행해주었고, 후에 젊은 배우—에릭 뒤크레(Eric Ducret)—를 오폴레에서 공부하도록 뽑아준 것도 그였다[28]. 로잔에서는, 시립 극단의 연출가 앙투안 아포텔로즈(Antoine

---

27 자동차로 인도를 향하는 길에, 나는 여행 경비가 될 원고료를 받기 위해 밀라노를 경유했다. 프랑코 콰드리는 슬픈 표정을 지으며, 돈이 아직 준비가 안됐고 인쇄담당자가 안나왔고, 천 가지 다른 변명들을 함께 늘어놨다. 내가 버럭 화를 냈더니, 동정심이었는지 아니면 신중함이었는지, 프랑코 콰드리는 자기 주머니에서 원고료의 절반을 미리 주면서 나를 달랬다. 이런 격정적인 만남으로 태어난 우리의 우정은 시간의 흐름도 개인적 사정으로도 꺾질 못했다. 프랑코는 용감하고 독립적인 평론가가 되었다. 그는 그로토프스키에 대한 나의 글들을 *시파리오*에서 지속적으로 출판해주었을 뿐 아니라, 오딘 극단의 배우 세 명과 나를 1967년에 열린 이브레아 회의(Ivrea congress)에 초청해주었다. 나중에는 개인적으로 자기 주머니에서 내가 페라리로 밀라노까지 달렸던 여정의 손해를 막아주었고, 그의 출판사에서 내 책 몇 권을 내주기까지 했다.

Apotheloz), 예술영화 감독 프레디 부아쉐(Freddy Buache), 그리고 이전에 레이몽드 템킨이 쓴 그로토프스키에 대한 기사를 실어주었던 예술잡지 발행인 르네 버져(René Berger)를 만났다. 가는 곳마다 나는 의무적으로 신문사나 잡지사들을 찾아갔고, 기사를 실어달라거나 아니면 그들이 나를 인터뷰하게 하려는 의도를 품었다.

내 선교 활동의 노력은 파리에 가장 집중되었다. 레이몽드와 발렌틴 템킨의 집은 나의 피난처였고, 또한 나중에는 그로토프스키, 플라셴, 리샤르드 치에실락, 에릭 보의 피난처가 되었다.

나의 파리지엥 방랑은 관련 정보를 출판해줄 가능성이 있는 지식인들을 만나고 돌아다니는 것이었다. 나는 유네스코의 로제 카유와(Roger Caillois), 엔리코 풀키뇨니(Enrico Fulchignoni)를 만나는 것으로 시작해서, 클로드 레비스트로스를 그의 사무실에서 만났다. 그 시절에는, '철의 장막' 뒤에서 넘어온 은밀한 정보를 가진 전달자를 만난다는 건 흥분되는 사건이었다. 그들은 모두 아주 적극적이었다. 그들이 나에게 선사한 시간은 짧지만, 그들은 자신이 알지도 못하는 사이에 폴란드에서의 그로토프스키의 위치를 더욱 강화하는 데 공헌하고 있었다. 이러한 방문에는 두 가지 목적이 있었다. 한편으로는 연극실험실의 방법론에 대한 그 '원형'의 세계에 관심 있는 사람들과 얘기를 나누고 싶었고, 또 한편으론 그로토프스키의 연구에 관심이 있다는 걸 표시하면서 그에게 더 깊은 정보를 요청하는 편지를 써달라고 그 사람들에게 부탁하고자 했다.

나는 파리 국립 중앙 과학연구원의 장 자코(Jean Jacquot)와 여러 차례 대화를 했고, 그는 드니 바블레(Denis Bablet)를 나에게 소개해주었

28 오폴레 시장은 나에게 6개월간 작은 장학금을 결정했다. 나는 이미 이탈리아 정부 장학금이 있으니, 그로토프스키와 나는 이 돈을 외국인 학생에게 주는 방법을 생각해 냈다. 나 말고도 다른 외국인들이 13열 극장으로 빨려 들어간다면 좋은 인상을 남기게 될 테니까.

다. 그런 다음에 나는 아르제날(Arsénal) 도서관의 앙드레 베인스테인(André Veinstein)을 만났고 그곳 자료관에 연극실험실에 관한 자료를 남겼다. 극작가 프랑수아 비에두(François Billetdoux)를 만났고, 일본 연극 전문가인 르네 지페(René Sieffert), 그리고 여러 잡지의 편집장들인 루이 포벨(Louis Pauwels), 모리스 나도(Maurice Nadeau), 괴탕 피콩(Gaëtan Picon) 등을 만났다.

레이몽드 템킨은 나를 로저 블린(Roger Blin)이란 사람을 만나도록 밀어붙였다. 나는 그 사람이 누군지 도통 몰랐고, 당시에 겨우 이름을 접한 아르토라는 사람과 함께 작업을 했다는 뛰어난 배우 겸 연출가라고 들은 게 전부였다. 그의 집에서 처음 만났는데, 그가 말을 더듬는 걸 보자마자 나는 얼어붙었다. 한 문장 안에서도 여러 번 말을 더듬고, 때로는 한참을 심하게 더듬어서 그가 간질병에 걸린 줄 알았다. 나는 너무 당황했고, 도대체 그가 어떻게 배우를 할 수 있다는 건지 이해가 안 됐다. 하지만 무대에서는 그가 전혀 문제가 없이 말을 한다고 들었다. 너무 황당해서 믿을 수가 없었다.

몇 가지 커다란 성과가 있었다. 하나는 자크 폴리에리(Jacques Poliéri)라는 아방가르드 연출가이자 무대미술가로, 잡지 *오늘의 건축*에 이 시대 연극 공간에 대한 특집을 기획하고 있었다. 그는 한 면 전체를 예지 구라프스키의 스케치와 그림들로 채워 연극실험실 13열 극장의 공연 무대들을 소개했다. 나중에, 폴리에리와 그로토프스키는 공동 프로젝트를 만들어보려고 시도했으나, 전혀 실현되지는 못했다[29].

다른 하나는 국제 연극 협회(ITI - the International Theatre Institute: 연극 무용계를 아우르는 유네스코 산하 비정부 기관) 사무총장 장 다캉트(Jean Darcante)와의 만남이었다. 그는 국제 연극 잡지 발행인이었는

29 2부에 나오는 1964년 5월 12일 그로토프스키 편지 6 참고.

데, 내 기사를 수락했다. 다캉트의 비서는 리스 프레데릭센(Lis Frederiksen)이라는 덴마크 여성이었는데, 고맙게도 나의 '노르웨이' 정체성 덕분에, 우리는 친구가 되었고, 그녀는 1963년 6월에 바르샤바에서 열린 국제 연극 협회 회의 기간에 트로이안 목마가 되어 효과적인 역할을 해냈다.

레이몽드 템킨는 그녀가 아는 많은 사람들을 연락하고 소개해주면서 내가 가는 길을 단단히 닦아주었다: 파리 동부 극장의 가이 레토레(Guy Rétoré), 샹젤리제 스튜디오의 앙투안 부르세이예(Antoine Bourseiller)를 만나게 해주었다. 부르세이예는 나를 진지하게 맞아주었고, 그로토프스키에게 편지를 썼고, 나중에 그가 프랑스에 갔을 때 직접 만나주었다. 그는 그로토프스키에게 중세 신비극을 연출해보라고 제안했고(전혀 실현되지 않았음), 그가 엑상프로방스 극장의 감독이 되었을 때 세미나를 개최하면서 그로토프스키를 초대했다.

스칸디나비안 여정은 딱히 특별한 이름들을 남기지 않았다. 스톡홀름에서 나는 화가이자 헤프닝 창작자인 외빈트 팔스트룀(Öyvind Fahlström), 후에 파리의 퐁피두 센터(Pompidou Centre) 감독이 되는 현대미술관 감독 훌텐(K.G. Hultén)을 만났다(그들의 명단을 준 건 아킬 페릴리였다). 코펜하겐에서 만난 시인 예스 외른스보(Jess Ørnsbo), 오슬로에서 만난 매우 다정한 친구인 작가 옌스 비요르네보(Jens Bjørneboe)도 있었다. 스칸디나비아 전역에서 내가 만났던 평론가들과 언론인들은 내가 오딘 극단을 창단했을 때 예상하지 못했던 결과를 만들어주었다. 그들 대다수가 나를 그로토프스키 개종단으로 기억하고 있었다.

나는 기쁘게 오폴레로 돌아갔다. 그로토프스키를 다시 만난다는 즐거움과 함께, 그에게 나의 전리품들을 자랑스럽게 보여주고 싶었다: 편지들, 제안들, 발행된 기사와 인터뷰. 내 방에서 또는 그 기차역 식당에서 나는 내가 만난 한 사람 한 사람을 그에게 얘기해주었다. 그들의 반응,

했던 말들, 무관심 혹은 관심, 약속들과 의심들을 자세하게 전했다. 우리는 마치 이 세상이 팽창되는 것처럼 느꼈다. 그리고는 외국에서 사 온 책들을 공유하는 기쁨까지.

그로토프스키가 나에게 가르쳐준 가장 중요한 것이 무엇이냐고 오늘날 사람들이 내게 묻는다면, 나는 저항하는 법을 배웠다고 대답한다. 시대 정신을 거슬러 버티는 법, 꼿꼿하게 등을 굽히지 않고, 언제나 불꽃을 살아있게 하여, 아무리 작은 시골 변방에 숨겨져 있다 해도, 그 살아있는 불꽃으로 열 명, 백 명, 천 명의 다른 사람들을 지필 수 있는 법 말이다.

그러나 나는 그 시절 몇 달 동안 의자에 붙어 앉아서 13열 극장의 작업을 지켜보았던 그 시간 동안 거대한 지식을 흡수했다. 나의 실질적 경험의 부족, 즉 배우들과 직접 접촉하고, 음악가, 무대미술가들과 협업하는 그런 경험의 부족은 오딘 극단 초창기에 엄청난 단점이 되었다. 그렇지만, 나는 나의 '배우들'과 함께 만들어갈 수 있었다. 그들은 젊고 경험은 없었으나 거창한 기대가 있었다. 그로토프스키라면 매번 구체적인 상황에서 어떻게 행동했을까 나 스스로에게 질문했다. 그렇지 않으면 연습 기간에 내가 봤던 그의 방식을 그대로 따라 했다. 예를 들자면:

- 어떻게 배우에게 각각의 행동(each action)을 구성(compose)하게 하는가.
- 어떻게 소리와 신체의 효과(vocal and physical effects)를 사용해서, 동시에 텍스트(text)와의 지속적이며 인과적인 관계를 유지하면서 인물(character)을 해석하는가.
- 어떻게 각각의 단어(word)를 소리 행동(vocal action)으로 사용하는가: 단지 지적인 도구가 아니라 관객에게 몰입과 공감을 일으키게 하는 음악성까지를 포함해서.
- 어떻게 모든 연결 동작(sequence)이, 아무리 짧더라도, 그 자체의 구성과 논리를 갖게 하는가.

- 어떻게 배우들에게 관객의 주의를 집중시킬 수 있는 형식적인 요소들을 결정할 수 있는 능력을 갖게 하는가, 그것이 신체 또는 소리의 효과든, 신체의 어떤 특정한 부분이든, 배우들 자신에 대한 것이든 아니면 거리를 두고 있는 대상에 대한 것이든.
- 어떻게 특정한 행동과 그것에 모순을 일으키는 표현적인 요소들을 동시에 보여주면서 신체 혹은 소리 행동의 가치를 전복시키는 하나의 '논쟁거리'을 창조하는가.
- 어떻게 배우가 한 인물에서 다른 인물로 신속하게 옮겨가면서 다중적인 구성을 수행할 수 있게 하는가.
- 어떻게 배우가 여러 가지 모양의 프로테우스(Proteus, 그리스 신화에서 자유자재로 변하는 모습과 예언력을 가진 바다의 신 - 옮긴이 주)가 될 수 있도록, 살아있는 인물에서 하나의 사물로, 하나의 현실에서 또 다른 현실로 즉발적으로 들어가는, 바로 관객들의 눈앞에서 사라지거나 날아가는 샤먼이 될 수 있도록 유도하는가.
- 어떻게 의상과 도구들을 그 자체로 고유의 생명과 개별성을 갖고 있다는 방식으로 다루게 하는가, 그리고 배우와 배우의 행동 사이에 끊임없는 반작용을 창조하는가.

나는 형식적인 측면이 근본적이라는 것을 배웠다, 하지만 그것들이 지나치면 기교에 빠지고 원숭이 훈련시키듯 배우가 연출가 손에 조정되는 인형이 돼버리는 위험성이 있다. 기술의 다른 쪽 끝에는 정신과 마음의 수련이 있다. 연극에 대한 개인적인 동기, 의식적이든 아니든, 그것은 예술가 내면의 깊은 곳에서 뿜어져 나오는 고백이다.

13열 극장에서 보낸 시간들은 지성적, 감성적으로, 기술과 열망으로서, 나에게 연극의 관점과 그것을 살아가는 방식을 흡수하게 했다. 그 시간은 나 자신에게 배우들과 대화를 가능하게 한 용어들을 제공했다. 그 언어는 나의 것이고, 우리들의 것이고, 개인적이면서도 덧없이 사라지는, 연극 담론의 일반적이거나 당연한 범주를 대신했던 언어였다. 운명은 나에게 미소를 지었다. 나는 스승을 만났고 그를 모조리 집어삼켰다. 내 안에 그를 담아두었다. 기쁨의 순간에 그를 끌어안았고 고통과 위험의 시간에 그는 나를 지지해주었다.

연극은 특정한 장소에서만 자라는 뿌리를 가졌다, 그러나 그것은 또한 바람에 실려 가는 씨앗으로도 되어있어서 새들이 날아가는 길을 따른다. 꿈, 생각, 기술은 한 사람 한 사람과 여행하고, 모든 만남은 꽃가루를 간직하여 풍요로운 생명을 약속한다. 열매는 끈질긴 노력과 맹목적인 필요, 즉흥적 영혼으로 익어가고, 새로운 반항적인 진실의 씨앗들을 그 속에 품고 있다.

13. 버스 한 대의 가치

30년이라는 시간 동안 여전히 내 책상을 장식하고 있는 엽서 한 장이 있다. 1918년 율리우쉬 오스테르바 연출의 *불굴의 왕자* 공연에서, 빈첸티 드라빅(Wincenty Drabik)의 무대를 컬러 복사한 것이다. 그것은 1963년 6월 8일 - 15일에 바르샤바에서 열린 제10회 국제 연극 협회(ITI) 국제회의를 기념해 폴란드 우편국에서 발행한 엽서였다. 그건 예감과 기억을 불러일으키는 그림 중에 하나이다. 오스테르바는 그로토프스키에게 중요한 예시를 주었던 사람이다, 왜냐하면 그로부터 몇 년 뒤에 그로토프스키는 *불굴의 왕자* 공연으로 국제적인 무대에 자신을 노출시켰기 때문이다. 게다가 당시 제10회 ITI 국제회의 기간에 공연된 그의 작품 *닥터 파우스투스*는 폴란드 현지에서 50여 명의 외국인들이 관람하면서 최초로 국제적인 반응을 일으키게 되었다.

ITI는 중요한 기관이었고, 폴란드 정부는 바르샤바에서 국제회의를 개최하게 된 결정에 대해 자국의 연극을 인정받는 상징이라 여겨 매우 자부심을 가졌다. 내가 다닌 연극학교의 전 교수였던 보단 코제니에프스키 역시 파리의 국제 위원회에서 일하는 폴란드 대표였는데, ITI 국제회의 조직에 책임이 있었다.

폴란드는 전 세계에서 오는 200여 명의 대표단들을 위한 성대한 프로그램을 준비했다. 하지만 그 내용을 살펴본 그로토프스키와 나는 오폴레 연극은 아예 언급조차 없다는 걸 발견했다. 뭔가 조치가 필요했다.

누구도 불러준 곳이 없었기 때문에 13열 극장이 바르샤바 투어 공연을 갈 수는 없었다. 다른 해결책이 필요했다. 주둔지는 수도와 가능한 가까운 곳으로, 가능한 많은 대표단들이 딴 길로 새서 우리 극장으로 올 수 있는 곳에 찾아야 했다. 우리는 *닥터 파우스투스*를 우치에서 올리기로 결정했다. 우치는 바르샤바에서 백 킬로미터 정도 떨어져 있고, 우리가 그 회의에 너무 달라붙어 있게 보이지 않을 만큼은 멀었다. 우치라면 문화적으로 풍요로운 도시여서 아마도 계획한 10회 공연에 충분히 많은 관객들이 가능할 것 같았다. 나는 무슨 소속이 있는 것처럼 가장하고, 바르샤바로 가서 회의 대표단들과 섞여볼 계획이었다. 어떻게 될지는 상황이 결정해주리라.

회의는 스탈린 스타일로 지어진 거대한 건물, 마치 거인의 웨딩 케이크처럼 생긴 문화 궁전에서 개최되었다. 광활한 로비에서 나는 사람들이 말하는 언어를 듣고 참가자들 집단에 접근했다. 맨 먼저 스웨덴 사람들을 알아보았고, 그다음엔 노르웨이 사람들에게 다가가, 나는 폴란드에서 연극을 공부하고 있노라 설명하며 그들 대화에 끼어들었다. 가능한 한 아주 편안하게 나의 지역 정보를 자랑하면서, 어디 가면 최고급 기념품들을 살 수 있고, 어떤 식당을 추천할만한지, 반드시 봐야 할 공연이 뭔지, 각종 정보를 그들에게 풀어놓는 위치로 나 자신을 설정했다. 금세 나는 열두어 명의 스칸디나비안 사람들과 섞여서 마치 나도 그들 대표단의 한 사람인 양 가까워졌다.

바로 거기에 리스 프레데릭센이 나타났다, 장 다캉트의 덴마크인 비서 말이다, 내가 파리에서 만났던. 그녀가 웃으면서 도착했고, 주디 존스(Judy Jones)라는 영국 여자와 함께 왔는데, 그녀도 역시 ITI 비서관이라 했다. 리스는 폴란드 주최 측에서 영어와 프랑스어 속기 타자수를 보내준다고 했는데 아무도 나타나지 않았다며 불만을 토로했다. '당신에게 예산이 있다면 내가 한 명 찾아주겠다'고 나는 그녀에게 말했다. 그래서 나는 아드리아나 살바니(Adriana Salvagni), 나와 같은 학생 호스텔에 살았던 이탈리아 장학생 여자에게 전화를 했다. 아드리아나(나중에 외교관이 되었다)는 도착하자마자 바로 업무를 맡았다. ITI 비서실과의 접근이 확실해진 것이다. 그날 밤 나는 리스를 구시가지 나이트클럽에 춤추러 가자고 초대했다. 리스는 주디도 역시 데리고 나왔고 나는 화가 친구와 무대미술가와 같이 나갔다. 그날 저녁은 친교의 밤이 되었다; 즉 다음 날의 작업이 시작되었다.

여러 사람들과 얘기를 하고 회의 첫날의 토론들을 듣고 나니, 나는 반드시 *닥터 파우스투스*를 봐야만 하는 딱 한 사람이 누군지 알아냈다, 바로 장 쥘리앵(Jean Julien). 그는 파리의 국립 극장 감독으로 해마다 최고의 국제적인 공연들을 축제에 초대하는 담당이었다. 나는 어느 쉬는 시간 중에 그에게 다가갔다. 그를 둘러싼 많은 사람들 속에 끼어서, 나는 폴란드 연극에 대해 몇 마디를 던지고, 이토록 가장 흥미로운 작품들을 여기 있는 사람들이 볼 수 없다니 안타깝다며, 시인 미론 비아워셰프스키의 고향에 있는 극장들, 크라코우에 있는 피브니카(Piwnica) 극장, 그로토프스키의 13열 극장 등을 읊어댔다. 폴란드가 그 칙칙한 공안의 껍질 속에서도 얼마나 역설적이며 대담한 창조성을 지닌 나라인지, 사회주의의 엄격한 금욕성와 슬라브식 생의 환희를 동시에 지닌 나라인지를 설명하면서, 나는 그에게 바르샤바의 밤 투어를 시켜주겠다, 사회주의 국가 수도의 야간 신비를 보여주겠다고 제안했다. 하지만 조건을 달았다: 한 시간 정도밖에 안 걸리는 바르샤바 외곽의 어느 공연을 함께 봐야 한다고 말이다. 쥘리앵은 수락했다. 나는 테레사 지엠스카(Teresa Ziemska), 첼리스트인 친구에게 전화를 했다. 나는 그로토프스키 공연을 같이 보러 가기로 합의했다고 설명하면서, 단순히 그녀에게 나와 쥘리앵과 함께 외출하자고 얘기했다. 테레사, 연극실험실에 대한 내 열정에 무한한 인내심을 발휘하는 친구는 거절하지 못했다.

그날 저녁, 하루의 일정이 끝난 후, 쥘리앵은 에밀 비아시니(Emile Biasini), 국립 극장의 재정을 담당하는 프랑스 문화성 대표자와 함께 나왔다. 그도 같이 나가고 싶어했다. 막 나가려는데 주디, ITI 영국인 비서와 마주쳤고, 쥘리앵은 그녀에게도 함께 가자고 초대했다. 젊은 폴란드 여인을 동반하고 나와 쥘리앵 사이에 아주 조심스레 계획된 걸음은 관광객 출동이 되어버렸다!

우리는 모코투프(Mokotów)에 있는 유명한 식당에 갔다. 귀신 나올 것 같은 오케스트라 연주에, 모두가 술 취해 춤을 추고 합창으로 노래하는 연말연시 파티 같은 분위기의 레스토랑이었다. 갑자기 오케스트라가 1944년 이탈리아 몬테카시노(Montecassino)에 주둔한 독일군을 재패한 폴란드 군인의 영웅을 기리는 곡(몇 년이 흐르고 몇 세기가 흐른다 해도 지나간 그 시절의 흔적은 남으리, 몬테카시노의 양귀비는 폴란드의 피에서 피어나 더욱더 붉으리)을 연주하기 시작하자, 전원 침묵 속에 기립하여 존경과 자부심의 상징을 표하고, 갑자기 다시 한번 춤과 음악에 공간 전체가 폭발했다.

우리는 몇 군데 더 학생들의 소굴로 자리를 옮겨, 재즈 클럽, 결국엔 괴이한 스트립쇼가 벌어지는 대형 레스토랑 콘그레소바(Kongresowa)까지 갔다. 진정한 대중적 사회주의 밤 풍경을 경험하고, 테레사는 신곡에 나오는 전형적인 베아트리체/베르길리우스(Beatrice/Virgil)가 되어 충격의 도가니에 빠진 혹은 정치 경제를 놓고 말다툼하는 장 줠리앵과 에밀 비아시니를 안내했고, 반면에 주디는 보드카 몇 잔을 마시고 괴로워했다. 전혀 지루한 밤이 아니었으니, 내가 그들을 숙소인 프란추스키 호텔로 다시 데려다주었을 때, 줠리앵은 고마워했고, 다음 날 저녁에 같이 공연 보러 가는 일정을 내게 일깨워줬다.

내가 다른 대표단들에게도 얘길 했더니 몇 명이 그로토프스키를 가서 보고 싶다는 의사를 표시했다. 급히 제시간에 맞춰 도착할 수 있는 교통편을 마련해야 했다. 나는 줠리앵과는 택시로 우치에 갈 생각이었다. 하지만 이제 12명 이상이 되어버린 다른 사람들을 어쩌란 말인가? 나는 예지 코트리인스키(Jerzy Kotliński)에게 전화를 했다. 우리는 1962년 9월 발틱 해안의 도시 코워브제크(Kołobrzeg)에서 그의 아내 조피아(Zofia)와 만난 적이 있었다. 나는 어떤 학생 기관의 방문자로 그곳에 일주일 정도 머물렀고, 반면에 그들은 휴가를 왔었다. 그들은 당원들이었고, 충성심 강한 확고한 사회주의자로, 냉소라고는 전혀 없는 굉장히 인간적인 분들이었다. 그는 바르사뱌 비스툴라(Vistula) 강 너머 사스카 켕파(Saska Kępa) 지역에 있는 어느 잼 공장의 감독이었다. 나는 그에게 상황을 설명했다. 20명 정도 탈 수 있는 버스를 구하고 있는데, 당장 그날 오후 5시 반에 필요하다고 했다. 공장에서 버스 한 대 나에게 구해 줄 수 있을까요? 그렇다, 가능하다. 문제는 단 하나 돈이다, 그는 금액을 말했다. 내 가능성을 넘은 금액이었다. 긴 침묵이 이어지고 예지 코트리인스키의 위로 섞인 목소리: '걱정말게, 에우게니우쉬(Eugeniusz), 내가 빌려주지.' 그런 게 바로 폴란드 친구의 통 큰 우정이었다.

그리하여 그날 오후 5시가 되자 기적이 일어났다: 정부 소유의 버스가, 이론적으로는, 사적인 목적으로는 사용할 수 없는 버스 한 대가 국제회의가 열리는 문화성 앞에 대기하고 있었다. 20명 정도의 사람들이 올라

탔다: 아바나(Havana) 국립 극장 감독으로 후에 프랑스 유명 작가가 된 에드워도 마네(Eduardo Manet), 스트라스부르에 있는 동부 중앙 극장 감독 위버 기뉴(Hubert Gignoux), 핀란드의 비평가 카스야 크루크(Kasja Krook), 이탈리아의 비평가 라울 라디체(Raul Radice), *뉴욕 타임즈*에서 온 미국인 언론가 헨리 팝킨(Henry Popkin), 핀란드의 젊은 연출가 크리스틴 올소니(Kristin Olsoni), 플랑드르의 극작가 톤 브룰린(Tone Brulin)과 얀 크리스티엔(Jan Christiaens), 호주의 극작가 앨런 시모어(Alan Seymour), 스웨덴의 연출가 잉그리드 루터코크(Ingrid Luterkork)와 팔레 브루니우스(Palle Brunius), 아이슬란드의 연출가 스베인 에이나르손(Sveinn Einarsson), 캐나다의 연출가 장 루이 루(Jean Louis Roux), 벨기에의 배우이자 연출가 르네 아이노(René Hainaux), 그리고 영국의 비평가 오시아 트릴링(Ossia Trilling). 이들이 내가 기억하는 사람들이고, 그들과는 몇 년 동안 계속 연락을 유지했다. 그 외에도 열 명에서 열다섯 정도의 다른 사람들도 있었는데, 주디를 포함해서, 그들도 내가 끊임없이 얘기했던 이 연극을 보고 싶어했다. 모두가 버스에 올라탔는데, 쥘리앵이 도착하지 않았다. 나는 절박해졌다. 공연 시간에 맞춰 도착하려면 출발해야만 했다. 나는 건물 안으로 뛰어들어가, 혹시 쥘리앵을 보았느냐고 모든 사람들에게 물어봤다. 갑자기 그때 방에서 나오는 그를 보았다. 미안하다고 사과하면서, 그는 장 다캉트와 미셸 생드니(Michel Saint-Denis, 유명한 연출가이며 코포의 제자였고 코포 학파 중 한 사람), 보단 코제니에프스키, 그 외 사람들과 회의 도중에 나왔다고 설명했다. 그는 30분 정도 더 걸릴 거라고 했다. 나는 즉시 결정을 내려야 했다: 쥘리앵을 빼고 갈 것인가 아닌가.

나는 버스 운전사에게로 가서 우치의 극장 주소를 주고, 내 손님들에게 당장에 따라잡겠다고 당부했다. 나는 택시 운전사와 합의를 하고 인내심을 갖고 기다렸다. 마침내 쥘리앵이 왔고, 미셸 생드니와 그의 아내

수리아(Suria)까지 그 '시골'에 공연을 보러 가겠다고 같이 나왔다. 나는 운전사에게 만약 8시 전에 우치에 도착하면 추가 요금을 주겠다고 약속했다. 두 시간의 자동차 여행이 때로는 영원처럼 느껴질 수도 있다. 처음에 쥘리앵과 생드니는 어리둥절해 했고, 그리고 초조해하더니, 짜증을 냈다. 도대체 어디로 데리고 가는 건가? 우리가 도착했을 때, 공연은 이미 시작했었고, 무대 담당자는, 당연히 나를 잘 아는 사람이었지만, 우릴 들여보내 주지 않았다. 규칙은 규칙이었다, 심지어 나에게도. 그 사람 목이라도 졸라야 하나? 나는 내 손님들을 계단으로 이끌었고, 열받은 가이드를 거부할 수 없었던 그들은 무대가 내려다보이는 발코니로 올라갔다. 바로 거기서 우리는 *닥터 파우스투스*를 보았다.

공연이 끝나자, 쥘리앵의 얼굴이 변했다. 미셸 생드니도 물론이고 다른 모든 외국인 손님들도 마찬가지였다. 그들의 표정은 놀라움으로 반짝거렸다, 마치 아이들이 눈 내리는 걸 처음 본 것처럼 말이다. 나는 그들을 그로토프스키와 배우들이 모여있는 방으로 데리고 갔다. 많은 질문들이 쏟아졌다. 돌아오는 버스 안에서는 침묵이 흘렀다. 늦은 시간 나는 완전 지쳐버렸다. 나는 주디의 어깨에 머리를 기댔다, 아마도 잠이 들었나 보다.

이튿날, 회의의 아침 순서에서, 장 쥘리앵은 일어나, 연극실험실 13열 극장의 *닥터 파우스투스*, 뛰어난 공연을 볼 수 있도록 기회를 준 폴란드 주최 측에 감사를 전했다. 감탄이 여기저기서 터져 나왔다. 그러자 에드워도 마네가 일어섰다. 그의 찬사는 대단한 영광이었다. 그는 사회주의 국가인 쿠바에서 온 손님이고, 게다가 국립 극장 감독이었다. 그는 그 공연에 대해 아주 긴 칭찬을 늘어놓았다. 극작가 톤 브룰린과 얀 크리스티엔은 매우 공식적인 논평을 했다: '플랑드르 대표단은 어제 저녁 우치에서 본 공연이 연극 형식에 정면으로 도전하여 오랫동안 관행적인 사고방식에 의해 지배당했던 예술을 해방시키는 데 공헌하게 될 것이라 생각

한다[30].'

일시적으로 회의장은 바벨탑이 되어버렸다. 폴란드 주최 측은 무슨 상황이 일어난 건지 전혀 이해하지 못했고, 다른 대표단들은 왜 자기들은 초대받지 못했느냐고 물었다. 완벽한 외교 달인 코제니에프스키는 아무런 설명도 하지 않았다. 특별히 인상적이었던 건, 내가 13열 극장이 겪는 재정적 정치적 어려움을 얘기했을 때, 쥘리앵, 마네, 톤 브룰린, 얀 크리스티엔이 그 문제에 대해서 공론화하는 능력이었다. 어찌 보면 그건 사회주의자들에게 일종의 '정치적 올바름'에 해당하는 문제였다.

그들 30여 명의 ITI 회의 대표단들은 그로토프스키에게 전환점이 되었다. 그들은 고국에 돌아가 잡지와 신문에 장문의 열정적인 기사들을 썼다. 프랑스 국립 극장에 갈 수 있는 씨앗이 뿌려졌다. 쥘리앵은 당연히 연극실험실 13열 극장을 파리에 데려가길 원했다. 안타깝게도 그는 그해 말에 감독직에서 은퇴했다. 하지만, 레이몽드와 발렌틴 템킨의 지칠 줄 모르는 고생과 새로운 '목격자들', 기뉴, 생드니, 장루이 바로(Jean-Louis Barrault)와 같은 이들이 폴란드 공안의 저항을 정복시키려는 노력을 계속 이어갔다. 1966년 6월, 바르샤바 회의 후 3년이 지나, 그로토프스키와 그의 배우들은 파리에서 *불굴의 왕자*를 공연했다.

그해 ITI 회의가 끝나고도 나는 빚 문제의 압박을 해결하기 위해 바르샤바에 남아있었다. 그 기간에 내가 벌인 그런 식의 생활 – 여행, 사람들 초대, 버스 '고용', 택시 외출 – 은 내 학생 장학금으로는 버틸 수가 없었

30 톤 브룰린과 얀 크리스티엔은 암스테르담에서 출간한 책에, "그로토프스키와 그의 동지들이 함께 한 모든 노력은 전 세계 연극 예술에서 가장 위대하고 중요한 것이었다"라고 찬사를 보냈다. 그리고 이렇게 덧붙였다: "여기의 젊은 배우들이 하고 있는 행위는 몇 달, 아마도 몇 년에 걸쳐 지속하는 훈련일 뿐 아니라 삶에 대한 태도의 결과이자 미학적 양심의 결과이다. 크레이그, 메이어홀드, 아르토의 사상에 직접적으로 영감을 받은 이 극장을 관대하게 지원해주고 있는 코뮤니스트 정권의 문화 정책은 우리를 매우 놀라게했다. 마침내 우리는 이러한 이론이 현실이 되는 것을 보았다. 불가능해보였던 것이 실현되었다."

다. 내 물건 중에 팔릴만한 것들은 전부 팔았다, 쇼팽 음악학교에서 샀던 트럼펫, 당시 폴란드에서는 귀한 물건인 청바지와 나일론 셔츠들. 나의 폴란드 친구들은 상당한 돈을 내게 빌려주고 되갚을 때까지 인내심을 갖고 기다려주었다.

나는 이런 특이한 상태의 마음이었다; 한편으로는 13열 극장에 너무도 중요한 많은 인사들의 그 뜨거움을 확인한 최근의 승리와 기쁨으로 잔뜩 고취된 상태, 또 한편으로는 절정에서 꺾인, 방향 상실감과 앞날을 알 수 없는 막막함. 나의 장학금과 거주허가 기간은 점점 끝을 향하고 있었다. 6월 말까지는 폴란드를 떠나야 했다. 공부는 끝나지도 않았고 연출가로서 최소한의 경험도 한 게 없었다. 나는 2년 반을 의자에 앉아서 다른 사람들의 작업을 관찰하거나, 마치 그로토프스키의 이론들을 기도문으로 돌리는 티벳의 원통전 경기 같은 광란의 움직임을 지켜보는 데 쏟았다.

우치에서의 투어를 마치고 연극실험실 13열 극장은 오폴레로 돌아갔다. 나도 역시 돌아갔다, 배우들과 플라셴, 그리고 그로토프스키에게 작별 인사를 하기 위해서. 나를 잠식했던 슬픔은 놀라움으로 바뀌었다. 그로토프스키가 거기 없었던 것이다. 그가 어디에 있는지 아무도 몰랐다. 그를 보지 못한 채 그렇게 나는 폴란드를 떠났다.[31]

나는 국제회의 때 나를 도와주었던 ITI 비서 주디 존스에게 말했었다, 인도에 다시 가고 싶다고. 나는 1956년에 이미 배를 타고 인도에 가본 적이 있었지만, 이제는 육로로 여행을 가고 싶었다. 소형차 피아트600을 갖고 있던 그녀도 역시 가고 싶다고 했다. 우리는 그녀의 차로 인도 여행을 가기로 결정했다. 내가 운전을 하지 못한다는 사실은 심각한 걱정거리가 못 됐다. 돌아다니면서 배우면 될 터였다: 사막을 건널 일이

31 2부에 나오는 1963년 7월 10일 그로토프스키 편지 1 참고.

널려 있었으니까.

나는 그 여행을 준비하기 위해 오슬로로 돌아갔다. 주디는 자기 피아트로 여행하기는 불가능하다고 편지를 보내왔다. 주변의 모든 사람들이 반대한다며, 그래서 그녀는 중고 랜드로버를 샀는데, 떠나올 때 손해 보지 않고 되팔 수 있을 거라고 했다. 한스 야콥 뫼드르(Hans Jacob Mødre)라는 내 친구 한 명을 같이 가자고 설득했다. 건축가였던 그는 인도 철학에 관심이 있었다. 그는 운전도 할 수 있었다. 우리는 이스탄불에서 만나기로 계획을 짰다. 나는 주디가 있는 영국으로 건너가 랜드로버에 짐과 통조림 음식을 충분히 실었다. 우리는 영국 해협을 건너, *시파리오*에 나의 원고료를 받기 위해 밀라노로 먼저 향했다. 인도로 가는 길: 그 길이 내 앞에 열린 것이다—밀라노 한복판에 길게 뻗은 그 길 위에서.

14. 첫 번째 회상

그때가 1955년 오슬로, 스무 살도 채 안 되었던 나는 로맹 롤랑(Romain Rolland)이 쓴 *라마크리슈나*라는 제목의 책 한 권을 읽었다. 지난 세기 인도 벵갈주에서 농부의 아들로 태어난 라마크리슈나는 칼리(Kalli) 여신에 귀의하여 승려가 되었고 여러 계시를 보았다는 사람을 알게 되었다. 람 모훔 로이(Ram Mohum Roy)라는 중추적 인물과 더불어 타고르(Tagore) 집안의 3세대에 걸친 위대한 철학적, 문학적, 정치적, 사회적으로 새로운 인식이 일어나던 그 시기에, 그는 종교적 열정을 다시 불러일으켰다. 1913년 노벨상을 수상한 시인 라빈드라나트 타고르(Rabindranath Tagore)는 라마크리슈나보다도 20년 정도 젊었다.

라마크리슈나는 콜카타(Kolkata, 영국 식민지 시절 수도였던 대도시 캘커타(Calcutta)를 1995년 공식적으로 본래의 이름 콜카타로 변경했다 - 옮긴이 주)에서 몇 킬로미터 떨어진 사원에서 생애 대부분을 보냈으며, 힌두교뿐 아니라 다른 형태의 종교들도 체험하였다. 한때, 칼리 여신의 승려였던 그가 무슬림에 빠져 수련했을 때는 큰 논란이 일기도 했다. 또 다른 시기에는 예수의 사상을 받아들이기도 했었다. 다양한 종교란 강에서 물을 길어 올리는 사람들이 다른 언어를 쓰는 것과 같은 이치라고 그는 말했다: 항아리 속에 담긴 것을 가리키는 말을 다르게 쓰는 것이다. 그 항아리들 역시 다 다르지만, 그 안에 담긴 것은 같다.

나는 다크쉬네스와르(Dakshineswar)에 가보고 싶었다. 뭐라고 이유를 댈 수 없었지만, 천민 신분이나 돈 많은 과부들이 그를 위해 지었다는 갠지즈 강변 라마크리슈나 사원이 있는 그곳을 보고 싶은 열망을 느꼈다. 로맹 롤랑에 따르면, 라마크리슈나가 목욕재계를 위해 매일 아침 갠지즈 강변으로 내려갔다는 바로 그 계단을 나도 똑같이 밟아보고 싶었다.

나는 돈이 없었다. 1955년에 당시 인도에 간다는 건 불가능에 가까웠다. 연극이라는 것은 내 마음에 들어올 틈조차 없었다. 나에게 인도는 나를 매혹시켰던 종교와 철학의 나라였다.

나는 포기하지 않았고, 마침내 노르웨이 상선에 일자리를 구하는 데 성공했다. 탈라보트(Talabot)라고 극동 아시아를 향하는 배였다. 우리는 수에즈 운하를 거쳐 아덴(Aden)에 도착했고 계속해서 콜롬보(Colombo), 코친(Cochin), 마드라스(Madras), 치타공(Chittagong)을 향해 나아갔다. 그리고는 콜카타에 닿았다. 어느 아주 이른 아침, 나는 다크쉬네스와르에 가서 그 계단을 보았다. 나도 그 계단을 밟고 강물로 내려갔다.

그리고는 다시 탈라보트의 기계실로, 더럽고 기름때 절은 노동으로 돌아갔고, 그 거친 우기의 바다에서 되돌아가는 여정에 배멀미로 고생했다.

15. 연극을 찾아서

7년 뒤에 나는 다시 인도를 향해 여행하고 있었다, 운전할 줄도 모르는 중고차를 타고서. 이번에는 직업적으로 쓸모있는 무언가를 배워두고 싶었다. '인도 연극'을 찾아 나섰다. 뉴델리에 가면 마침내 그것을 알게 되리라.

나는 국립 연극학교(the National School of Drama)의 에브라힘 알카지(Ebrahim Alkazi)를 만나보라는 조언을 받았다. 그러나 그곳에서, 놀랍게도, 나는 바르샤바 연극학교에서 가르쳤던 것과 똑같은 것을 보고 듣게 되었다.

누군가가 내게 말했다: '뭄바이(인도 서부의 최대 도시, 영어식으로는 봄베이(Bombay)였고 1995년에 뭄바이(Mumbai)로 본래 이름을 되찾았다 - 옮긴이 주)에 가보지그래? 가서 아디 마르즈반(Adi Marzban)이라고 아주 재밌는 작업을 하는 극작가를 찾아가 봐.' 며칠을 운전해서 내려갔다. 그러나 뭄바이에서도 역시나 영어권 전통의 희곡이나 대중적 소품들만을 볼 수 있었다.

그리고는 또 누가 권했다: '남쪽으로 가는 건 어때? 거기선 진짜로 독특한 걸 보게 될 거야!' 카타칼리는 절대 나를 실망시키지 않을 거라고 그 사람은 단언했다. 그는 케랄라(인도의 서남부, 바로 카타칼리의 본고장이다 - 옮긴이 주) 출신이었다.

그래서 다시 한번 주디는 랜드로버에 올라 인도 전역을 내리 달려, 우리는 케랄라의 체루투루티(Cheruthuruty) 마을에 있는 카타칼리 칼라만달람(Kalamandalam, 카타칼리 공연을 위한 배우 학교이자 훈련 기관 - 옮긴이 주)에 도착했다.

내가 케랄라에서 본 것은 아직도 생생하게 기억에 남는다. 아홉 살, 열 살 되는 아이들이 학교에 들어갔고, 새벽부터 학교는 시작되었다.

여전히 잠에서 덜 깬 채로, 그들은 고난도의 카타칼리 자세와 발동작들을 스스로 자기가 알아서 반복하고 또 반복했다. 그들은 아주 친절했고 호기심이 많았다. 그들은 나의 동료가 되었다.

공연의 아름다움을 넘어서서, 그 경이로움을 이해하기는 도저히 내 능력 밖이었다. 유럽인 관객인 내가, 배우들이 말하는 것을 이해할 수도 없고, 그 내용의 의미도 모르면서, 그들의 언어나 관습도 모르는 채, 그 배우들에게 매료되는 건 도대체 무슨 이유일까? 무엇이 나를 배우들의 모든 동작, 모든 발걸음, 춤 혹은 무언의 대화를 따라갈 수 있게 만드는가? 한쪽에선 졸고 사람들은 끊임없이 일어났다 앉았다 다리를 접었다 폈다 먹고 마셔대는 군중들 속에서, 밤늦도록 계속되는 공연을 바닥에 앉아 보는 나를 넋이 나가게 만든 건, 배우들의 기술이었을까?

이러한 질문들이야말로 카타칼리가 나에게 끼친 진정한 영향이었다. 몇 년이 지나고 지나도 그 질문들은 여전히 생생했고, 다른 문맥 속에서 다시금 등장했고, 내가 연극 인류학(Theatre Anthropology)이라고 불렀던 어떤 대답을 끌어내도록 나를 이끌었다.

12월 중순에 나는 어머니가 계시던 로마로 되돌아갔다. 오로지 이탈리아 정부가 네 번째에 걸쳐 폴란드 유학 장학금을 갱신해주었다는 걸 확인하기 위해서였다. 나는 그로토프스키에게 전보를 쳤고, 곧바로 오폴레를 향해 다시 떠났다.

16. 친구 없는 햄릿

우리는 서로 할 말이 산더미였다. 내 방 또는 기차역 식당에서 그로토프스키는 내가 없던 시기에 생긴 일들을 전부 들려주었다. 즈비그니에프 친쿠티스, 코르디안과 파우스투스를 연기했던 배우가 극장을 떠났고, 두 명의 새로운 배우들이 합류했다. 상황은 나아진 게 없었고, 정치적 압박은 견딜 수 없을 정도가 되었다. 더 심각한 문제는, 지원금이 중단되어 돈이 없었다. 그는 새로운 작품인 *햄릿 연구(Study on Hamlet)* 연습이 얼마나 진전되었는지, 왜 그 텍스트를 선택했고, 어떻게 원형을 뽑아냈으며, 신성과 모독의 변증법을 이루는 근간이 무엇인지를 설명했다. 나는 그에게 내 여행과 내가 본 공연들, 카타칼리, 그리고 이란, 파키스탄, 인도에서 내가 가본 종교 예식들을 얘기해주었다. 내가 관찰한 카타칼리에 대해 글을 쓰기 시작했고, 몇 가지 '훈련들'을 연극실험실 배우 훈련에 적용해보았다. 나는 카타칼리를 훈련하는 아이들의 사진들을 찍어왔다. 사진은 확실히 내가 말로 설명할 수 있는 것보다 훨씬 더 분명하고 풍부하게 설득력이 있었다.

그로토프스키는 시간을 쪼개서 오폴레나 바르샤바 공안과 접견을 했고, 또 *햄릿 연구* 연습을 하였다. 연습은 셰익스피어 텍스트와 스타니스와프 비스피아인스키의 에세이에 근거하였다. 지그문트 몰릭이 주인공이었다. 내가 도착했을 때 연습은 상당히 진행이 된 상태였다. 극적인 구조와 연출의 개념, 배우들의 완성도를 이미 알아챌 수 있는 단계였다. 나는 늘 앉던 의자에 앉아, 충실한 조연출/관찰자의 역할이 되었다. 3월 중순 그 작품이 공개되었을 때 나는 글을 한 편 썼으나, *햄릿 연구* 공연이 곧바로 레퍼토리에서 탈락되는 바람에 그 기사는 일절 출판되지 못했다. 나는 여기에 그 글 전문을 싣는다. 그것은 그로토프스키의 예술 경력에서도 곧잘 외면된 한 작품에 대한 증언이다:

연극실험실 13열 극장에서의 *햄릿* (1964)

햄릿은 누구인가? 사이코패스? 빈정꾼? 줏대 없는 지식인? 내숭 덩어리? 아니면 아르트로 우이(Arturo Ui) 같은 법정 모독가? 어쩌면 그는 절대적인 윤리관에 사로잡혀 있는가? 아마도 그는 하루하루 살아남기 위한 도덕적 실용주의를 거부하는 유일한 사람이다. 그는 프로이드 콤플렉스의 징후를 보이며 획일화된 순응 능력 결여자이다. 그러나 그의 고독은 숙명적인가 아니면 우연인가? 실행 능력이 있음에도 단지 아닌 척하는 것인가? 그는 자신을 속이는 듯하지만, 동시에 다른 사람들을 속이는 데 매우 영리하다. 자기 파괴의 충동에 끌리는 사람인가? 자기 멍청함을 숨기기 위한 역할 연기를 하고 있나? 복수의 욕망에 사로잡힌 사람인가? 아니면 자신의 지적 능력에 도취된 사람인가?

햄릿은 외톨이다, 자신을 격리시키고 또한 타인에 의해 소외된다. 다가가려는 모든 시도는 실패로 끝난다. 그의 존재는 그를 버림받은 자로 내몬다. 하지만 그를 둘러싼 사람들 속에서 그의 고독과 소외를 어떻게 설명할 수 있나? 외부인처럼 놓여있는 그의 거리는 무엇을 의미하는가? 그렇다면 내부인은 누구인가?

햄릿은 '유대인'이고 다른 사람들은 '비유대인'이다. 그는 별종이고, 다른 이들은 정상이다. 그는 철학을 하고 다른 이들은 생활을 한다. 그는 조심스럽게 움직이고 다른 이들은 주저 없이 움직인다. 그는 행동을 꿈꾸지만 다른 이들은 그냥 행한다. '유대인'과 그 외 '집단' 사이에는 접촉 가능성도 없고, 관용이란 존재하지 않는다. 각자는 서로를 위험으로 단정한다. 햄릿은 그 집단 속에서 '유대인'이다, 우리가 그 단어에 어떤 의미를 갖다 붙이든: 이념적으로, 종교적으로, 사회적, 미학적, 도덕적 혹은 성적으로. 그는 다르다, 그러므로 위험하다. 어떤 집단이든 그 집단 자체를 위한 자기 규명으로, 자기들만의 가치를 강고하게 인식하기 위해서, 제 잘난 자기 확신을 위해서는 '유대인'이 필요하다.

*

*햄릿 연구*는 예지 그로토프스키가 오폴레에 있는 그의 극장 연극실험실에서 올린 최근 작품이다. 셰익스피어의 텍스트는 폴란드의 위대한 상징

주의 극작가이자 시인, 연출가, 화가인 스타니스와프 비스피아인스키의 언어와 버무려졌다. 공연과 같은 제목을 붙인 자신에 글에서 비스피아인스키는, *햄릿*의 방대한 해석의 가능성과 그리고 무엇보다도 '폴란드 비스툴라 강변'에 있는 나라의 관습으로 이야기를 각색했을 때의 급진적인 변형 때문에 덴마크 왕자의 이야기를 그대로 전달하는 것은 불가능했다고 결론을 맺었다.

그로토프스키는 이렇게 두 배의 확신을 가지고 이 작품의 중심적인 전환점을 만들어냈다. *햄릿*을 공연하는 게 불가능하다는 것은 어떤 집단의 태도와 정체를 드러내는 기회를 나타낸다. 이러한 불가능성은, 그러나, 드라마의 해석적 다중성에 달린 게 아니라, 국가적인 인물 자체에서 기인하는 '무능력'의 감각에 달려있다. '국가적 무능력'이라는 공통된 주제는 비스피아인스키, 곰브로비츠(Gombrowicz) 그리고 므로젝의 문학 작품에서 많이 다루어져 왔다. 그리하여 덴마크 왕자가 갖고 있는 모든 전개와 반전이 비스툴라 강변에서 일어난다. '사건은 폴란드에서 일어난다, 즉, 아무 곳에서든.' 인물들은 위뷔 왕의 농노들이다, 비록 위뷔 왕은 보이지 않지만 모든 인물 속에서 구현된다. *햄릿*은 지역에서 벌어지는 드라마가 되었고, 주인공은 그 마을의 유대인이다.

그리하여, 여기는 지금 선술집이다. 사람들은 술을 마시고 다 같이 술에 취해 노래를 부른다. 여기저기서 농부들이 셰익스피어 연극을 만들려고 애쓰는 중이다. 몇몇 장면의 대사들을 읊어대고, 이건 불가능한 일이라는 원성이 터져 나오기도 한다. 그러다가 다시 그들의 기본적 혈기왕성한 상태로 돌아간다: 술 마시고 흥청망청. 그들은 세속적이고 음탕하고 언제나 떼로 몰려 있지만 서로를 갈가리 찢어댈 준비가 되어있다. 술이란 '기본적인 생의 기쁨', 넘치는 희열과 사랑을 주고, 그런 즐거움은 단순한 인간들에게 지속적인 과잉을 표현하게 해준다. 햄릿은 그들의 영원한 난장판에 끼어 인간 본성에 대한 담론에 참여하게 된다. 그는 그들 사이에 섞여서,

군중 속에서 노래하는 한 여인에게 접근하려 한다. 그러나 실패.

왕은 군사들이 필요하다. 교활한 농노들은 그들의 '유대인'을 군대에 집어넣는다. 여전히 철학이나 하고 아버지의 죽음에 복수할 계획을 세우는 햄릿/아스베루스(Ahasverus)는 전장에 나갈 행렬에 배치되었다. '기병대 속에 이사크 바벨(Isaac Babel)'이 전쟁 행진의 제목이 될 수 있겠다: 유대인 학살 전문인 기마 경찰관 속에 우크라이나 오데사(Odessa) 출신의 유대인이라니. 진정한 전사들은 그가 쓴 안경이며, 말 위에 올라탄 그의 어정쩡함에, 죽어가는 전우의 고통을 그나마 짧게 끝내주려고 최후의 일격을 가하지 못하는 그의 예민함에 지식인이냐며 놀려댔다.

햄릿은 훈육되고, 모욕을 당하고, 강제되었다. 그런 다음 그의 차례가 되어, 그가 다른 이들을 훈육하고 모욕하고 강제하였다. 행동할 때가 왔다. 가학, 증오, 협박이 공간을 채운다. 농노 - 병사들은 가상의 적을 향해 목숨을 던진다. 코를 찌르는 땀 냄새가 살인자들의 괴성과 죽어가는 자들의 신음소리에 섞인다. 바닥에 뒹구는 몸뚱이들, 겨우 일어섰다가 다시 쓰러지고, 몸부림친다. 강간과 고문, 짐승 같은 잔인함이 군인이라는 족속의 얼굴을 드러낸다. 햄릿은 도망쳐 나와 끝도 없는 독백을 한다: To be or not to be? 그는 존재한다, 다른 배우들이 가상의 적(잠재의식 속에 숨어 있는?)과 자기 몸도 사리지 않고 잔혹한 폭력에 맞설 때, 그와는 달리 거리를 둔 목격자로서 존재한다. 그 집단 광기에 굴복하지 않고, 그는 그 바깥에 남기를 원한다. 다른 이들은 그를 붙잡아 고문을 강제하고, '행동'하기를, 그 잔인함에 동참하기를 그래서 그 집단과 일치하기를 강요한다. 행진이 다시 시작된다. '기마대'는 다른 착취를 향해 이동한다.

불 세례를 마치고, 햄릿은 마을로 돌아온다. 그곳에서 그는 조금 전에 헤어졌던 군사들과 똑같은 모습으로, 술 마시고 노래하고 사랑을 해대는 농부들을 발견한다. 아무도 햄릿을 알아보지 못한다. 개 한 마리만 그를 반길 뿐. 어머니와의 만남은 농부 한 명, 폴로니우스를 죽이는 결과를 낳는다. 시체를 끌어내고서, 햄릿은 공중목욕탕으로 도망친다. 사우나에 모인 농노들은 역겨운 괴물들처럼 뒤엉켜 싸우고 발가벗은 배우들은 짐승 같은 신체성을 드러낸다. 그들의 음란한 놀이는 인간의 탈영혼과 동물성을 비춘다. 햄릿만 홀로, 완전히 옷을 갖춰 입고서, 매우 꼼꼼하게 자기의 몸을 닦는 모습이 눈에 띈다. 비극은 천둥처럼 내리친다. 폴로니우스의 시체가 발각되자, 오필리아가 음란한 놀이 도중에 죽는다. 농노들은 알 수 없는 죽음에 직면하여 공포에 질리고, 그들의 발가벗은 몸은 바로 극단적인 한계에 몰렸을 때 드러나는 인간 조건과 고통의 상징이다. 발정 난 짐승들처럼 행동했던 그 똑같은 사람들은 기도와 비탄, 기원과 종교적 열광으로 조장된 인간의 단면을 다시금 드러낸다. 인간의 진정한 모습은 어디에 있는가? 진실은 무엇인가? 불과 얼마 전까지만 해도, 우리가 경멸하고 수치스러워했던 본능에 이 짐승들은 먹잇감이 되어버렸다.

다시 한 번 왕은 농노들에게 전장으로 갈 것을 설교한다. 햄릿은 절박한 죽음을 인식하는 존엄의 기운을 갖고 그의 '기마대'로 돌아온다. 이제 전투대대가 나아간다, 대형을 갖추어, 태연하게 변모하여, 역사의 무덤을 향해 전진한다:

은총이 가득하신
성모 마리아여
우리를 불쌍히 여기소서.

이 기도문은 한때 폴란드 전사들이 그륀발트에서 튜턴족 기사들과 맞붙었을 때 그리고 비엔나 외곽에서 터키족과 싸울 때 신의 가호를 간청했던 기도로서 전장으로 향하는 농노-병사들의 행진에 발을 맞춘다.

왕은 무덤꾼이다. 그의 부대가 대오를 지어 지나가자, 그는 그의 군사들을 알아보지만 그들에 대해서는 과거시제로 말을 한다: 그들은 이미 시체들이다. 운명이 그들을 기다리기도 전에, 이들은 망설임도, 거스름도 없다: 사유는 인간을 약하게 만든다. 그들은 행동하고 그것에 목숨으로 값을 치른다. 그러면 햄릿은?

그는 독백을 읊는다: 전쟁의 야만과 공포는 그의 뇌를 자극한다. 자신의 이성적이고 인간적인 의도를 그 행진 부대에 전달하고 싶다. 그들은 햄릿의 얼굴에 침을 뱉는다. 그는 오열하며, 그들을 멈추게 하려고 그들 발아래 엎드린다. 그들은 그를 밟고 지나간다. 군대가 그들의 위대한 운명을 걸고 있을 때, 그는 소리치고, 호소하고, 애원하고, 울면서 질문한다.

은총이 가득하신

성모 마리아여

우리를 불쌍히 여기소서

그의 이성은 이러한 인간들을 작동시키는 신화의 멱살을 잡으려 한다. 그는 그들의 충동과 굴종의 욕망을 벗겨내고, 진정으로 자기 자신을 내려놓는 행위를 바란다.

햄릿은 옳다: 그러한 죽음은 무의미하다; 전쟁은 야만적이며 모든 가치와 존엄을 말살한다. 햄릿은 틀렸다: 유일한 방법이란 행동뿐일 때 토론의 여지는 없다. 전장은 널브러진 시체로 가득했다. 농노 - 병사들은 그렇게 살아있느니 오히려 시체가 되기를 원한다. 참사를 멈추려는 노력 끝에, 햄릿은 바닥을 기어간다. 연약한 목소리로, 그는 이디쉬 노래를 흥얼거린다. 그는 아이처럼 울부짖는다: 그는 다른 이들을 구한다는 억지와 군사 행진의 두려움을 탄식한다. 그를 조롱이라도 하는 듯, 죽은 시체들 사이에서 술 취한 노래가 들려온다. 무덤꾼인 왕은 군사들의 시체들 사이에 무릎을 꿇고 '우리를 불쌍히 여기소서'를 부른다. 햄릿이라는 드라마의 불은 꺼지고, '비스툴라 강변'의 국가가 어둠 속으로 소환된다.

악취를 풍기며 곪아가는 상처를 하얀 붕대로 감고 있다고 상상해보자. 갑자기 그 붕대가 벗겨지고 딱지가 떨어져 나간다. 고름과 피가 엉기고 고약한 통증이 번진다. 그것이 그로토프스키의 *햄릿 연구*이다. 그는 우리의 의식을 치장하고 통제하는 붕대를 벗겨내고 개인과 집단 상상력의 잠재의식 속에 뿌리박힌 에로스와 타나토스, 즉 생명과 죽음의 본능을 까발렸다. 그것은 땀과 피와 정액 냄새가 범벅된 끔찍하고 두려운 생체 해부이며, 본능에 휩쓸려버리는 개인과 집단의 무자비한 모습이다. 우리의 집단 기억에 호소하는 번뜩이는 통찰력 속에서, 인간의 폭력성과 정념, 비열함을 우리에게 드러낸다.

배우의 연기는 일종의 공갈협박이다; 일상의 행동이 아닌, 특별한 상태의 생리학을 표현한다: 성행위의 절정, 갈등, 고문, 강간 등. 불분명한 고함과 기괴한 쉰 목소리가, 배우들의 전체 공연 속 모든 요소들에 스며있는 심리적 테크닉으로 통제되면서도 자유롭게 터져 나온다. 그들의 공연은 설득하지 않는다, 겁을 주고, 불편하게 하고, 방어할 틈이 없는 관객들을 거칠게 뒤흔들어 놓는다. 발가벗고 땀을 뻘뻘 흘리고, 일그러진 얼굴과 뒤엉킨 몸뚱이는 너무나 직접적이고 본능적으로 우리 안에 내재하는 현실을 떠올리게 한다. 딱 한 가지 유사한 빛이 나온다: 농노 - 병사들의 폭력성과 잔인성은 마지막 장면에서 눈부시게 발열하는 영혼의 힘으로 승화된다. 햄릿은 계속해서 행동의 필요성을 말하고, 그리고 농노들과 함께 남아, 그들의 무능력을 공유하고 같이 죽겠다고 외친다. 만약 사형집행인이 아무도 없다면, 누가 과연 희생자라고 느낄 수 있겠는가? 그러나 그의 무능력이란 타인과 함께 느끼고 살고 죽을 수 없는 그 불가능함에 있다. 왜냐면 그는 그렇게 할 수 없는 사람이고, 다른 이들이 그가 그렇게 하기를 원치 않기 때문이다.

이러한 두 가지 태도 사이에서, 관객들은 제3의 무능력 형식을 체험한다: 그것은 근시안적이고 실용적인 인간의 태도로서 위뷔 왕의 농노들과 유대인 - 햄릿이 드러내는 것을 알아차리기를 거부한다: 하는 일 없이 빈둥거리는 군인들처럼, 누구나 자기 안에 있는 도사리고 있는 존재이다.

햄릿 연구, 배우들의 과잉된 표현과 연출가의 강렬한 온정, 존재론적

반항과 정치적 저항으로 차고 넘치는 이 작품은 나에게 미래의 유럽 연극이 보여줄 다종다양한 균들을 내포하고 있는 듯했다. 하지만 1964년 3월, 이러한 분출은 친구든 적이든 모든 사람들의 뺨을 후려쳤다; 그것은 연극실험실 13열 극장의 지지자들의 공감과 민감함에서도 벗어났고, 폴란드 사회주의라는 범주와 규범을 뒤흔들어 놓았다. 그로토프스키 기존 작품들의 주제들이 여기서도 발견되었고, 가장 극단으로 뻗어 나갔고, 모든 게 정치적으로 노골적인 서브텍스트(내재된 의미)를 담고 있고, 모든 게 폴란드 역사와 연결되었다: 행동하고자 하는 지식인(지아디와 코르디안), 더 강력한 의지에 대항하여 자신을 일으키는 개인(닥터 파우스투스), 자기 원칙에만 충성하려는 외부인에 맞서 격분하는 집단. 이러한 주제들은 *불굴의 왕자*에서도 되살아나는데, 이 작품은 어떤 사회가 거부하는 밀도와 그 가치들이 너무나 충격적인 방식으로 배우들의 연기에 의해, 특히 리샤르드 치에실락의 연기를 통해 구현되었다.

폴란드 공안이 열받은 것은 이해할 만도 하다. 심지어 그로토프스키 동조자들도 거부 의견을 내놓고, 미학적, 기술적 또는 극작술에 대해 논쟁하고, *햄릿 연구*와 *아크로폴리스* 또는 *닥터 파우스투스*를 두고 언짢은 비교를 해댔다. 나는 마치 태어나다 죽은 조카를 연민하는 삼촌처럼 이 작품을 사랑했다. 그 잉태의 기간에 나는 없었으나, 그게 세상에 나왔을 때, 그러한 폭력성이 존재한다는 것에 나는 당혹했다. 나는 개인의 상처가 발가벗겨졌을 때 그 감동적인 순간을 그리워했다. 그럼에도 불구하고, 지금까지도, 그 공연의 장면과 노래의 조각 조각은 내 기억 속에 살아있고, 오딘 극단과 작업할 때 불쑥불쑥 나를 찾아온다.

이 공연은 그로토프스키 내면에도 충돌하는 반응들을 불러일으켰음이 분명하다. 리샤르드 치에실락이 불굴의 왕자 역에서 실현했던 것처럼 배우들이 '총체적 행동'에 도달하기 위한 근본적인 단계로서, 그의 방법론은 오늘날까지 유효하다. 그러나 내가 알기로는, 당시에 그리고 몇 년이 지나도록 그로토프스키는 *햄릿 연구* 공연이 성공적이었다고 생각하지 않았다. 1965년 4월에 공연됐던 *불굴의 왕자* 프로그램 맨 마지막에는 연극실험실 13열 극장에서 그동안 올린 작품들 중 '중요한 공연들'이 나열되었다: *카인(Cain 1960), 미스터리 희가극(Mystery Bouffe 1960), 샤쿤탈라(Shakuntala 1961), 지아디(Dziady 1961), 코르디안(Kordian 1962), 아크로폴리스(Akropolis 1962), 닥터 파우스투스(Doctor Faustus 1963).*

햄릿 연구, 그 가족 속의 '유대인'은 침묵 속에 묻혀졌다.

쥐와 고양이 게임은 막바지에 이르고 있었다. 상황은 더 이상 이념적인 것도 미학적인 갈등도 아니었고, 연극계나 비평가들의 몰이해도 아니었다. 이제는 포위된 상태에 놓였다, 13열 극장을 아예 닫아버리려는 공안 당국의 위협이 우리 머리 위에 드리워져 있었다. 다시 한 번 우리는 그런 결정은 심각한 오류이며 해외에도 크나큰 반향을 일으킬 것임을 보여줘야만 했다. 우리가 가진 모든 해외 연락책들, 국제적인 관계를 최대한 활용하고 새로 넓혀서, 그로토프스키의 가치와 영향력을 대대적으로 보여줄 수 있는 이미지를 강화해야 했다.

나는 밤낮으로 일했다. 그 결과 프랑스어로 쓴 50쪽 분량의 책자를 만들었고, 허세로운 거창한 제목을 달았다: *오폴레의 연극실험실 13열, 집단적 자아 통찰로서의 연극.* 책자엔 내 이름으로 쓴 한두 편의 긴 기사들, 내가 썼지만 내 이름을 달지 않은 또 다른 열 편 이상의 글들, 루드빅 플라센의 글들뿐 아니라, 레이몽드 템킨, 크리스틴 올소니, 롤랑 그뤼베리, 그리고 우치에서 *닥터 파우스투스*를 관람했던 국제 대표단들이 쓴 기사들 중에 발췌한 내용들을 담았다. 나는 또다시 절실하게 돈이 필요했다. 이 책자는 책으로 나왔고 역시나 친구들과 뇌물 덕분에 검열을 피할 수 있었다. 특별히 이 친구가 생각난다, 타데우쉬 야츠코프스키(Tadeusz Jackowski)라는 그래픽 아티스트, 여전히 모자랐지만 돈을 들고 나타나 어느 날 새벽 내가 묵던 크라코우의 호텔 방문을 두드리던 친구[32].

나는 그 책자들을 가방에 잔뜩 담고 급하게 파리로 떠났다.

그 사이 폴란드 문화부는 오폴레에 위원회를 파견하기로 결정, 연극실험실 13열 극장의 활동을 평가한 후 극장의 미래를 결정하겠다고 통보했다. 보단 코제니에프스키와 연극 잡지 편집장인 연극학자 즈비그니에프 라셰프스키 또한 그 위원회에 속해 있었다. 나는 그들이 *햄릿 연구*를 보고 무슨 생각을 했을지 궁금하다. 유대인 억양이 섞인 폴란드어를 쓰는 주인공 지식인과 그를 둘러싼 농노들이 국가 군대의 애국주의 노래들을 부르며 그에게 침을 뱉는 내용을 말이다[33]. 국가 군대에서 복무했던 라셰프스키는 분명히 당혹스러웠을 것이다.

그로토프스키는 그 위원회에 친구들이 많이 있었고, 코제니에프스키도 그를 방어해야 했을 때 물러서지 않았다. 오폴레의 이 극장은 훌륭한 작업들을 하고 있으며 유력한 지지자들도 많다고 문화부에 보고되었다.

그리하여 당장은 폐쇄 위협을 막을 수 있었다[34].

---

32 1976년 타데우쉬 야츠코프스키가 홀스테브로에 있는 오딘 극단을 방문했다. 그때 우리는 시립 미술관에서 그의 작품 전시회를 기획했다. 그는 우리 극단에서 출판했던 책: *가난한 연극을 향하여*의 표지뿐 아니라 오딘의 두 번째 작품인 *카스파리아나(Kaspariana)*의 포스터까지 동시에 디자인해주었다.

33 국가 군대(the Armia Krajowa-National Army)는 폴란드 정부가 런던으로 망명했을 시기 독일군에 맞서 저항 운동을 펼쳤다. 또 다른 저항 운동이 있었는데, 인민 군대(the Armia Ludowa - People's Army)라고 불리는, 전쟁 후 폴란드 내에 소련군의 주둔에 힘입어 권력을 잡은 코뮤니스트들의 명령으로 움직였던 조직이었다.

34 보단 코제니에프스키는 1989년 크라코우에서, 300쪽이 넘는 긴 글을 잡지에 썼다, 제목은 *그로토프스키는 한 번뿐(Grotowski only once)*: '그들은 그로토프스키를 제거하려고 했다, 오폴레서 쫓아내려는 건지 완전히 제거하려는 거였는지는 기억나지 않는다. 어찌됐든, 그로토프스키는 라셰프스키의 잡지사로 전화를 걸었다. 그곳은 언제나 그로토프스키의 편이 되어주었던 곳으로, 1964년에 연극실험실 13열 극장에 대한 기사를 출판했었다. 그로토프스키는 전화를 걸어 문화부에서 위원회를 오폴레에 보냈으며 최악의 상황이라고 전했다. 우리는 여행 경비를 마련하는데 어려움이 있었지만, 마침내 루시넥(Rusinek)이 경비를 받을 수 있도록 집행을 해주었다. 나는

17. 기피대상자

상황은 그럼에도 심각하지는 않았다. 파리에서 돌아오는 길에 나는 그 위원회의 업무를 옆줄로 따라잡았다. 이제는 다시 한 번 불가능해 보이는 해외 진출을 성사시킬 필요가 있었다: 초대를 받든 아니면 최소한의 도움이라도. 이런 경우에는 코뮤니스트 지식인들의 반응이 중요한데, 특히 상당한 명성을 즐기는 이탈리안들이라면 더욱 좋다. 이런 식으로 그들의 호의적인 의견은 타협하지 않는 폴란드인들과 달리 보일 수 있다. 스칸디나비아 국가들 또한 이 여정에 포함되었다.

그로토프스키에 대한 기사를 싣기가 갈수록 더 어려워지고 있었다. 나는 새로운 대책을 구했다. 나는 코펜하겐에 있는 *빈드로센(Vindrosen)*

라셰프스키, 티모셰비츠(Timoszewicz), 뷔시인스키(Wysiński)와 함께 자동차로 달려, 그 회의 시간에 딱 맞추어 도착했다. 콘스탄티 푸지나와 다른 몇 명 또한 그 극장을 막아줄 의도로 나타났다. 문화부 위원회의 대표는 예지 야시에인스키(Jerzy Jasieński)로 문화부의 연극 분과장이었다. 그로토프스키의 자기 방어는 서툴렀고, 비틀거리며 가라앉고 있었다. 나는 잠시 휴식 식간을 요청했고, 그 지역의 코뮤니스트 대표를 찾아나섰다. 나는 그에게 지금 저 방 안에서 벌어지고 있는 엄청나게 중요한 사안들을 설명했다. 오폴레가 독일 식민지였을 때, 그땐 국경지대 변방에 고립된 지역에 불과했고 문화라고는 전혀 없던 곳이었다. 이제 오폴레는 국제적인 명성을 지닌 극장이 있다. 이 극장을 잃는 것은 그토록 중요한 폴란드의 영향력이 사라지는 것이고, 정치적으로도 심각한 실수이다. 이렇게 해서 그로토프스키는 약간의 시간을 벌었고, 그 후에 분별력 있고 독립적인 이바슈키에비츠(Iwaszkiewicz) 교수가 브로츠와프 시장이 되어 그와 극단을 그 도시로 불러들였다. 나는 분명히 그로토프스키를 도왔고 그를 인정했지만, 솔직히 나에게, 전통적인 연극 바깥의 실험은 흥미를 끌지 않았다. 나는 그로토프스키에게 물었다: "좋아요, 판, 이번에 당신은 성공했지만, 7년이 지나면 뭘 하겠어요?" 그는 놀라는 듯했다: "왜 7년이죠?" "왜냐면 모든 새로운 개념의 연극들은 순탄하지가 않으니까요. 특별한 혈통의 순종 개인데, 수명은 짧거든요. 그러면 나중엔 캐리커처로 변형되죠."
코제니에프스키의 이야기는 여러 가지로 재미있다. 1964년에 그로토프스키 작업에 우호적인 잡지가 어떻게 나오게 되는지, 정치적 논쟁을 근거로 하여 연극실험실 13열 극장의 운명은 어떻게 결정되는지, 그리고 또한 과거의 재구축이란 얼마나 심오하게 주관적인지를 보여준다. 사실, 그로토프스키는 콘스탄티 푸지나에게 그의 극장의 '구원자' 역할을 부여한다. 2부에 나오는 편지 6의 주석 45 참고.

이라는 잡지와 연락해서 폴란드 문화에 관한 특집호를 제안했다. 그 편집부 직원 중 한 명이자 유명한 아방가르드 시인이었던 예스 외른스보는 폴란드어도 잘 알았고, 폴란드 극작가인 비트카치 전문가였다. 폴란드 예술계 수준에 대해서는 쉽게 동의했지만, 그러나 내가 잡지 한 권을 통으로 폴란드 특집호를 제안하고, 뿐만 아니라 노르웨이와 스웨덴의 잡지사들과 협력하는 공동 작업을 제안하자, 예스 외른스보는 크게 웃으며 나를 대책 없이 순진한 놈으로 여겼다. 그가 설명하기를, 그 잡지들은 각자 서로 차별화되기를 원하며 폴란드 문화라는 이름으로 자매결연 맺을 일은 절대 없을 거라고 했다.

그는 나에 대해 질문했다. 나는 그로토프스키에 대해 말하기 시작했다, 그의 이론, 그의 작품들. 또한 나는 책 한 권을 썼는데, 프랑스어로 쓴 원고를 가지고 있다고 했다: *심리-역학적 연극(The Psycho-Dynamic Theatre)*[35]이라는 제목(이 책은 *잃어버린 연극을 찾아서*라는 이름으로 이탈리아에서 출판되었다)을 달았다. 그는 그 책을 빌려볼 수 있느냐고 묻더니, 오슬로에 있는 나에게 며칠 안으로 반드시 보내주겠다고 약속했다. 그게 내가 갖고 있던 유일한 복사본이어서, 망설이며 건네주었다. 원고는 곧바로 나에게 돌아왔고, 다음 호 *빈드로센*에 일부를 출판할 수 있겠느냐는 허락을 구하는 예스 외른스보의 편지가 들어있었다. 이렇게 해서 그는 사진까지 포함해서 여덟 쪽에 걸친 기사를 실었다. 덴마크에서의 그 파장은 상당했다. 이 영향은 많은 예술가들과 연극학자들에게 인상을 남겨, 오딘 극단이 1966년에 홀스테브로로 옮겨왔을 때

---

35 제목이 바뀐다는 것은, 그로토프스키와 나에 따르면, 연극의 신약 성서의 핵심주제가 달라지는 그 변화의 양상을 반영한다. 처음에는 관객의 정신에 미치는 압도적인 효과(무엇보다도 원형, 그리고 신성과 모독의 변증법을 강조했던)를 가리키는, *심리-역학적 연극*이라고 붙였다. 그런 다음에 *잃어버린 연극을 찾아서*가 되었는데, 공동체를 참여시키는 의식과 제의로서의 연극에 대한 암시이며, 그것은 정신적인 삶에 중요하고도 본질적인 부분이다.

그들은 우리에게 온정적인 반응을 보였다.

역시나 내 방식으로, 예스 외른스보에게 이런 종류의 연극에 관심이 있는지 그의 의견을 물었다. 그는 내게 몇 명의 이름들을 알려주었고, 그중 하나가 크리스티안 루드빅센(Christian Ludvigsen)이었다. 그는 이오네스코와 베케트를 덴마크어로 번역했고, 덴마크와 외국 작가들의 '실험적'인 작품을 발표했던 소극장(Fiolteatret)을 운영하고 있었다. 그렇게 해서 나는 크리스티안 루드빅센과 연극학자인 그의 아내 실비아(Silvia)를 알게 되었는데, 그들은 나를 집으로 초대했고, 이후 내 인생에 매우 중요한 부분이 되었다[36].

폴란드로 돌아가기 위해서, 나는 비자가 필요했다: 나는 장학생이었기에 순전히 형식적인 것이었다. 그러니 오슬로의 폴란드 영사관에서 내 비자가 거절되었을 때의 충격이란. 기피대상자(Persona Non Grata)라는 항목 외에, 다른 설명은 전혀 없었다. 황당했다. 완전히 기가 막혀서, 이 사실을 그로토프스키에게 편지로 알렸다. 갑자기 전혀 예상하지 못한 채, 매일 매일 이어지던 나의 지극한 일상이, 그로토프스키와 그의 극장과의 밀접한 관계가 단숨에 끊어졌다. 내 짐은 모두 오폴레에 남아 있었다: 책, 음반, 작업 기록, 옷.

나는 쓸모 없어진 폴란드행 기차표 하나 달랑 들고 노르웨이에 남겨졌다. 겨우 며칠 간신히 버틸 만큼의 돈과 절반이 연극 책자인 여행 가방뿐.

36 그렇게 만난 이후 우리는 편지로 연락을 지속했다. 크리스티안은 타게 힌트(Tage Hind)가 강사로 일했던 덴마크 오르후스(Århus) 대학 극작과에서 가르쳤다. 역시 그로토프스키와 나중에는 오딘 극단에 관심을 보여주었다. 내가 1965년에 오슬로에서 잡지를 발행하기 시작했을 때, 크리스티안이 서평을 써주었고, 그해 11월 오딘 극단의 첫 번째 작품 *오르니토필레네(Ornitofilene - The Bird Lovers)*의 덴마크 투어를 기획해주었다. 오딘 극단이 덴마크 홀스테브로로 이주했을 때, 그는 엄청난 도움을 주었고 여러 유명한 작가들뿐 아니라 덴마크 문화부와도 연결을 해주었다. 올르 사르빅(Ole Sarvig)과 페터 시베르그(Peter Seeberg)가 우리 극단에 글을 써준 것도 모두 그의 덕분이었다. 크리스티안은 나의 문학 자문이었고, 20년 이상 오딘 극단 연출부의 일원이었다.

그때가 1964년 4월 말 오슬로의 거리엔 여전히 눈이 쌓여 있었다. 나는 혼란스럽게 그 거리를 방황했고, 한편으론 4년 전에 떠났던 도시, 내가 집이라고 생각했었던 바로 그곳으로 돌아왔다는 귀환의 반가움이 일렁였다.

18. 두 번째 회상

내가 동경했고 나를 매혹시켰고 내가 살아볼 수 있었던 나라들은 많았다. 하지만 오직 단 두 나라만이, 내가 사랑했고, 열정에 사로잡혀 그 사랑에 온몸을 내던졌다: 노르웨이와 폴란드.

내 인생을 결정지은 사람은 크누트 함순(1859-1952, 노르웨이의 소설가로 1920년 노벨 문학상을 받았다 - 옮긴이 주)이었다. 1954년 내 나이 열일곱, 나폴리 군사학교를 마치고, 나는 히치하이크를 해서 코펜하겐으로, 그다음엔 스톡홀름으로 갔다. 접시닦이, 신문 줍기, 농장에서 일을 했다. 스톡홀름 외곽의 어느 농장에서 크누트 함순의 소설 *가을 별 아래서(Under the Autumn Stars)*를 읽었는데 아우구스트(August)라는 방랑자에 관한 이야기였다. 노르웨이 북부에 대한 묘사에 알 수 없는 갈망을 느꼈다. 이탈리아에 돌아가 대학을 진학하는 대신, 나는 북쪽으로 떠났고, 스웨덴 라플란드의 키루나(Kiruna)에 있는 석탄 탄광에서 일했다. 그곳에선 짧게 있었다. 내가 취업허가증이 없다는 걸 경찰한테 걸리자마자 그들은 즉시 나를 국경에 데려다 놓았고, 거기는 노르웨이와의 경계 끄트머리였다. 나는 나르비크(Narvik)에 있었고, 함순의 방랑자들이 어슬렁거렸던 곳과 같은 지역이었다. 다시 히치하이킹으로 이천 킬로미터쯤 더 남쪽으로 내려갔다. 시월 말, 눈발이 날리던 때였다. 여름옷 차림으로 트럭에 올라탔으니 얼어 죽는 줄 알았다. 그렇게 오슬로에 도착했고 그때가 내 열여덟 살 생일이었다.

나는 금속 합판 공장에 수습공 일을 구했다. 우리는 온갖 판금 작업을 다 했는데, 대형 건물의 환풍 도관 설치, 커다란 아연판으로 도랑을 만들어 주택 처마에 배수관 설치 등을 했다. 여름이고 겨울이고 우리는 지붕 위에 올라가서 각종 수리를 하거나 폭설로 시설이 무너지지 않도록 눈을 쓸었다. 에이길 뷔니예(Eigil Winnje)라는 그 공장의 주인은 독일에 맞서는 저항군에 참여하고 있었는데, 작센하우센(Sachsenhausen) 나치 수용소에 억류된 적까지 있었다. 그는 나를 아들처럼 대해주었고, 관대하고 유쾌하게 나에게 용접기술을 가르쳐주었다.

프리드쇼프 레네(Fridtjov Lehne)는 나보다 열 살 위였는데, 그도 역시 저항군에 있었다. 낮에는 사회주의 일간지에 기자로 일했는데, 거긴 월급을 줄 형편이 못 되었다. 그는 밤에 노인 주택의 야간 경비를 서서 생활비를 벌었다. 우연히 알게 된 그가 나를 집으로 초대했다. 소냐(Sonja), 그의 아내는 첫 아이를 임신하고 있었다. 그 집에 나를 머물게 해주었고, 그들이 가진 것은 뭐든지 나누어주었다. 그들은 나의 가족이 되었다. 프리드쇼프는 신념을 지니며 그 대가를 치를 준비를 한다는 게 무엇인지를 나에게 보여준 사람이었다.

하루의 노동을 끝내면 나는 도서관으로 가서 이태리어로 쓰인 책을 읽곤 했다. 칼레 오스타트(Kalle Orstad)라고, 낮엔 그림을 그리는 화가이고 저녁엔 도서관에서 일했던 사람을 알게 되었는데, 자기의 화가 친구를 위해서 돈을 받고 모델 일을 하는 데 관심이 있느냐고 내게 물었다. 나는 승낙했다. 나는 히치하이킹으로 지중해까지 가는 장기 여행을 위해 돈을 모으고 있었던 터였다. 그렇게 되면 로마로 돌아가서 법률을 공부하려고 했다.

윌리 미들파르트(Willi Middelfart)는 꽤 유명한 화가였다. 그는 1920

년대에 파리에 살았었는데, 후에 유명한 예술가가 된 사람들과 많이 어울렸다며 내게 얘기해주었다. 1930년대에 그는 정치 활동에 참여하였다. 오슬로 국립 미술관에 소장된 그의 작품 중에는 시위대를 진압하는 경찰의 모습이 있다. 나는 윌리 앞에서 어떻게 모델을 해야 하는지 전혀 깜깜했다. 그의 넓은 아틀리에는 책과 그림들로 가득했고, 나는 자세를 취한 채로 책을 읽고, 사진과 그림들을 구경하고, 질문을 던졌다. 윌리는 설명을 해주었고, 사실과 의견을 연결짓고, 상황을 밝혀주었다. 착취 없는 정의로운 사회를 꿈꾸었던 프리드쇼프가 내게 영향을 끼쳤던 것처럼, 윌리는 불필요한 잉여이되 꼭 필요한 그 무엇, 그 기쁨을 나에게 전해주었다: 그것은 바로 예술. 그 사람 덕분에, 라마크리슈나의 이름으로, 나는 탈라보트에 올라탔고, 그 배는 나를 인도로 데려갔다.

탈라보트는, 다른 한편으로, 나에게 막스(Marx)와 헤라클리투스(Heraclitus)의 매우 겸허한 철학적 원리들을 발견하게 해주었다: 계급 투쟁과 반대 투쟁. 항구는 내가 상상했던 것과 전혀 달랐다: 심지어 흑인들은 악취가 났고 크리스천들은 성인군자 같았다. 나는 뱃사람들의 넓은 인심과 더불어 지독한 인종주의를 동시에 경험했다. 어느 날은 나 자신을 다른 사람들 마음대로 정의해야 했다: '다고(dago), 더러운 이태리놈.' 도대체 나는 이런 취급을 받아들여야 하나 아니면 거부해야 하나? 내 몸에 남은 두어 개 자잘한 흉터들은, 그중 더 나대던 선원들과의 불화를 떠올리게 한다.

객실에서 배꼬리 쪽에 있는 작업장으로 가려면, 인도를 향해 항해하는 선박의 엔진을 기어올라야 했다. 어느 날 선원 한 명이 떨어져서 다리가 부러졌다. 선원의 대표자가 선장에게 안전하게 건널 수 있도록 나무 통행로를 설치하자고 요구했다. '다친 동료는 술에 취했던 것'이라는 반응과 함께 선장은 거절했다. 선원들 전체가 작업을 멈췄고 파업을 선언했다. 한 시간 만에 선장은 통행로 설치를 명령했다.

1957년에 나는 돌아왔다. 이태리로 돌아가 법을 공부할 계획이었다. 나에게 오슬로 대학에 한 학기만이라도 등록해보라고 제안했던 건 바로 프리드쇼프였다. '또 다른 노르웨이의 상황을 경험하게 될 것'이라 했다. 나는 예비 시험에 통과했다: 철학, 심리학, 논리학, 언어학, 그리고 라틴어. 낮에는 용접공으로 일했고, 저녁에는 대학의 여러 과정들을 들었다. 나는 1930년대 '모트 다그(Mot Dag - 그날을 향해)'라는 막시스트 운동을 창설했던 지식인들의 자녀들로 이루어진 모임을 알게 되었다. 이들 지식인 자녀들은 각자의 직업을 갖고 사회민주주의 복지 국가 속에 살면서, 어떻게 하면 보수 반동이 되지 않고 부모 세대와 맞설 수 있는가를 모색하고 있었다. 내 쪽에는 우호적인 사전 필수조건의 끈이 있었기에, 나는 그들에게 꽤나 인기가 있었다: 노동자였지, 게다가 외국인(당시 오슬로에서 흔치 않았던), 나는 그들보다도 더 좌파였고, 여자들에게 꽃을 선물하는 습관까지 있었다.

그들이 살던 동네 이름에서 따온 허스비그렌다(Husbygrenda)라는 이 단체는 사회민주당의 학생 조직으로 활발한 활동을 했다. 나는 노동자 계급의 변화를 위한 수단으로써 예술에 대한 신념을 지키며 그들과 나를 차별화했다. 나는 윌리 미들파르트의 도움으로, 그와 그의 친구들의 그림들을 빌려오는 데 성공했고, 공장의 식당 안에서 열리는 전시회들을 기획했다. 대부분 코뮤니스트들이었던 노조 대표들과 연락이 닿도록 나를 도와준 것도 프리드쇼프였다.

대학 예비 시험 후에 나는 프랑스 문학을 전공했고, 올르 다니엘 브룬(Ole Daniel Bruun)이라는 건축가를 꿈꾸던 젊은 벽돌공과 함께 넉달 동안 그리스와 터키를 걷거나 히치하이킹으로 여행했다. 나는 노르웨이 문학을 공부하기 시작해서 1959년에 마쳤다. 하지만 학위를 받기 위해서는 세 번째 전공이 필요했다. 그렇게 되자 '내년에는 이태리로 돌아가서 변호사가 되겠다'는 원래 계획에 심각한 어려움이 생겼다.

이렇게 노르웨이에서 몇 년을 보내는 동안, 이런 모순에 종종 부딪혔다: 나는 어떻게 행동해야 할까? 이탈리안으로서 다른 사람들과 달리 튀어야 하나, 아니면 나의 지중해성 행동과 사고방식에 노르웨이 색깔을 입혀야 할까? 예를 들어, 나는 어떤 여인에게 끌리면 아주 복잡한 시나리오를 고안해냈다. 그녀에게 잘 보이기 위해서, 춤추러 가자거나 영화관이 아닌, 연극에 그녀를 초대했다. 나는 구석 자리 표를 샀지만 극장은 절반이 비어있어서, 우리는 중앙의 첫 줄에 앉았다. 이 방법은 엄청난 인상을 남기고, 연극이 끝나면 그 여인은 답례로 나를 저녁 식사에 초대했다. 하지만 공연들은 끔찍이 지루했다. 나는 도저히 이해할 수 없었다, 도대체 왜, 배우들이 무엇을 하든 간에, 무슨 반응을 하든, 어떤 대사를 하든, 언제나 죄다 뻔한 이유는 뭘까.

나는 이미 짧은 이야기들을 끄적거리고 글을 써보곤 했지만, 하지만 어떤 언어로 써야 할지 몰랐다. 노르웨이어? 이태리어? 윌리에게 영감을 받아, 그림을 그려보기 시작했다. 하지만 화가가 되겠다는 나의 환상은 금세 사라졌다. 나는 피아니스트가 돼보려고 일주일에 한 번씩 레슨을 받으러 갔지만, 용접공의 손가락은 젓가락처럼 굳어 있었다. 예술적 갈망을 분출해보려고 트럼펫도 샀다(그 트럼펫은 나중에 폴란드에서 빚 갚는다고 팔아버렸다). 연극 구경을 다니다 보니, 어느 날 나는 이런 직업이 존재한다는 걸 알게 되었다—연극 연출가—의자에 하루종일 앉아서 손가락에 담배를 낀 채로, 모든 사람들에게 이래라저래라 하면서, 그러고도 예술가로 불리는 일. 그거야말로 이민자로서의 나의 정체성 문제를 해결해주었다. 남과 다를 수 있고, 원하는 건 뭐든지 할 수 있으며, 또 모두가 나를 '독창적'이라고 할 것이었다. 나는 연출을 공부하기로 결심했다. 하지만 어디서? 노르웨이에는 연출가를 위한 학교가 없었다.

그러다가 *재와 다이아몬드*를 보게 되었다, 바로 안제이 바이다의 그 영화. 당시 나는 6년째 이태리 바깥에서 살고 있었는데, 이태리 국적으로는 노르웨이 정부에 폴란드 유학 장학금을 신청할 수가 없었다. 나는 로마에 계신 어머니께 외무부에 가보라 부탁하니, 대학 졸업자들이 지원 가능한 특별 장학금이 있다는 걸 알아냈다. 나는 해당 사항이 없었지만, 노르웨이어로 쓰여진 시험 결과서를 학위 증명으로 보내고 장학금에 지원했다. 나는 가방을 꾸렸다. 트럼펫도 챙겨 넣고, 바르샤바에 가면 쇼팽 음악원에서 트럼펫 연주도 배우고 싶었다. 그리고는 더운 나라에서 몇 주 보내겠다고 이스라엘을 향해 떠났다. 나는 6개월을 더 기다려야 했다. 마침내 확정 통보: 장학금은 내 것이 되었다. 1961년 1월 초에 나는 드디어 폴란드에 도착했다, 약속의 땅, 재와 다이아몬드의 땅에.

19. 연극에 대한 굶주림

1964년 4월, 폴란드로부터 내던져진 나는 다시 노르웨이 오슬로, 크누트 함순의 거리로 돌아왔다. 그가 돌아다녔고, 굶주림으로 죽어가면서도 작가가 되려고 몸부림쳤던 오슬로의 그 거리에 놓여있었다. 땡전 한 푼 없었지만, 돈을 벌기 위한 노동은 최소한으로 줄이겠다고 결심했다. 모든 순간이 연출가가 되는 일에 바쳐져야 했다. 내 친구들의 너그러움을 매일 경험했다. 1954년에 나를 입양했던 사회주의자 가족 소냐와 프리드쇼프 레네, 규리(Guri)와 건축가가 된 벽돌공 올르 다니엘 브룬, 대학 친구이자 언론가 엘링 레그레이드(Erling Lægreid), 화가 윌리 미들파르트, 산스크리트 전공 대학 강사인 크누트 크리스티안센(Knut Kristiansen), 작가 옌스 비요르네보와 그의 아내이자 배우인 토네(Tone), 그들은 언제나 나를 도와줬고, 의심도 없이 나의 집착을 받아주었다. 상황은 더 나아가 나는 주디와 결혼했다. 바르샤바에서 열린 ITI 회의, 그 결정적인 시기에 만난 영국 여인, 인도 여행을 함께 갔던 그녀는 나의 아내가 되었고, 비서 일을 하며 가족을 부양했다.

인정을 받기 위해서 나는 자격이 필요했다. 몇 가지 시험을 더 통과하기만 하면 되었기에 나는 대학을 끝마치기로 결심했다. 처음엔 산스크리트와 인도 철학을 선택했다. 그러나 일년 반 뒤에는 수피즘에 관한 논문을 써서 종교사로 학위를 받았다.

오슬로의 모든 극장들을 돌아다니며 나를 연출가라고 소개했다. 하지만 나는 관련 학위도 없었고 그로토프스키의 이름은 완전한 무명이었다. 내가 알던 배우들에게 연락했는데 그들은 작업 조건에 불만을 표했다: 젊은 배우, 늙은 배우, 남자, 여자, 그들에게 우리는 실험 연극을 함께 창작하게 될 거라고 제안했다. 그들은 상냥했지만 미심쩍어했다. 우리 시대의 많은 혁신가들이 아마추어들과 작업했다는 것을 나는 책으로 읽었다: 스타니슬랍스키, 메이어홀드, 브레히트, 가르시아 로르카(Garcia Lorca) 등. 오슬로에 얼마나 많은 아마추어 그룹이 있는지는 놀라울 정도였다, 그러나 어느 누구도 내가 제시하는 '심리 - 역학적' 연극을 위한 규율에 아마추어의 즐거움과 만족을 포기할 자세는 되어있지 않았다.

나에게 정말로 필요한 것은 무엇이었나? 가장 먼저는, 배우들이다. 하지만 '진짜' 배우들은 나와 작업하는 데엔 관심이 없었다. 그러니 나와 같은 처지에 있는 사람들을 찾아야만 할 것이었다: 연극에 굶주려 있으나 그 갈망을 충족시킬 방법이 없는 사람들. 오슬로에 그런 사람들은 많았다: 국립 연극학교에서 떨어진 젊은이들. 나는 그들의 주소를 알아냈고, 모임에 초대하여, 예술 혁명을 이끌어낼 선택받은 자들이라며 그들 마음에 불을 붙였다. 1964년 10월 1일 그렇게 우리는 오딘 극단(Odin Teatret, 오딘은 북유럽 스칸디나비아 신화의 최고 신으로 농경, 문화, 지식, 싸움을 주관한다 - 옮긴이 주)을 만들었다.

또한 나는 배우나 연출가에게 중요한 텍스트들을 소개하는 잡지를 발행하고 싶었다. 그 내용들은 나 자신이 읽고 싶어했던 유형들로, 그리하여 쓸데없이 뻔한 글에 열 받거나 시간 낭비하지 않을 만한 글들을 싣고 싶었다. 건축과 실내 디자인에 관한 잡지의 편집장인 토레 길리아네(Tore Giljane)를 설득하는 데 성공했고, 거기에 연극 관련을 추가했다.

같은 해 2월에는 *잃어버린 연극을 찾아서*를 이태리에서 출판했다. 그 글을 쓰기 시작했던 건 1962년, 헝가리 부다페스트 중앙 연극 연구소의 감독인 페렝크 혼트(Ferenc Hont)가 오폴레에 그로토프스키를 방문해서 그의 이론을 전파하는 데 대단한 열정을 보였던 시기였다. 혼트가 미소 지으며 말했다: '확실히 당신의 작업은 형식주의이고, 당신의 이론은 이념적으로 비난받을 겁니다. 그러니 그걸 따로 특별 한정판으로 해서, 괘씸한 연극작업 편을 우리가 발행해봅시다.' 헝가리 역시 코뮤니스트 독재 체제에 있었으나, 날카로운 지성이 메말랐던 적은 전혀 없었다. 그리하여 나는 내가 아는 모든 것, 내가 오폴레에서 봤던 모든 것들을 써 내려가기 시작했다. 나는 프랑스어로 글을 썼고, *심리 - 역학적 연극*이라는 제목을 붙여 타자 친 원고를 1963년 4월에 부다페스트로 부쳤다. 나는 계속해서 타자를 쳤고 여분의 복사본을 만들어, 우리를 방문했던 사람들이나 그로토프스키의 연극에 대해 더 알고 싶어하고 글을 쓰고자 하는 사람들에게 보냈다.

지암피에로 보졸라토(Giampiero Bozzolato)는 크라코우 대학 이태리어과 교수였다. 우리는 친하게 지냈고 내가 그 도시를 방문할 때마다 만났던 사이였다. 그는 오폴레로 나를 만나러 왔고, 내 책 *심리 - 역학적 연극*을 읽었다. 그는 파두아(Padua)의 출판가 마르실리오(Marsilio)와 연재물을 기획하고 있었는데, 내가 내 책을 프랑스어에서 이태리어로 번역한다면 그 책을 출판해주겠다고 했다. 우리는 로열티 부분을 합의했고, 마르실리오는 그로토프스키를 이탈리아로 초대해서 강연 기회를 마련해주기로 했다. 이거야말로 일석삼조였다: 그로토프스키에 관한 책이 출판되면; 폴란드 공안은 그가 해외에서 인정받는 인물이라는 걸 깨닫고 강연을 위한 여권을 내줄 것이며; 그러므로 그는 직접 자기 생각을 세상에 펼칠 수 있게 되는 것이었다.

보졸라토는 책 제목을 바꾸자고 제안하며, *심리 - 역학적 연극*으로는 책이 많이 팔리지 않을 거라고 했다. 나는 *잃어버린 연극을 찾아서*라는 제목으로 결정했다. 이건 프루스트(Proust)의 차용*(잃어버린 시간을 찾아서 In Search of Lost Time)*일 뿐 아니라 당시 그로토프스키가 제시했던 관점을 환기하는 것이기도 했다: '세속적' 제의로서의 연극.

많은 역경 끝에 이탈리안 버전이 그 '괘씸' 헝가리안 버전과 동시에 세상에 나왔다. 마르실리오는 1965년 그로토프스키와 리샤르드 치에실락을 함께 이태리로 초청하여 파두아, 밀라노, 로마에서 강연을 열었다. 그러나 형편없는 기획으로 그의 방문은 성공하지 못했다. 그로토프스키는 거의 알려지지 않은 사람인 데다가, 사람을 모으고 필요한 조언을 해주고 예술적 관계를 형성해줄 레이몽드 템킨 같은 사람이 없었던 것이다.

그러는 동안에 오딘 극단[37], 즉 총체적 모호함 속에서 작업하고 있었던 우리는 그로토프스키 연극실험실을 오슬로에 불러올 때가 되었음을 느꼈다. 우리는 필킨겐(Fylkingen)이라는 스웨덴 문화 단체와 코펜하겐 대학 학생 극단과 함께 합동 기획을 준비했다. 노르웨이 외무부에서 작은 기금을 주었다. 그리고 나머지 자금은 나의 노르웨이 친구들이 맡아주었다.

거의 해결 불가능의 문제는 적합한 장소를 찾는 일이었다. 그로토프스키 공연은 나무 바닥과 완전한 어둠이 가능한 커다란 빈 공간을 필요로 했다. 이러한 공간이 연극 공연에 필요하다는 걸 사람들에게 이해시키기

37 그때 오딘 극단은 네 명의 배우가 있었는데, 모두가 스무 살이 채 안 되었다: 안네 트리네 그림네스(Anne Trine Grimnes), 엘제 마리 로크빅(Else Marie Laukvik), 토르 사눔(Tor Sannum), 토르게이 베달.

란 불가능했다. 당시에는 연극이라고 하면 누구나 무대와 객석이 있는 공간을 생각했다. 마침내 우리는 노르웨이 기업인 연합회 회의실을 빌렸는데, 그곳은 호사스럽게 넓고 '가난한 연극'에 걸맞은 나무판 바닥이었다. 연극실험실 단원들은 오딘 배우들이나 친구들 집에 묵었다.

1966년 2월 드디어 연극실험실은 처음으로 폴란드 국경을 넘은 한 작품의 해외 공연을 올렸다. 행복의 순간이 너무 강렬하면 두려움도 생긴다. 나는 두렵지는 않았으나 *불굴의 왕자*를 보고는 얼어붙었다. 그 어떤 공연도 나에게 그런 효과를 주지는 못했는데, 나를 날려 보냈다가 다시 땅으로 돌아올 땐 다른 사람이 되어있었다. 모든 토대는 뒤집어졌고, 내가 잘 알고 있던 그 배우들에게 도대체 무슨 일이 일어났던 건지 도저히 이해할 수가 없었다. 내가 봤던 13열 극장의 작품들에서 리샤르드 치에실락은 조연 배우였다. 주인공은 언제나 멋진 지그문트 몰릭*(지아디, 코르디안, 햄릿 연구)*과 즈비그니에프 친쿠티스*(코르디안, 닥터 파우스투스)*였다. 이제 나는 주연 배우로서 치에실락을 보고 있다: 하나의 영혼이며 동시에 찰나의 순간에 춤을 추는 사자. 그것은 내 영혼에 흔적을 남긴 형상이었다. 심지어 오늘날까지도, 연출가로서 나의 꿈은 나의 배우들 모두가 관객들을 그렇게 사로잡기를 바란다, 마치 리샤르드 치에실락이 나에게 그랬던 것처럼. 리샤르드와 내가 진정한 친구가 되었던 적은 없었다, 하지만 그의 불굴의 왕자는 늘 나와 함께 있으며 끝까지 내 곁에 있을 것이다.

당혹했던 노르웨이 언론들은 거부감을 굳혔고 그러한 태도는 그때부터 계속 그로토프스키의 '전설'에 따라다녔다. 그의 기법이 현대적 텍스트에 적용될 수 있는 것일까? 왜 소수의 관객뿐일까? 왜 그렇게 신비주의로 가득한가? 마치 폴란드 언론 평가의 달콤한 변형 같았다. 그로부터 4개월 후인 6월에, 연극실험실은 장루이 바로가 감독으로 있는 프랑스 국립 극장에서 공연했다. 다시 한 번 파리는 제 역할을 해냈다; 그곳에서 열흘 동안, 당혹감, 혼미함, 거부감과 강렬한 열정, 그로토프스키와 그의 배우들, 연출가와 극단 전체가 함께 창조해낸 공동 작업이 갖는 특별한 독자성이 인정을 받게 되었다.

20. 홀스테브로

1966년 6월 오딘 극단은 오슬로를 떠났다. 단 한 명의 배우를 제외하고, 우리 모두는 덴마크 유틀란트(Jutland) 북서쪽 18,000명의 인구가 띄엄띄엄 살고 있는 작은 도시 홀스테브로에 이주했다. 지방자치체 주정부에서 우리에게 시 외곽의 빈 농장과 일 년에 만오천 달러에 해당하는 기금을 제공해주었다. 그 답례로 우리는 '연극실험실'을 시작하겠다고 약속했다.

한 달쯤 지나 7월에 우리는 첫 번째 활동으로서 2주간의 세미나를 기획하여, 그로토프스키, 리샤르드 치에실락, 그리고 브로츠와프의 헨릭 토마셰프스키 마임 극단의 주역 배우였던 스타니스와프 브조조프스키(Stanisław Brzozowski)를 초청했다. 스칸디나비아 전역에서 30명 정도가 참여하였다. 나는 매우 놀랐고, 코펜하겐 국립 극장의 유명한 예술가들과 다른 극단의 배우들이 본질적으로 '신체적'인 훈련에 몸을 던지는 걸 보자니 약간 당황스럽기도 했다. 그러한 접근은 당시에 매우 새로운 것이었기 때문이다. 그것도 보통 훈련이 아니라, 어떤 텍스트의 해석에서 나온 것도 아닌 몸과 소리 훈련이었고, 게다가 세미나를 이렇게 기획했다는 발상 자체가, 원탁회의도 아니고 토론도 아닌 배우들이 직접 자기 몸으로 작업하는 실습의 상황이었으니 말이다.

그렇게 우리는 70년대 중반까지 지속되었던 하나의 전통을 출범시켰다. 오딘 극단은 매년 두 차례 세미나를 기획했다. 하나는 봄에 일주일간 특정한 주제를 갖고서(예를 들면, 코메디아 델라르테, 무대 용어, 작가와 단체, 인도네시아 연극, 일본 연극 등), 다른 하나는 7월에 2주 - 3주에 걸쳐 진행하는 '훈련(training)'이었다. 1966년, 1967년, 1968년과 1969년에는 그로토프스키가 다른 예술가들과 함께 참여하였다. 1966년에는 오딘 극단의 단원들 또한 훈련을 지도했다. 이듬해부터 우리는 세미나 기획에 완전히 집중했다. 우리에게 세미나는 우리가 궁금해하는 예술가들의 작업을 배우고 알게 되는 기회이며, 동시에 돈을 벌 수 있는 기회이기도 했다. 모든 실행 과정은 오딘 단원들에 의해 진행됐다: 행정, 통역, 청소, 식사 준비, 설거지, 교통수단. 이런 방식으로 지출을 최소한으로 줄였고, 지원기금과 참가비의 수익으로 참여 예술가들에게 돈을 주고 또한 약간의 수익을 남겼다. 그뿐 아니라 우리는 당시 덴마크에서 어떤 단체도 실행할 수 없었던 활동을 실천했고, 그리하여 '실험실'이라는 우리의 명칭을 정당화했다.

세미나는 또한 우리의 친구들과 동조자들을 재결집시키는 기회였다. 에릭 보가 왔고, 후에 프랑스 대학교수로 프랑스 아카데미 회원이 되는 바로크 수사학의 전문가 마크 푸마롤리(Marc Fumaroli)가 왔다. 덴마크의 시인 올르 사르빅, 디자이너 야콥 옌센(Jakob Jensen), 그리고 두말할 나위 없이 노르웨이, 스웨덴, 폴란드에서 온 내 친구들. 참가자들에게는 무료 숙박을 제공했는데, 지역 주민들의 가정에 초대를 받아 개인 집에 묵거나, 근처 농업대학의 기숙사 방에서 잠을 잤다. 세미나 장소로는 초등학교의 체육관과 교실을 사용했는데, 장소들은 우리가 신청해서 주정부가 마련해주었다. 그로토프스키는 오딘 여배우인 엘제 마리 로크빅의 작은 아파트를 빌려서 머물곤 했다. 그는 그 집에 거미가 잔뜩 있어서 밤에 잘 때 거미한테 물렸다고 늘상 얘기하는 통에, 엘제가 미안한 마음이 들게 했었다. 우리는 밤에 그 집에서 만나 대화하거나 시내로 나가기도 했다. 어느 날 밤엔 농업대학 숙소로 가서 자고 있는 푸마롤리 귀에다 '경찰'이라고 속삭였다. 그는 깜짝 놀라 일어났고, 눈앞에 마주친 건 그로토프스키와 나의 깔깔대는 요란한 웃음이었다. 그렇게 우리 셋은 방안에서 눈에 보이지 않는 거미들과 함께 술을 마셨다.

1967년의 세미나는 3주 동안 진행됐다. 그로토프스키, 치에실락, 브조조프스키가 왔고, 미국의 연출가이자 피터 브룩과 협업하여 로열 셰익스피어 극단의 1963년 잔혹 연극 시즌을 진행했던 찰스 마로비츠도 초청하였다. 프랑스의 비평가인 르네 소렐, 그리고 작품 공연까지 해주었던 미국 라 마마(La Mama) 극단의 엘렌 스튜어트(Ellen Stewart)도 있었다.

그해에 나는 코뮤니스트 국가들에서 발전한 다양한 연극 '방법론'들을 함께 모아볼 생각을 했었고, 베를린 앙상블(the Berliner Ensemble)의 헬렌 바이겔(Helene Weigel, 브레히트의 아내), 바바라 샬(Barbara Schall, 브레히트의 딸), 에케하르트 샬(Ekkehard Schall, 브레히트의 사위), 요아킴 텐셰르트(Joachim Tenschert, 드라마투르기), 맨프레드 베크베르트(Manfred Wekwerth, 연출가)를 초청하였다. 우리 기획자 아그네테 스트룀(Agnete Strøm)과 주디가 동베를린에 직접 가서 헬렌 바이겔과 대화했다. 당연히 헬렌은 그녀가 5년간 망명 생활을 했던 덴마크에 가보고 싶어했고, 못 가본 지 거의 20년 만에 반가운 기억을 떠올렸었다. 우리는 덴마크에서 프레드릭 마트네르(Fredrik Martner)와 연락을 취했다. 그는 브레히트에 대한 책을 썼던 사회민주주의 언론인으로, 30년대 브레히트와 친구였고 그의 가족들과 매우 특별한 친분을 유지하고 있었다. 마트네르는 베를린으로 헬렌 바이겔에게 편지를 썼고, 우리는 참여 의사의 편지를 받았다. 브레히트 전통의 대표 이름들과 그로토프스키, 치에실락을 동시에 만날 생각에 우리는 흥분해 있었다.

초반에는 모든 게 순조로웠다. 그 후엔 침묵. 우리가 보낸 편지나 등기우편, 전보에도 답이 없었다. 전화도 걸어봤지만 헬렌 바이겔은 항상 바빴다. 결국 마트네르는 그들이 오지 않을 것이라며 우리를 이해시키려 했다. 헬렌 바이겔은 오딘 극단이 전혀 유명한 기관도 아니며, 더욱 심한 것은, 심지어 그 시골에 있다는 걸 깨달았던 것이다. 베를린 앙상블이 참여하기에는 그들의 명예에 못 미치는 일이었던 것이다. 마트네르는 지적했다: '그게 바로 브레히트를 지켜준 사고방식이네. 그걸 배우도록!' 우리는 배웠다, 하지만 우리는 베를린 앙상블이 연극실험실을 만나게 하는 데 실패했다.

1968년 우리의 영혼은 지난해에 있었던 일로 전혀 꺾이지 않았다. 우리는 잉마르 베리만(Ingmar Bergman, 스웨덴의 영화감독 - 옮긴이 주)과 그로토프스키의 만남을 생각했다. 베리만은 짧지만 정중한 편지로 즉각 답장을 했다: 너무 바쁘다는. 내가 나중에 알게 된 건데 그는 그로토프스키의 작업을 좋아하지 않았다고 했다[38].

그해에는 베테랑인 그로토프스키, 치에실락, 브조조프스키뿐 아니라, 오페라 가수이자 발성 교사인 욜란다 로디오(Jolanda Rodio)가 참여했고, 봄 세미나에 다리오 포(Dario Fo)와 프란카 라메(Franca Rame)와 함께 왔던 서커스 광대역 배우인 카를로 알프레도(Carlo Alfredo)와 로마노 콜롬바이오니(Romano Colombaioni)가 참여했다.

홀스테브로 세미나는 당시 그로토프스키가 감독했던 세미나들 중에 가장 오래 지속된 프로그램 중 하나였다. 보통 그렇듯이 30여 명이 참여했는데, 그해에 대다수는 미국인들이었다. 그들은 그 장소를 미국의 어느 작은 동네로 변모시켰고, 달에 착륙한 최초의 (미국인) 우주비행사의 업적에 매일 기뻐 날뛰었고, 그로토프스키의 비타협적 태도에 불평을 했다. 때로는 폭력적인 충돌이 있기도 했는데, 그로토프스키는 동요하지

---

38 그러나 나중에, 연극과 영화에서 베리만과 매우 가깝게 작업했던 미국 안무가 도냐 퓨에(Donya Feuer)가 우리 세미나에 참여하였다.

않고 냉정을 유지했고 반면에 나는 사태를 수습하려고 애썼다.

1969년에는 치에실락 없이 그로토프스키만 왔다[39]. 그는 공연과 참가자들의 훈련을 지켜보고 의견을 말해주었다. 참가자 대부분은 전문 극단에서 왔다.

초기부터 그로토프스키는 저녁 시간이나 밤에 작업하는 것을 더 좋아했다. 1966년 세미나 이래로 참가자들은 다른 초빙 예술가들과는 아침 시간과 낮에 훈련을 했다. 늦은 오후부터는 치에실락과 그로토프스키의 시간이었는데, 그들은 연습실에 시계도 가져가지 않았고 언제 끝날지도 전혀 생각이 없었다. 가끔은 저녁 식사 이후에도 훈련이 계속 이어졌는데, 바로 다음 날 아침 일찍 시작하는 다른 예술가들과 참가자들은 동의할 수 없고 불쾌해하기도 했다. 그들이 훈련을 시작하면 문을 잠그고 아무도 나중에 들어갈 수 없었다. 그로토프스키는 프랑스어로 말했다. 첫해에는 내가 통역을 했다. 다음 해부터는 스웨덴의 연출가이자 교수인 울프 에케람(Ulf Ekeram)이 맡았다. 그로토프스키의 말은, 회상과 연설로 몇 시간이고 계속되기도 했다. 노트를 적는 것은 허용되지 않았다. 사람들은 지쳐갔다. 어떤 이들은 눕거나 졸기도 했는데, 당연히 그로토프스키는 화를 냈다.

그는 편협의 결정체로 보였다: 머리부터 발끝까지 검정 옷을 입고 선글라스로 자기 눈을 감추었고, 탁자 위에 앉거나 가끔 무대 위로 올라갔다. 만약 누군가 그의 주장에 반박하면(전통적 극장의 기성 배우들이나 비평가들에게서 가끔 그런 일이 있었다), 그는 강하게 반응하여 그 불운한 희생자를 제압했다. 총 기획자로서 모든 불만과 불화는 나에게 떨어졌다. 한번은 비딱한 참가자가 나에게 소리를 지르며 세미나를 나가버려

39 또한 오픈 시어터의 창시자인 배우/연출가 조 차이킨(Joe Chaikin)을 초청했고, 올란다 로디오가 한 번 더 왔다.

집중 캠프가 중단됐다. 다른 이들도 화가 나서 오딘 극단을 공격했다, 민주적인 덴마크 전통에 반하여, 그로토프스키의 독재적 변덕을 수동적으로 다 받아준다는 것이었다. 그는, 그러는 동안에도, 다른 사람들과 떨어져 지냈고, 다른 예술가들과도 전혀 어울리지 않았으며, 다시 최선을 다할 준비로 오후에 생생하게 나타났다. 나도 그를 맞춰주려고 최선을 다했다. 어느 날은 프랑스에서 온 젊은 연출가를 거절하고 돌려보내야 했는데, 아리안느 므누슈킨(Arianne Mnouchkine)이었고, 그녀가 홀스테브로에 도착했을 땐 세미나가 이미 시작된 후였다.

1966년, 신체 조형 훈련을 가르쳤던 리샤르드 치에실락이 진행하는 훈련 시간에, 그로토프스키는 중간에 의견을 말하며 끼어들다가, 참가자들이 모두 참여하는 즉흥을 이끌기도 했다. 중심인물은 오딘 극단의 배우 토르게이 베달과 스웨덴 극단에서 온 연출가 겸 배우 마르타 웨스틴(Martha Westin)이었다. 주제는 결혼 파티였고 모두가 손님이었다. 우리는 탁자에 둘러앉아, 즉흥으로 낮은 목소리로 노래를 불렀고, 그 사이 토르게이와 마르타는 그로토프스키가 속삭이는 디렉션에 따라 움직였다. 어느 지점에서 우리는 고개를 탁자 쪽으로 향하여, 쳐다보는 게 아니라, 고개를 기울이며 계속 허밍을 하라고 전달받았다. 한동안 그로토프스키는 마르타, 토르게이와 즉흥을 지속했다. 마침내, 우리가 개별적이며 동시에 집단적인 우주에서 빠져나왔을 때, 토르게이와 마르타의 얼굴이 마치 은총을 받은 것처럼 빛이 나는 걸 보았다.

때로 그로토프스키는 모든 사람이 지켜보는 가운데 단 한 사람하고만 작업하기도 했다. 한 시간 이상을 우리는 지켜보면서, 그가 어떻게 배우를 자극하여 모든 공명 기관과 이미지를 열고, 가장 심오한 소리와 비밀의 영역으로 이끄는지를 보았다. 완전히 그를 신뢰하여 자신을 내맡기는 배우를 향하는 그로토프스키의 정교한 감각과 보호를 보는 것은 매우 예외적이고 가장 감동적인 순간이었다. 위엄있게 말할 때의 그의 행동과는 노골적으로 다른 대조가 있었다.

훈련을 이끌었던 치에실락은 해마다 우리를 놀라게 하는 능력이 있었다. 이전 세미나에서 그가 지도했던 것과는 전혀 다르게 훈련을 리드했다. 어느 해는 모든 연습이 개인적인 이미지나 동기에 근거해야만 하고, 그리고는 매우 고요하고, 거의 꿈결 같은 리듬으로 이어지도록 진행했다. 다음 해에는, 같은 공간에서 동시에 훈련을 하고 있는 다른 참가자들과의 관계 속에서 이미지와 동기들을 찾아내야 했고, 마치 만남의 연속과 자극을 향해 날아가는 비행기처럼 놀이하는 듯한 태도로 연습했다. 마지막 해에는, 자신의 한계를 넘어서되 통제된 힘과 긴장의 회오리를 뿜어내야 했다. 때때로, 포기하지 않은 참가자들에게선 어떤 특별한 에너지로 찬란한 빛이 났고, 그렇지 않은 다른 사람들에게는 오직 지친 피로와 심지어는 가끔 사고도 났다[40].

치에실락은 지칠 줄 모르는 사람이었다. 참가자들을 북돋아서 그들 자신의 한계를 뛰어넘도록, 스스로의 가능성의 경계를 넘어서도록 자극했고, 그들이 지쳤을 때조차도 밀어붙이며 박차를 가했다. 그는 한 사람 한 사람에게 최선을 다해 자신을 다 바치는 전범을 보여주었다. 그는 모든 훈련과 연습에서 상상을 초월하는 다양한 변주와 리듬의 뉘앙스, 형용할 수 없는 활력과 아슬아슬한 연약함을 실연하였다. 그러나 점점 더 자주, '불굴의 왕자'의 표현적인 특징들이 겉으로 뿜어져 나왔다. 나는 종종 자문했다, 그가 그 역할에 사로잡혀 갇혀 있는 것일까, 또는 그 반대로, 그 역할이 자신의 내면 깊숙한 본질을 발견하게 하여 그 정체성이 이제는 모든 행동에 존재하게 된 것일까.

---

40 이러한 작업 과정에 대한 묘사 중에 가장 자세하고 흥미로운 건 마리안네 아르네(Marianne Ahrne)의 소설, *카타리나 호로비츠의 꿈(The Dream of Katarina Horowitz)*에서 볼 수 있다. 이 책에는 몇 장에 걸쳐서 치에실락과 그로토프스키가 이끌었던 훈련과 즉흥에 대한 내용들, 주관적 결과에 대한 집중, 깊게 들어가는 개인적인 단계, 훈련의 경험들을 담고 있다.

1969년 세미나 이후, 그로토프스키는 더 이상 훈련을 이끌지 않는다는 게 분명해졌다. 그는 혼자 왔고, 갑작스레 치에실락의 훈련에는 더 이상의 새로운 가능성이 말라버렸다는 듯했다. 69년에 그로토프스키는 더는 자극을 주는 요인이 아니라 오히려 수동적인 반응을 하는 존재로, 관찰하고 의견을 덧붙였다. 파리에서 성공을 거둔 지 3년이 지났고, 그의 이름은 이제 세계적인 기대를 모았다. 오직 폴란드에서만이 상황은 달라지지 않고 머물러 있었다. 그로토프스키는 체제의 정치적 게임을 살펴야 했고, 그의 해외 이동은 공식적인 초청에만 의존했다. 나는 그에게 여비를 주어 인도 여행을 가능하게 해주었다. 그는 홀스테브로를 떠나 마하리쉬의 땅으로 떠났고, 그곳에서 한 달가량 머물렀다[41].

21. 가난한 연극을 향하여

1965년 10월에 발간된 잡지 *연극 이론과 기술(Teatrets Teori og Teknikk)*−줄여서 부르면 *TTT*−첫 번째 호는 대부분이 그로토프스키에게 할애되었고, 나머지는 프랑스의 무대미술가이자 아방가르드 연출가로 관객을 둘러싸고 공연이 이루어지는 '동심원 이동 연극'의 창시자 자크 폴리에리에 대한 내용이었다. 오딘 극단은 그 잡지를 1975년 5월까

41 홀스테브로 세미나는 참가자들에게 인상적인 경험과 기억을 남겼다. 누군가에게는, 그 결과는 내다볼 수는 없지만 굉장한 것이었다. 오딘 자료관에는 그로토프스키의 강연을 속기로 기록한 자료를 아직 보관하고 있다. 스웨덴의 영화감독이자 작가인 마리안네 아르네(Marianne Ahrne)의 덕분인데, 그녀는 그로토프스키 모르게 녹음기를 숨겨서 연습실로 가져갔고, 세미나가 끝났을 때 인내심을 갖고 낡은 테이프 레코더를 꼼꼼히 받아 적었다. 첫 번째 세미나 후에 나는 핑계를 대어, 그로토프스키의 허락을 받아냈다. 그 후로는 그가 원고를 교정해주기도 했고 때로는 '공인된' 텍스트로 승인하기도 했다.

지 23회 동안 발행했고, '고전' 시리즈, 즉 피스카토르(Piscator)의 *정치적 연극(The Political Theatre)*, 제아미(Zeami)의 *노 연극의 비밀스런 전통(The Secret Tradition of Noh Theatre)*, 메이어홀드의 *연극적 연극(The Theatrical Theatre)*, 에이젠시테인의 *연출론(Notes on Direction)* 등과 병행해서 교차적으로 출판하였다. 그로토프스키가 쓴 글이나 그에 관한 글들이 8호, 20호에 출간되었고, 7호와 18호 두 편은 전적으로 그에 대한 내용으로 채워졌다. 18호에는 그로토프스키의 글 *신체 훈련, 소리 훈련(Physical Exercises, Vocal Exercises)*, 마리아 크쥐쉬토프 뷔르스키(Maria Krzysztof Byrski)가 쓴 글; *배우 아닌 사람의 아들(Not Actor, but Son of Man)*, *그로토프스키와 인도 전통(Grotowski and the Indian Tradition)*, 그리고 에릭 벤틀리(Eric Bentley)가 그로토프스키에게 보내는 길고 열린 형식의 편지와 리샤르드 치에실락과의 인터뷰가 실렸다. 7호에는 스칸디나비아 주변에만 국한되지 않는 내용을 구성하여, 덴마크어로 된 잡지가 아니라 영어로 된 책으로 발행했다. 그 제목이 바로: *가난한 연극을 향하여*.

1968년 나는 다시 한 번 오딘 극단의 매년 열리는 여름 세미나에 그를 지도 강사 중의 한 명으로 두고 전체 *TTT*를 그로토프스키에 대해 할애하려는 생각을 품었다. 1967년에 했던 세 편의 긴 인터뷰와 그로토프스키가 이제까지 썼던 모든 글을 네 편으로 묶고, 내 책 *잃어버린 연극을 찾아서*에서 뽑은 몇 장뿐 아니라 *아크로폴리스*와 *불굴의 왕자*에 대한 플라센의 글들로 구성하려고 했다. 그로토프스키는 훈련의 단계를 기록하는 데 특히 관심을 보였고, 그의 브뤼셀 세미나 감독이었던 프란스 마리넨(Frans Marijnen)의 해설을 넣자고 제안했다.

나는 세미나에 참여하는 외국 참가자들에게 판매할 수 있도록 영어로 잡지를 낼 생각을 했다. ITI 통역관으로 일했던 주디가 영어 번역을 하면 되니까 비용이 더 들 것도 없었다. 나는 이런 모든 혼종의 텍스트를 보통의 잡지 형태가 아닌 하나의 책으로 출판하려고 계획했다. 그러나 아직 제목을 정하지 못하고 있던 터였다.

이 일은 매우 고되고 복잡한 프로젝트가 되었다. 그로토프스키는 이미 다 번역된 텍스트를 추가하고 삭제하고 다시 다듬기 시작했다. 마리넨의 글은 핀란드어로만 쓰여서, 나는 주디와 영어 번역을 함께 작업할 사람을 찾아야 했다. 각 장의 최종 수정을 하느라 대부분의 시간이 날아갔다. 그로토프스키는 단어 하나하나를 꼼꼼하게 확인했다. 당시에 그로토프스키는 영어를 할 줄 몰랐음에도, 어떤 프랑스어(당시 그로토프스키가 읽고 말하기가 가능했던 언어)의 표현이나 구절을 고수하기를 주장했는데, 심지어 그게 영어로는 전혀 다른 의미가 되거나 별로 의미가 없을 때에도 그랬다. 임신 중이었던 주디는 지치고 화가 나기도 했지만, 마찬가지로 자기 언어의 문맥과 정확성을 지키는 데 완고했다. 내가 중재를 해야 했다. 나는 그로토프스키가 언어학적 관습에 얽매이지 않으면서도 번역에 대해 강박적으로 꼬장꼬장한 데에 익숙하며, 역시나 억지스럽고 어색한 영어로는 그 책의 가치가 깎인다는 것까지 잘 알고 있었다. 이 소리는 완벽하게 당연한 사실로 들리겠지만, 실제 상황에서는 고난이다. 단 한 문장을 어떻게 옮길지를 두고 하루 저녁을 보내기도 했다.

그로토프스키가 우선을 두는 지점에 큰 전환이 생긴 게 분명해 보였다. 오폴레에서 그의 생각은 온통 '세속적' 제의로서 그리고 관객에게 미치는 정신적 감성적 결과인 공연을 만드는 일에 집중되어 있었다. 그는 배우와 관객 사이의 공통된 기층이자 만남의 지점으로서 원형과, 그리고 경험들의 공통 핵을 되살리기 위한 도구로서 신성과 모독의 변증법을 사용했다. 그는 '연극 마법'을 얘기했고, 비범한 행위의 능력을 지닌 배우 - 샤먼을 말했다. 배우의 우월함은 훈련법을 소개하며 분명히 강조되었다.

오폴레에서 나의 작업이 시작된 이후 브로츠와프로 옮겨와 리샤르드 치에실락과 *불굴의 왕자*를 만들 때, 뭔가 달라졌다. 이제는 주요 관심이 배우의 '총체적 행동'과 그것이 성취되는 과정이 되었다. 심지어 그로토프스키에게도 불굴의 왕자에서 치에실락이 거둔 성과는 놀라움이었고 아마도 충격이었음이 틀림없다. 그로토프스키에게 언제나 근본적인 관심이었던 이 경지를 바로 눈앞에서 명백하게 보여줬으니 말이다: 배우의 기술 '테크닉 1'을 통해 일어나는 개인적인 초월의 순간 '테크닉 2'.

이제 그로토프스키는 원형과 신성 모독의 변증법에 대해서는 적게 말하고 '가난한 연극(poor theatre)'과 '부정법(via negativa)'에 대해 더 많이 이야기했다. 이러한 정의가 책 제목으로 드러나야 했다. 더구나 이것이 미학이나 기술, 시스템의 문제가 아니라 움직이고 열린 상태의 무엇, 즉 과정이라는 게 강조되어야만 했다. '가난한 연극'[42]이라고 부르면 어떨까? 아니, 그건 너무 고정되어 있다. 무슨 선언처럼 들렸다. 그때 '향하여'라는 전치사가 우리를 구원해주었고, 곧장 크레이그의 책, *새로운 연극을 향하여(Towards a New Theatre)*와의 연관을 불러일으켰다. 뿐만 아니라 그건 잡지 *오드라(Odra)*에서 그로토프스키가 발행한 기사의 폴란드 제목*(Ku teatrowi ubogiemu - 가난한 연극으로)*[43]을 연상시켰다. 그리하여 그 책은 다양한 저자들의 텍스트를 영어로 실은 덴마크 최초의 잡지 - 책으로 나왔고, 결과적으로는 예지 그로토프스키의 *가난한 연극을 향하여*가 되었다.

나의 편집자 경험은 천 부 이상은 찍어 본 적이 없는 *TTT*의 경험이 전부였다. 그 책이 성공하리라는 신념으로 – 내 스승의 첫 번째 책이자 게다가 국제적인 언어로 쓰였으니 – 나는 오천 부를 찍기로 결정했다. 타데우쉬 야츠코프스키, 내가 폴란드에 있을 때 나를 도와줬던 그래픽

42 이건 1976년 *TDR* 봄 호에 실렸던 기사의 제목이었다.

43 2부의 그로토프스키의 편지 18과 19, 각각 1965년 9월 5일, 9월 27일의 글 참고.

작가가 책 표지를 디자인해주었다: 달 표면의 고요의 바다 혹은 적갈색의 그늘과 깊이가 다른 사막의 파노라마. 그걸 보면서 나는 상상 속의 영혼의 히말라야를, 그리고 벽에 묻은 핏자국이 세월에 말라붙어 이끼가 되어버린 꿈을 꾸었다. 윤기 나는 종이에 먼지 같은 표지는 *불굴의 왕자*의 시각적 상징과 구호를 표방했다: '지구는 우리의 무한한 여행의 거처'. 그 책은 6월에 준비가 끝났다. 그로토프스키와 치에실락이 이끄는 세미나는 7월에 시작할 예정이었다.

트럭이 도착해서 *가난한 연극을 향하여* 책 묶음을 계속해서 내려놓기 시작했을 때, 오딘 극단 출판부에서 펴낸 최초의 책이라는 기쁨은 마치 산사태 같은 오천 권의 책더미에 곧장 파묻혀버렸다. 극장의 모든 구석구석, 빈 공간마다 책으로 가득했다. 두 가지 충격이 더 있었다: 지불해야 할 금액은 예상 비용보다 훨씬 초과였고[44], 아무도 그 책을 사려 하지 않는다는 걸 깨닫고 절망했다. 출판에 대한 환영과 열광적 반응은 전무했다. 우리 극단이 전 세계 유통을 꿈꾼 건 순전한 바보짓이었다.

우리의 문학 자문가인 크리스티안 루드빅센이 내게 마틴 베르(Martin Berg)라는 작가이자 작은 출판사 사장을 소개해주었는데, 그곳은 아방가르드 작가들과 어린이 책들을 주로 다루는 출판사였다. 마틴은 우리의 대행사가 되어주기로 동의했고, 국외의 지인들을 연결하여 이 책을 국제 도서 박람회에 내보내게 되었다. 그는 또한 오딘 극단이 인쇄 비용을 지불할 수 없었던 그 위기 상황을 해결할 수 있도록 최대한 애써주었다. 이러한 지급불능 상태는 극단의 생존을 위협했다. 기나긴 협상 끝에 마틴은 인쇄업자를 설득해서 우리가 세 번에 나눠 할부로 돈을 갚을 수 있게 해주었다[45].

---

44 그로토프스키와 나는 교정 작업이 그렇게 비싼 행위라는 걸 전혀 인지하지 못했었다. 게다가 원래 계획보다 훨씬 더 많은 사진이 실렸다.

45 이 어려운 상황 속에서 마틴 베르와의 우정이 시작되었고, 그는 무한한 조력자가

일 년이 지나자 다른 나라로 번역 저작권이 팔리기 시작했다: 지칠 줄 모르는 레이몽드 템킨 덕분에 프랑스로, 그리고 베니스 비엔날레에서 우리 공연 *페라이(Ferai)*를 본 후 오딘 극단에 관심을 갖게 된 페루치오 마로티(Ferruccio Marotti)를 통해 이태리로. 출판 이후 그 초창기 몇 개월을 나는 생생하게 기억한다. 외국에서 친구들이 홀스테브로에 오면 짐가방에 다섯 권, 열 권의 책을 담아가서 자기 나라에 돌아가서 팔고, 우리에게 돈을 보냈다. 오딘 극단이 그 책의 영어판 오천 부를 전부 파는 데 20년 이상이 지나갔다.

20세기 연극계의 그 어떤 책도 *가난한 연극을 향하여* 만큼 순식간에 영향력을 지닌 적은 없었다. 크레이그가 1905년에 낸 책, *연극 예술에 대하여(On the Art of the Theatre)*의 그 절대적인 독창성은 스타니슬랍스키와 메이어홀드를 포함해서 이미 유럽 전역에 형성되어있었고 만연했던 기본 토양에서 뻗어 나온 연극 혁명에 근거가 있었다. 하지만 그로토프스키의 책은 별개의 순간에 나타났고, 우리 세기에 나온 다른 '기본적인 책들'과는 따로 노는 특징들을 갖고 있었다.

유로 - 아메리카 연극은 새로운 필요들에 의해 뒤집어졌다. 이러한 첫 번째 조짐은 극작가들의 등장이었다. 이오네스코, 베케트, 아다모프, 므로젝, 아라발과 바이스는 새로운 주제와 무대에서 이야기를 전개하는 새로운 방식을 소개했고, 주류 연극계의 사실주의와는 다른 형식의 연기를 끌어냈다.

1968년 5월의 끝자락에 연극 안에서 책임과 변화의 필요, 그리고 20세기 초반 30여 년 동안 연극 개혁자들의 연구를 특징지었던 정치적, 윤리적, 사회적 의미를 다시 살펴보고 재발견하려는 욕구가 있었다.

그로토프스키의 책은 그의 공연 작품에 대한 전설이 널리 퍼져나갈

되어 오딘 극단의 운영 임원으로 25년 이상을 함께 했다.

즈음에 나타났다. *아크로폴리스*와 *불굴의 왕자*를 실제로 본 사람은 아주 극소수였다. 그의 연극에 대해 쓴 모든 글들, 묘사되었던 방식, 그의 작품들과 배우 훈련을 둘러싼 선입견, 오해, 소문, 일화, 열광, 환상, 이 모든 게 전설을 만들어냈고 그게 결정적이었다.

*가난한 연극을 향하여*는 배우나 연출가가 갖는 가장 기본적인 문제에 맞선다. 첫걸음부터 시작한다 – 기술적인 준비 – 페이지 페이지마다 훈련을 묘사하고 있다. 전통으로 우리에게 이어져 내려온 텍스트들에 접근하는 방식에 대해서, 이제껏 전혀 생각할 수 없었던 급진적인 극작의 관점들을 열어젖힌다. 연극에 대한 관점을 제시하며, 그것은 예술적 공연 또는 유희의 특징들 너머 집단 제의와 의례가 갖는 성스럽고도 동시에 세속적인 소명을 재확인한다. '낡은' 연극에 대한 타협할 수 없는 거부를 드러내며, '몸 파는 배우'와 '성스러운 배우' 사이의 비교를 예로 든다. 이 두 가지의 차이는 매춘부의 능력과 주고받는 진정한 사랑의 성질 사이의 차이와 똑같다: 달리 말하면, 자기희생. 이러한 관점은 한편으로는 배우와 연출가에게 전적인 책임이 돌아가고, 다른 한편으로는 그들에게 장사꾼, 이념가, 유행의 굴레를 넘어서는 자유를 재발견하도록 해준다. 정교한 기술에 대하여, 구체적인 측면들뿐 아니라 엄청난 강박까지 모두를 담고 있는 책은 이전엔 결코 쓰여진 적이 없었다. 그건 진정 연극의 신약 성서였다. 문장 하나하나가 다른 언어로 독자 하나하나에게 말을 건넸다: 친근하게, 기술적으로, 극작의 틀에서, 사회적이고, 심오하게, 정치적이며, 도덕적으로. 그러나 언제나 불같은 언어로.

이 책이 나온 뒤에 그리하여 페루, 벨기에, 호주 또는 일본인들의 손에 그 책이 들리기까지 그 기나긴 복잡한 길들을 나는 자세히 말할 수 있다, 그리고 어떻게 그 책이 그들의 삶을 뒤집어 놓고 그들에게 이제껏 유일한 운명으로 보였던 연극 제작의 방식에 파격을 주었는지를. 그러나 나는 정작 작은 시골 마을에서, 학생 시위에 대한 신문기사를 읽으며 내가 벌인 출판 문제들과 씨름하고 있었던 1968년의 그 몇 달 동안에는 이러한 모든 것들을 전혀 인지하지 못하고 있었다.

오히려 나는 그 시절의 역사 속에서 그로토프스키 비전의 구체적인 예시를 발견했다. 그것은 1968년 프라하에서 러시아의 체코 침략에 저항하며 자기 몸에 불을 질렀던 연극학과 학생, 얀 팔라흐(Jan Palach)라는 자에게서 구현되었다. 이 스무 살 젊은이의 고독한 몸짓으로 체현된 원형을 나는 보았다; 나는 코르디안을 떠올렸다, 프로메테우스, 빈켈리트(Winkelried), 예수, 다른 사람들을 위한 책임을 걸머지고, 배우들에게 요구되는 자기희생의 행위를 진정으로 실천한 개인들을 생각했다. 그리고 내가 내 형의 책값을 치르기 위해 돈을 구하려고 애쓰는 사이, 마틴 베르와 크리스티안 루드빅센은 최선을 다해 인쇄업자의 변호사들로부터 나를 방어해주었고, 나는 다시 얀 팔라흐를 생각했다, 나의 동생. 그리고 이 두 형제들 모두가 *페라이*의 연습 기간 동안 늘 내 마음속에 함께 있었다.

22. 최후의 작품

무형의 묵시록, 그로토프스키의 최후의 작품이 된 이 공연은 1969년 2월에 초연되었다. 준비 과정은 거의 4년 동안 지속되었다. 1965년 가을, 그 작업은 스워바츠키의 *사무엘 즈보로프스키(Samuel Zborowski)* 텍스트로 시작되었다. 그러다 1966년에는 복음서에 집중했고, 성서와 엘리엇(T.S.Eliot), 도스토옙스키와 시몬 베유(Simone Weil)의 텍스트들을 몽타주하는 작업으로 귀결되었다.

그로토프스키와 우리는 오딘 극단에서 공연, 대담, 텔레비전 인터뷰들을 엮어 3주 프로그램을 계획했다. 1971년 8월 중순에 그로토프스키는 플라센, 즈비그니에프 오시인스키와 배우들, 또 브로츠와프에서 온 기관 대표와 해외 공연을 나가는 모든 극장을 관리하는 폴란드 정부 기관에서 온 두어 사람들과 함께 도착했다. 런던과 뉴욕 다음으로, 그때가 *무형의 묵시록*이 폴란드를 떠났던 세 번째 여정이었다. 우리는 12회 공연을 기획했고, 코펜하겐에서 오는 관객들을 위해 '비행수단'을 마련했다.

오딘 극단은 *내 아버지의 집(My Father's House)* 공연 연습을 중단했고 그들을 맞이하는 데 집중했다. 그로토프스키는 오딘의 이전 작품 *페라이*의 국제적 성공을 말하며, 또한 자신의 새 작품이 투어를 다니고 있으니, 아프리카 깡촌에서 온 극단이 파리 공연에 초대받았다는 연출가 빌볼부(Bilbolbu) 얘기를 내게 하며 농담을 했다. 빌볼부는 순간 성공을 거두었고, 평론가들과 모두가 그를 천재라고 불렀다. 일 년 뒤, 빌불바(Bilbulba)라는 아프리카 더 깊은 깡촌의 또 다른 연출가가 그의 극단을 몰고 파리에 도착했다. 관중은 흥분했고, 평단은 열광했다; 인터뷰와 온갖 상들이 쇄도했다. 승리와 행복에 도취해서 빌불바가 호텔을 나서는데, 돈을 구걸하는 거지 한 명과 마주친다: '일 프랑만 주쇼, 나도 작년엔 꽤 유명했었는데 – 그 거지가 속삭인다 – 나 빌볼부.'

*무형의 묵시록*은 두 개의 버전으로 공연되었다: 하나는 40명의 관객이 의자에 앉고, 다른 버전은 백여 명의 관객이 서거나 바닥에 앉았다. 두 번째 버전은 오직 젊은이들을 위한 것이었고, 이 버전의 공연 중에 네 번이 홀스테브로에서 이루어졌다. 그로토프스키와 나는 이 점에 대해서 긴 대화를 나눴다: 공연을 젊은 관객으로만 제한하는 것은 내게 차별로 보였고 유로 - 아메리카 문명의 근간이 되는 젊음 숭배를 양산한다고 나는 말했다. 그는 공연을 서서 보거나 바닥에 앉아서 보는 게 젊은이들이 아니면 불편하다고 반박했다. 나는 티켓을 팔면서 사는 사람들에게 나이를 묻고 만약 30세 이상이면 끝내 판매를 거부하는 건 옳지 않다고

주장했다. 해결책은 '앉아서' 보는 공연만 홍보하기로 하고, 티켓을 판매할 때 간단한 자기소개를 신청서에 적게 해서 그중 젊은이들을 따로 선별하기로 했다.

*무형의 묵시록*을 보기 위해 코펜하겐에서 온 관객 중 한 명이 얀카 카츠, 나에게 맨 처음 그로토프스키의 이름을 말해주었고 나를 오폴레로 가게 했던 크라코우의 유대인 시인이었다. 그녀는 1968년 폴란드 전역을 휩쓸었던 반유대주의 흐름에 밀려 덴마크로 피난을 온 것이었다. 공연이 끝나고 그녀는 옛친구를 만나고 싶어했다. 그로토프스키는 거의 눈치챌 수도 없는 고개짓으로 그를 내내 따라다녔던 기관원들을 가리켰다. 폴란드 사람이 해외에서 '자유를 선택한' 사람과 만나는 게 노출되면 현명한 일이 아니라고 나는 얀카에게 설명했다. 얀카는 극도로 화를 냈고 그 이후로 우리의 연락은 끊겼다.

오딘 극단에는 바닥에서 천정까지 온통 검은 블랙 룸이 있었는데, 그곳에서 공연 *카스파리아나*와 *페라이*가 만들어졌다. *무형의 묵시록*은 위를 향해 비추는 스포트라이트 조명기의 빛이 반사되도록 흰 천정이 요구되었고, 자연스런 색깔의 나무 바닥이 필요했다. 우리는 블랙 룸의 모양을 그때 바꾸었고, 25년이 지난 지금까지도 그 공간은 바뀐 상태로 남아있다. 내 연극의 근원이었던 그 극장의 방문을 떠올릴 수 있도록 그렇게 유지되기를 내가 원했다.

그로토프스키는 더 이상 작품 제작을 하지 않겠다고 선언했고, 그러나 다양한 이름을 붙인 여러 활동들을 계속하였다. 그 후 몇 년이 지나 그가 나에게 이 점에 대해 얘기를 했는데, 폴란드의 정치적 맥락과, 그의 새로운 협력자들인 젊은 세대에 미치는 영향, 내가 오폴레에서부터 알고 있었던 배우들과의 작업의 어려움들을 설명했다. 그의 가장 내밀한 긴장과 담론의 핵심은 우리가 오폴레에서 나누었던 대화와 기본적으로 똑같았다. 그때의 용어들은 연극적이었고, 이제는 그게 달라졌을 뿐, 하지만 내게는 전혀 이상할 게 없었다. 핵심은 예전과 똑같은 것이었으니까.

나는, 반면에, 연극 속으로 더 깊은 모험을 하고 있었다, 연극이 전혀 없는 지역으로 들어가기, '물물교환' 연극, 떠들썩하지만 고독한 행진 속에서 연극을 소진시키기 등. 유럽과 라틴 아메리카로 다녔던 오딘 극단의 여정들은 어디에나 곳곳에 숨어있는 우리의 '인맥'을 만들어주었다. 나는 행동 속에서 답을 찾으려 애쓰며 스스로에게 질문했다. 가장 내밀한 필요성에 뿌리를 두며, 그 시대의 주변 규범을 거부하는 형태를 표출하는, 심오하고 개인적인 연극을 어떻게 창작할 수 있을까? 연극을 통해 르낭의 허무주의자, 예수의 예시를 따른다는 게 가능한 것이었을까?

23. 보이지 않는 스승

오딘 극단을 시작했을 때, 우리는 여섯 명이었다. 네 명의 배우와 나, 그리고 방 한쪽 구석에서 나의 작업의 모든 디테일을 지켜보았던 분, 눈에 보이지 않는, 그로토프스키. 그가 있으니 나는 속일 수가 없었다. 의심이 들 때면, 나는 오락가락 어슬렁거리며 걸어 다녔다; 실제로, 조언을 구하려 연습실 구석으로 다가갔다. 나는 감지했다, 내 안의 깊은 곳에서, 그가 나에게 보내는 신호들을. 그러면 나는 그걸 즉각 연습에 적용했지만, 아무도 그걸 알아채지 못하게 감추었다. 모방자로 불리고 싶지 않았기 때문이다. 이건 비단 개인적인 허영심이 아니었다; 나는 그의 연극과 그의 개념이 독창적인 결과를 끌어내는 영감을 줄 수 있음을 사람들에게 알게 해주고 싶었다.

스승은 늘 그곳에 있었다. 70년대 내내, 나를 끌어당겼던 그 방의 구석에 존재했다. 그는 내가 문제와 수수께끼를 해결하도록 도와주었을 뿐 아니라 마치 델포이 신탁처럼 새로운 영역의 지식과 인식을 제시해주었다. 연출가에게 가장 어려운 과제는 문제 해결에 있는 것이 아니라 자기 자신에게, 배우에게 그리고 관객들에게 문제를 던지는 것임을 분명히 깨달았다.

그 기간 동안 내게는 보이지 않는 스승이 더욱더 중요한 존재가 되었다.

나는 그로토프스키와 그의 배우들 사이의 관계 속에서 있었던 모든 새로운 국면이나 발달 단계가 당시 2, 3년간의 오딘 극단에 비슷하게 일어났다는 것을 깨달았다. 그의 '초연극적' 길은 더 이상 개인주의의 혼합－그건 어떤 집단적이고 구조를 지닌 공연을 창작하기 위해서 요구되었던 성질－에 기초하지 않는, 다른 종류의 작업의 관계 방식을 보여주었다. 나에게 연극이란 본질적으로 같은 사람들과, 즉 나의 배우들과 함께 지속적인 작업을 통해서 그 자체를 확인하면서도 동시에 부인하는 고독한 모험으로 남아있다. 그로토프스키의 새로운 관심들은 그의 배우들과 또 다른 협력자들과의 관계를 심오하게 바꾸어 놓았다. 그들은 기성세대로부터 넘겨받은 다른 종류의 필요에 의해 동력을 얻은 젊은이들이었다. 그로토프스키 그룹에서 어떤 일이 있었는지를 알게 되고, 우리가 만날 때마다 우리의 작업과 인간에 대해 토론하고 회상했던 일들은 내가 오딘 극단에서 비슷한 가능성의 유혹과 양상을 간파하는 데 큰 도움이 되었다.

그로토프스키는 끊임없이 나에게 피해갈 수 없는 사실을 직면하게 했다: 연극의 집단, 그것은 다른 어떤 유기체가 그러하듯 낡고 늙어간다는 것을. 새로운 관계, 새로운 자극, 새로운 도전에 대한 필요성이 개인에게 새로운 길을 찾아가도록 이끌며, 그것은 곧 스스로의 필요를 만족시키기 위한 길이다. 이것은 코포와 스타니슬랍스키 이래로 연극 역사가 우리에게 말해준다. 그로토프스키는 이러한 경향을 내게 지적하고 있었고, 나는 연습실 구석에 존재하는 보이지 않는 스승과 끊임없는 토론을 했다. 나 역시 이러한 모든 일이 오딘에게 일어날 것을 허용해야만 하는가? 내 인생에 너무도 중요했던 그 많은 시간과 경험을 함께했고, 내 삶에선 유일한 연출가였던 나의 동료들이, 빠져나가고, 책임을 뒤흔들고, 자유를 재발견하려는 걸 받아들여야 하는가?

70년대를 관통하며 스승과 나의 대화는 더욱 늘어났다. 그건 마치 그로토프스키와 내가 오폴레의 기차역에서 연달아 차를 마시며, 둘 중 하나가 이야기하고 질문을 던지면, 다른 쪽은 거울처럼 침묵하고 듣던 것과도 같았다. 그 시절 내가 내렸던 수천 개의 결정들은, 아주 소박한 것들이지만 매우 근본적인 문제들까지, 그건 보이지 않고 형체가 없는 나의 스승과의 이러한 옥신각신의 결과였다.

그건 내가 그로토프스키라 불렀으나, 나에게는 마스터였던 파트너와 함께 나누었던 에너지, 생각들, 해결과 결정의 공생이었다. 스승은 나에게 그로토프스키를 따를 것이 아니라 다른 곳으로 가도록 조언했다. 또는 다른 곳에 가되 나의 배우들과 여전히 함께 남는 것이 낫다고 조언했다.

1982년 그때 나는 오딘 극단 제작 영화 중 하나인 *오라! 그날은 우리의 것이리(Come! And the Day Will be Ours)* 편집을 위해 독일 쾰른에 머물다 돌아오는 길이었다. 갑자기 비행기가 고도를 잃고 한순간 급강하를 했는데, 그 1초가 영원처럼 느껴졌다. 나는 땀에 흠뻑 젖었고 머릿속엔 한 가지 생각뿐이었다: 이렇게 나는 사라지는구나. 며칠 뒤 배우들을 불러모아 선언을 했다. 365일 동안 사라져있겠다, 나는 안식년이라고 선포했다.

내게는 배우들과 함께 있을 때 경험했던 것과는 또 다른 종류로 아름다웠던, 빛나는 시절이었다. 몇 주 동안 도쿄에서 일본어를 배우는 기쁨, 무전여행 방랑자처럼 여행했던 시베리아 횡단 열차, 일본 오소레산에서, 인도에서, 퀘벡 북쪽의 땅끝마을까지 걸었던 긴 여정, 그리고 시골 우리

집 가족들에 둘러싸여 난롯가에 앉아 몇 시간이고 내내 책을 읽던 일.

그 시기에 홀스테브로와 오딘 극단은 그로토프스키에겐 피난의 장소였다. 특히 1981년 야루젤스키(Jaruzelski) 장군의 쿠데타 이후에는 더 길게 머무르곤 했다. 그는 극장에 있는 작은 방에서 살았는데, 우리 극단의 배우 엘제 마리 로크빅은 하얀 모직 깔개로 그 방을 더 아늑하게 해주었다. 우리는 고독한 여행자, 우리 영혼 앞에 있는 나라에 자신을 던지는 존재에서 나오는 그 느낌과 인상을 공유했다. 그로토프스키는 폴란드에서 벌어지고 있는 일들로 인해 괴로워했다. 그의 동료들이 처해 있는 상황에, 그들을 위해 아무것도 할 수 없는 자신의 무능력에, 자신의 결정이 그들에게 해가 될 수도 있다는 두려움에 괴로워했다.

1983년 10월 나는 다시 오딘 극단으로 돌아가 작품 준비를 시작했다. 그 방 모퉁이에 더는 그로토프스키가 없다는 걸 알게 되었다. 나는 혼자였고, 이벤 나겔 라스무센과 세사르 브리(César Brie), 두 명의 배우가 함께 연습을 시작했다.

나는 슬프거나 불안했던 게 아니라, 오히려 궁금했다. 뭔가가 변했는데, 달라진 건 없었다. 스승이 사라짐을 통해 나에게 무슨 말을 하고 싶어했는지를 해독하려고 노력했다. 보이지 않은 채 멀리 있는 스승은 누구인가? 직업적 초자아인가? 우리의 가장 비밀스러운 충동들, 가장 극단적인 결정들, 가장 엄격한 성취를 위한 방향타가 되는 긴장들을 모두 끌어안도록 우리를 의식적 또는 무의식적으로 이끌어내는 사람인가, 혹은 사람들의 집단인가? 왜 스승은 사라진 건가? 지금부터는 당신 없이 살아갈 수 있다는 걸 알게 해주려고? 우리가 스승이 되었다고, 또는 본질적인 것은 스승의 이미지 뒤에 감추어져 있다는 걸 알게 해주려고?

나는 작업에 집중했다. 마무리 디테일에서, 리듬의 질과, 한 문장 안에서 음률을 발견할 수 있음에, 수공업자의 기쁨을 재발견했다. 그러나 나는 그 방 모퉁이에 있던 존재를 그리워했다. 수냐타, 공(空), 내

안의 눈먼 말과 대화를 나누었던, 어떤 목소리로 채워진 비어있음을 그리워했다.

이벤과 세사르는 니진스키(Nijinski)와 그의 아내 로몰라 풀스키(Romola Pulszki)에 대한 작품을 만들자고 내게 제안했다. 나에게 그들 부부의 사진을 보여주었다: 어느 집 뜰 안에 나무들 사이에서, 대머리에 뚱뚱한 남자가 중년의 여인을 뒤에서 받쳐주고 있고, 여인은 까치발로 서서 두 팔을 마치 발레 댄서처럼 머리 위로 올리고 있었다. 1946년 오스트리아 슐로스 미터실(Schloss Mittersill)에서 찍힌 잔인하고도 가여운 사진이었다. 그 사진이 바로 *신과의 결혼, 또는 불가능한 사랑(Marriage with God, or The Impossible Love)*을 만들게 된 씨앗이 되었다.

나는 니진스키와 로몰라 풀스키의 인간적 모험에 목소리를 부여해 줄 텍스트들을 찾아보았다. 니진스키는 춤의 신이라 불리었고 몸과 마음에 고통과 분열증을 겪었다; 로몰라는 아내로서 그들의 사랑을 방어하고 지켜내려 애썼다. 다시 한 번, 공연 작업이란, 수수께끼를 들고 나에게 정면으로 맞서는 스핑크스에게 숨을 불어넣는 일이라는 느낌을 받았다: 너의 인생에서 어느 지점에 너는 닿았느냐?

나는 몇 개의 텍스트들을 골랐다:

때때로 황혼빛에, 어떤 얼굴이
우리를 보고있네, 거울 속 깊은 곳에서
그대가 이 거울, 갈라진,
나 자신의 얼굴을 나에게 보여주네.

모든 이별은 약속을 품지,
다시 만난다는.

뛰지 말고. 천천히 걸어.
그대를 향해 홀로 그대는 반드시 가야 해.
천천히 걸어. 뛰지 말고.
그대라는 아이를 향해,
영원한 아이,
따라잡을 수 없지.

어디에서 나를 찾을 수 있는지 그대가 궁금해한다면
산속이나 숲속에서 방황하지 말라.
그대가 정말로 나를 찾고자 한다면
그대 안에서 나를 찾으라, 그대 자신의 마음속에서.

터키 코니아(Konya) 지방의 존경받는 이슬람 법학자 잘랄 아드딘 루미(Jalal ad - Din Rumi)와 수피교 수행자 샴스(Shams)의 만남은 나에게 큰 영감을 주었다. 종교적 제의와 의무를 잊어버리고, 정통적 신자들의 추문 속에서도 루미는 그의 신비로운 열정을 춤추고 노래하며 표출하기 시작했다. 많은 신자들이 거의 정신 나간 행동이라며 루미를 비난했고 샴스에게 그 책임을 물었다. 샴스는 사라졌다. 그의 제자를 보호하려고 자기 의지로 사라져버린 것이었나? 암살을 당했나? 고통으로 미칠 듯하여, 루미는 자신을 방 안에 가두고, 마치 자기 속으로 숨어들기를 원하듯이 빙빙 원을 그리며 돌고 있었다. 경험의 길로 그를 이끌었던 수행자 샴스를 찾고자 간절히 눈물로 시를 지었다. 그러던 어느 날 루미는 스승을 다시 만났고, 그 존재를 바로 알아보았다. 그러나 그건 샴스가 아니었다. 그 오랜 시간 그의 고독과 함께 곁을 지켜준 제자들이었다. 루미는 태양 아래로 다시 나갔고 그들이 안내하는 길을 받아들였다.

내가 *신과의 결혼, 또는 불가능한 사랑* 작품을 끝마쳤을 때, 나는 이 작품을 J.와 S.에게 헌정했다. 이니셜 뒤에 숨겨진 존재는 바로 예지와 샴스였다. 그러므로 그 방 모퉁이에 침묵으로 보이지 않았던 스승은 그곳에 없었다. 마치 힌두의 신처럼, 스승은 수많은 얼굴들을 갖고 있고, 수많은 눈동자는 다른 방향을 향하며, 서로 다른 몸짓과 목소리는 서로를 부인한다: 그들은 바로 나의 배우들이다. 33년, 30년, 25년, 20년을 나와 동행한 사람들, 오직 혼자만이 계속할 수 있는 가장 최후의 한계, 그 너머까지 함께 해준 그들이다. 그리고 알 수 없는 먼 곳에서, 나를 매일 나의 스승에게로 이끌어준 그로토프스키, 감사와 사랑으로 그를 떠올린다.

24. 대답 없는 질문

내가 지금 쓰고 있는 책에 대해서, 그리고 그 원고를 읽은 내 주변의 친구들과 가까운 동료들의 반응들을 얘기했더니 그로토프스키는 웃음을 터트린다.

때는 1997년 5월, 우리는 이태리 폰테데라에 있다. 그로토프스키는 63세이고 나는 몇 달 전에 60세 생일을 보냈다. 이 미완성 원고를 읽은 최초 독자들의 비평을 그로토프스키에게 들려준다. 그들의 평가는 두 가지 위험성과 한 가지 근본적인 질문을 지적했는데, 그로 인해 몇 달 동안 진척이 되질 않았다. 두 위험성이란 나라는 사람이 지나치게 드러나고, 그리고 의도하진 않았지만, 그로토프스키의 인격이 심하게 단순히 해석되었다는 것이다.

오랜 친구나 젊은이들과 대화하는 듯이, 사실들을 이야기한다는 필요성이, 내가 한 일들을 드러내고 내 행동에 악마적인 톤을 집어넣었다는 것이다. 원고 독자들은 내가 언제나 굉장한, 환상적인, 너그러운 사람들을 만났다고 했다. 그리고 이렇게 덧붙였다: '당신은 마치 그로토프스키를 위대하게 만든 것은 그런 상황들, 기회, 또는 협력자들이었다고 은근히 주입하고 있는 것 같다.'

그러니 오늘날에 잊히고 관심도 없고 책에도 나와 있지 않은 사람들과 연극실험실 13열 극장의 역사적인 모험에 대해서 그 가치를 드러내고자 했던 나의 바람은 내가 의도했던 것과 정반대의 효과를 낳았다. 60년대 초반에 내가 알던 그로토프스키의 인간적 면모를 얘기했던 것은, 신화와는 한참 거리가 멀고 하나의 신화가 되리라고는 자신도 전혀 상상하지 못했던 그때의 그를, 그 시기의 분위기와 상황들을 가져오고 싶었던 이유이다. 어느 이름 없는 젊은이의 용기를, 고독하고 어색하게, 자기 나라 전체의 연극과 정반대로, 기존의 문화라고 받아들여지던 방법과 정반대로, 그리고 무엇보다도 주어진 규범에서 벗어나려는 모든 시도를 봉쇄하던 코뮤니스트 체제에 반하여 홀로 서있던 그 사람을.

그 두 가지 위험성을 푸는 건 어려운 게 아니었다. 진짜 어려움은 원고를 읽은 모든 사람이 어떤 형태로든 던진 공통된 질문에 답을 찾는 것이었다: '당신과 그로토프스키의 관계는 무엇이었나? 당신 얘기를 듣고는 전혀 분명하지가 않다. 당신은 한 번도 제대로 말한 적이 없다. 당신은 굉장히 가까웠던 게 틀림없다. 서로 나이 차이도 거의 없는데, 그는 당신을 킴이라고 하고 당신은 그를 라마라고 부른다. 이건 무슨 농담이냐. 그런데 편지를 보면 그가 당신을 매우 가까이 대하고, 깊은 관심을 보이는 게 분명하다. 그리고 당신은 그를 만난 이후에 완전히 다른 사람이 되었다. 무슨 일이 있었나? 지금까지도 생생히 서로를 연결하는 그 무엇이 당신들 사이에 있었나?' 어떤 친구들은 장난치듯 덧붙였다: '동성애 커플이었나?'

이 대목에서 그로토프스키는 박장대소하며, 이런 얘기를 그전에 알았더라면 더 재밌는 장난을 쳤을 텐데 아쉽다 한다. 그리고는 우리는 다시 심각해진다. 그 시절 우리의 관계를 어떻게 정의하겠느냐고 나는 그에게 묻는다. 이 질문이 걸림돌이 되었다. 여기에 답을 찾지 못하면, 내가 쓴 글은 미완성이라는 걸 알고 있었다. 하지만 내겐 답이 없었다.

그로토프스키는 생각에 잠긴다, 눈을 반쯤 감은 채. 그는 매우 피곤하고 아프다. 오늘 아침 그는 폰테데라 시청에 왔다, 거기에서 나에게 명예 시민권을 주었기 때문이다. 똑같은 수여식이 몇 년 전에 그에게도 있었다. 시장은 이렇게 설명했다, 명예 시민권자들은 로베르토 바치(Roberto Bacci)의 극장이 근거지를 두고 있는 투스카니(Tuscany) 지방 의회 '덕망 있는 상원의원들' 그룹에 속하게 된다. 그래서 그로토프스키와 나는 이제야 우리가 동료 시민이 되어 마침내 국가를 가졌다고 농담했다. 그는 지쳐 있었고, 움직임은 평소보다도 더 느리다. 며칠 뒤에 파리로 가야 하는데 그가 어떻게 떠날 수 있을지 나는 염려가 된다. 그를 연극 인류학 교수로 임용한 프랑스 대학에 강연하러 가야 했다.

그의 회상의 결과는 진정한 답이라기보다는 우리가 보낸 시간들에 대한 일반적인 생각에 더 가깝다: 우리의 문화로는, 폴란드에서 우리 사이에 존재했던 것과 같은 관계란 완전히 이해 불가하다. 어느 아시아 문화권이나 혹은 다른 시대라면 훨씬 덜 그럴 수 있을지도 모르겠다.

명확히 이해하려는 사람들에게나 내가 회피하는 거라고 몰아붙이는 쪽에게는 전혀 답이 되지 않는다는 걸 나도 안다. 우리의 관계가 어떻게 생겨났는지에 대한 그의 입장은 무엇인가, 그리고 긴 세월과 우리가 택한 서로 다른 길에도 불구하고 지속된 이유가 무엇인가?

그로토프스키는 서로 보완이 되는 실용적이고 눈에 보이는 단어들로 우리의 성격에 대해 길게 이야기한다: 나, 외향적, 그는, 내향적, 이런 식으로 등등.

그는 또한 그와 내가 둘 다 무엇을 우리의 사명으로 여기는지의 그런 관점에서 이러한 상호보완성을 설명했다. 우리 둘 다 우리가 하는 일에 가치를 부여할 수 있는 우리 너머에 있는 무언가를 찾고 있다. 우리의 행동 그 자체에는 어떤 가치가 없다. 우리 모두 이걸 매우 강력하게 느낀다. 그러나 그에게는 우리가 알고 있는 세계 너머의, 뭔가 숭고한 것이 존재한다. 그는 이것을 언제나 믿고 있다. 나에게는 그 점이 똑같지가 않다; 내가 그걸 믿지 않는다는 걸 그는 안다. 현실을 초월하는 나의 방식은 행동을 통한 것이다, 실천의 요가 - 즉 *카르마 요가(Karma yoga).*

나는 이걸로 충분히 설명이 되는지 나의 의심을 표현한다.

그로토프스키가 이어간다: 오폴레에서의 상황들, 외부적 압력의 무게를 고려해야만 한다고. 숨어있는 마이크로폰들이 우리의 대화를 녹음하고 있었다는 걸 우리는 잘 알고 있었다. 그러므로 우리의 언어는 암시적이었다. 우리는 주변의 사건과 사람들을 이야기할 때면 곰브로비츠의 글에 나오는 에피소드와 캐릭터들을 이용했고, 중요한 정보의 부분들을 이것저것 부조리하고 바보 같은 문구들과 섞고, 신조어를 만들고 언어를 뒤틀어서 사용했다. 그것은 단지 코드를 붙인 언어가 아니었다. 거기엔 깊은 공모의 감각, 극단적인 친밀감이 있었다. 우리를 다른 사람들에게서 분리시키고, 다른 사람들은 우리를 이해하지 못하며 우리끼리만 알아듣는 우리만의 공통 언어를 가졌던 것이다. 스파이였던 이들을 경계하는 우리만의 보호장치를 서로에게 씌울 수 있었다. 어떻게 행동해야 할지를 서로에게 말해주었고, 누구를 신뢰할 수 있는지 누구는 믿을 수 없는지를, 그리고 톰(Tom), 딕(Dick), 해리(Harry)에 대한 정보를 주고받았다.

땅딸이들이라는 말이 불쑥 떠올랐다, 그 단어. 그게 그로토프스키가 잠입자, 비밀경찰 요원, 협력자, 밀고자와 전문 스파이들을 불렀던 말이었다. 어디를 가나 누군가가 경찰들에게 보고하게끔 준비되어 있었다. 학교, 식당, 공장, 일터마다 도처에 있었다. 또한 극장에도.

그로토프스키는 미소를 짓는다. 그는 과거 우리의 교활함을 다시 불러일으키는 걸 재밌어하는 듯하다. 사람들이 블라바츠키(Elena Petrovna Blavatsky 1831-1891, 러시아 출생으로 신지학의 창립자이며 '마담 블라바츠키'로 불리었다 - 옮긴이 주) 여사와 그녀의 신지학(theosophy)을 비판했을 때, '폰디체리의 어머니'라 불리었던 미라 알파사(Mirra Alfassa 1878-1973, 프랑스에서 태어나 인도 폰디체리에서 사망, 인도의 사상가 스리 오로빈도에게 영향을 준 영적 스승으로 그가 그녀를 'the Mother'라고 부르기 시작했다 - 옮긴이 주)는 이렇게 말하곤 했다, 신은 모든 것에 쓸모를 만드셨다, 심지어 어리석음조차도. 우리가 오폴레에서 사용했던 소설 같고 역설적인 언어는, 결국에는, 비밀 코드나 공모의 표현 그 이상이 되었다. 그것은 깊은 밀착과 소속의 기호가 되었다.

그로토프스키는 내 말을 되돌려준다: 어쩌면 답은 없다.

아마도 그 답의 일부는 이 대화에 있다, 주변 사무실 노동자들과 근처의 극장에서 나오는 사람들이 간단한 점심을 해결하는 폰테데라의 어느 바에서 샐러드와 모차렐라 치즈가 담긴 접시를 앞에 두고 나누는 우리의 대화. 바로 옆 테이블에는 우리의 이탈리안 친구들이 음식을 먹으며 농담을 주고받고 있다. 오폴레의 어느 극장에서 온 젊은 돈키호테가 노르웨이에서 온 젊은 이탈리안에게 그나마 약간의 산소를 불어 넣어주지 않았다면, 5월 27일 월요일 이날, 우리는 모두 지금쯤 어디에 있게 되었을까?

독자들과 공유할 수 없는 과거의 기억들을 재구축한다는 건 이해 불가의 위험을 낳는다. 우리의 감각에 존재하기에, 오로지 우리 몸을 통해서만 온전히 이해가 될 법한 시간과 공간, 역사, 환경, 사건으로 이루어진 재현이 불가능한 구체성으로 독보적인, 그러한 경험들이란 게 있다. 이러한 경험들이 십 년, 이십 년, 삼십 년이 지나 함께 살지 않았던 사람들에게 이야기될 때, 말로는 전달이 되지만 내포하는 의미를 완전히 파악하기란 어려운 일이다.

1964년 겨울 어느 아침, 연극실험실 13열 극장의 비서가 경찰이 나를 소환했다고 알려왔다. 나는 곧장 경찰서로 출두했고, 어느 방으로 안내되었는데, 탁자 너머 앉아있던 두 명의 사복 경찰이 나에게 그들 앞에 놓인 의자에 앉으라고 정중하게 권했다.

'판 바르바, 바르샤바에 친구들이 많이 있지요?'

그 질문은 나를 놀라게 했다, 그리고는 즉각적으로 그다음 그들이 무엇을 물을 것인지 상상했다. 내 머릿속은 미친 듯이 돌아갔다: 뭐라고 답을 해야 하지, 내가 아는 사람들을 어떻게 보호해야 하지. 뱃속에서 불쾌한 감각을 느꼈는데, 나는 그것이 공포라는 걸 깨달았다.

'예, 많은 사람들을 알지요, 하지만 저는 지금 여기 오폴레에서 공부를 하는 중이라 자주 만나지는 못합니다.'

'누구를 알고 있는지 우리에게 말해줄 수 있나요?'

나는 학생 기숙사에서 살았던 여학생들, 가깝지 않은 지인들, 코뮤니스트 당원이었던 친구들을 언급했다: 조금이라도 '이단'이라는 어떤 의혹이나, 의심스러운 외국인의 친구 대열에 낄 만한 사람들은 아무도 없었다. 이전엔 한 번도 신경 쓰지 않았던 나를 왜 지금 조사하는 것일까? 내가 무슨 실수를 저질렀나? 나를 상대로 저들이 무엇을 고소할 수 있을까? 저들은 나를 통해서 누구를 범죄로 엮으려고 하는가? 나는 시간을 벌려고 천천히 대답을 했다. 준비가 안 되어있었기에, 나는 '가장 안전한' 사람들을 떠올리려고 머리를 쥐어짰다.

'또 다른 사람들 누구를 알고 있나요?'

또다시 노력을 해서, 나는 다른 모임에서 만났던 몇몇 배우들과 연극학교의 선생님들, 그리고 이미 폴란드를 떠난 외국인들 몇 명의 이름을 댔다. 긴 침묵이 있었다. 두 명의 경찰은 조사가 끝났다는 듯이 나를 쳐다봤다.

'A.B.를 아나요?'

'아, 예.'

'근데 왜 그 사람 얘기는 안 했죠?'

'떠오르지 않았거든요.'

'C.D.를 아나요?'

'예, 압니다.'

'기억력이 별로 좋은 거 같지 않군요. 그럼 S.T.는? G.H.와 E.E.는? 이 사람들 기억나나요?'

나는 그들이 모든 걸 알고 있다는 걸 알았다, 내가 만난 모든 사람들을, 우리가 무슨 얘기를 했는지를.

'판 바르바, 우린 당신에게 그리고 당신 친구들에게 어떤 문제를 만들 의도가 전혀 없습니다. 이건 순전히 보통 절차죠. P.G.를 아나요?'

'예.'

'그를 마지막으로 본 게 언제죠?'

나는 그 시간과 장소를 분명하게 기억하고 있다는 사실에 놀랐다. 그들에게 말했다.

'혹시 그가 N.P.와 같이 있었나요?'

오후 5시경 그들이 나를 내보냈을 때, 나는 그들의 질문에 전부 대답했다. 7시간 동안. 연극실험실 13열 극장으로 돌아오는 길에, 나는 마음속으로 그 내용들을 전부 되짚어보았다. 내 대답이 해가 되지 않을 거라고 스스로 확신을 주려 애를 썼다. 그러나 해가 되지 않는 건 무엇이며, 또 무엇이 너를, 혹은 너에게 소중한 사람들을 박살 낼 수 있는가, 이 땅딸이들의 왕국에서?

50년대, 내가 노르웨이에 이민자였을 때, 나는 종종 같은 꿈에 시달렸다. 한밤중에 나는 용접 공장의 상사 에이길과 같이 땅바닥을 기고 있었다. 우리는 입고 있던 죄수복이 철조망에 걸리지 않고 빠져나갈 수 있게 서로를 도와주었다. 우리는 독일군 점령 캠프에서 탈출하고 있었다. 그

때 개들이 짖기 시작했고 서치라이트 불빛에 우리가 걸려들었다. 잠에서 깨어났고, 그때마다 같은 질문에 사로잡혔다: 아우슈비츠에 끌려갔다면 난 어떻게 했을까? 나치에 협력하고 카포(kapo, 나치 강제 수용소에서 행정 보조를 하거나 강제 노동을 감독하는 포로 경비원 - 옮긴이 주)가 되어 살아남았을까? 다 포기하고 '무슬림'으로 최후를 맞았을까? 아니면 레지스탕스에 가담했을까?

오폴레 경찰서에서의 조사는 아무런 비극적 결말을 초래하지 않았다. 그후 얼마 되지 않아 폴란드로 돌아가려는 비자가 거절당한 건 사실이지만, 내 인생과 존엄성이 침해되지는 않았다. 그러나, 본질적인 것을 지켜냈던 사람들의 삶의 조건을 내 몸은 기억하고 있었다. 그리고 그 본질이란, 때로는, 그 땅딸이들에게 협력하지 않는 것이 되었다.

폴란드는 나에게 그것을 가르쳐주었다, 그리고 그것은 또한 나의 근원에 속한 것이고 나를 오딘 극단으로 이끌게 했던 그 기억에 속하는 것이다. 예술과 연극의 진열대를 겉돌고, 기억상실에 걸린, 또는 오로지 경계 없는 자유 시장의 세상만을 아는 사람들에게, 어떻게 그것을 설명할 수 있을까? 나는 그로토프스키가 *아크로폴리스* 공연에 모토로 선택한 타데우쉬 보로프스키의 말을 생각한다: '우리는 오직 고철 덩어리와 앞세대의 공허한 냉소만을 뒤에 남길 것이다.'

그러나 당신이 반드시 해야 하는 건, 반드시 해야 하고, 질문은 필요 없다.

25. 몇이란 딱 알맞은 숫자

우리는 모두 누군가의 자식이다. 우리는 어쩌면 스스로 착각하고 있는

지도 모른다, 우리에게 스승은 없고, 영향을 준 인격도 없다고, 산업문명사회에서 우리의 독자성은 익명의 민주적인 학교 교육에서 양육되었다고 자부심에 차서 확신할지도 모르겠다. 아니면, 우리 자신에게로 이끌어준 길의 기원을 소위 '전문적인 자서전'이라고 불리는 다른 사람들에게 공을 돌릴 수 있다.

나의 스승들은 대부분 나를 전혀 몰랐고 나를 제자로 선택하지도 않았다. 내가 출발했을 땐 그들은 이미 죽었고 그분들이 한 일과 쓴 글들은 나를 향했던 게 아니었다. 객관적인 관점에서 보자면 이건 증명할 수 있다, 비록 그게 진실은 아니라 할지라도. 그들의 전 생애과 업적은 오로지 전적으로 나에게만 내려진 수수께끼 같은 메시지들의 총합이었다. 그 메시지들은 내 몸과 마음에 집을 지었고, 내 존재를 살아있게 해주며, 나는 그 메시지들을 해독하려고 노력하면서 내 인생을 보냈다.

나의 모든 여행과 만남들은 돌고 돌아 나를 오폴레로 이끌어준 길이 되었다.

오늘 내가 폰테데라에 머물고 있는 그로토프스키를 방문하러 가서, 오래된 파이프 담배 냄새가 배어 있고 벽은 온통 그가 항상 사랑해왔던 책들로 가득 찬 간소하고 색깔 없는 방에서, 흔들의자에 앉아 깊은 생각에 잠겨 있는 그를 볼 때, 공고라(Góngora 1561-1627, 에스파냐의 시인, 처음에는 간결하고 평이한 시를 썼으나 점차 절대적인 아름다움의 세계를 지향하여 난해한 시를 쓰면서 기교주의의 대명사가 되었다 - 옮긴이 주)의 작품 한 구절이 떠올랐다: '누가 나에게 말해줄 것인가, 신의 비밀서재에, 과연 내 이름이 있기는 있는지?'

우리는 마치 곰브로비츠의 작품 속 두 명의 캐릭터처럼, 또는 이미 한쪽 발을 다른 우주 속에 담그고 있는 두 명의 늙은이들처럼 대화를 나눈다. 밖은 어둡고 우리가 오폴레에 있었을 때 그랬듯이 시간은 같은 속도로, 똑같은 느린 흐름으로 지나간다. 그때 꼭 우리가 그랬듯이, 우리는 지나간 사건들을 이야기하고, 우리가 읽은 책들에 대한 얘기며, 친구와 만난 얘기를 한다. 서로의 생각들, 고상한 이야기들, 역설과 농담들을 나누고, 침묵을 나눈다. 천일야화는 계속된다. 바깥세상은 변해가는데 두 명의 세에라자드는 굴하지 않고 남아있다.

다음에 나는 그에게 그 얘기를 해주리라. 어떤 남자가 일터로 가는 길에 매일 공원을 지나치는데 그곳에, 공원의 한가운데, 키 큰 나무의 제일 높은 가지에 황금 사과가 달려있었다. 매일 매일 그는 자신을 비웃었고, 자기를 현혹시키는 그의 감각들을, 그리고 나무에 올라가 그것을 따고 싶어하는 그의 욕망을 비웃었다, 그 과일은 단지 신기루에 불과한 것이라며 자기를 나무랐다. 다른 행인들은 그가 얼마나 한심했을까… 그는 그 공원을 매일 지나갔고 황금 사과는 여전히 나뭇가지 꼭대기에 매달려 있었다. 어느 날 그는 누군가가 도시 한복판에 있는 나무에서 황금 사과를 땄다는 신문기사를 읽었다. 신문 기자는 자기 손으로 직접 그 사과를 만져볼 때까지도 그 얘기를 믿지 못했다고 했다. 기사는 이렇게 끝맺음을 하였단다: 어떤 사람들은 정말 운수가 좋다.

우리는 크게 한판 웃었을 것이다, 내가 그를 위해 가져간 아르마냑(armagnac, 프랑스 남부 전통의 브랜디 - 옮긴이 주)을 홀짝거리며. 그리고 나는 다정한 마음을 느낄 것이고, 마치 그가 순결한 사춘기 소년이나 혹은 한순간에 수천 조각으로 부서질 듯한 크리스털로 빚어진 아주 여린 노인네라도 되는 듯이, 그를 보호해주고 싶다는 간절한 바람이 마음속에 일 것이다. 그때 코뮤니스트 서기관이 자동차를 태워주었던 우리의 히치하이킹 시절의 그 자유롭고 가뿐한 즐거움을 우리는 다시 한번 발견하게 될 것이다. 이 기억은 나를 유렉(Jurek, Jerzy Kukuczka 예지 쿠쿠츠카 1948-1989, 폴란드의 전설적인 산악인 - 옮긴이 주)과 연결 짓는 또 하나의 끈이다: 그 길에서 벗어남으로써 그대가 따라가는 그 길의 기쁨이여.

나는 오폴레에서 보냈던 30개월의 시간을 다시 생각한다. 그로토프스키와 플라셴, 구라프스키, 크리기에, 샤이나, 몰릭, 미레츠카, 야휘코프스키, 친쿠티스, 비엘스키, 치에실락, 코모로프스카, 내 고향이 되어버린 80제곱미터의 방에서 만난 그들. 나는 폴란드 친구들을 생각한다, 아주 가까웠던 이들, 단지 아는 사람 정도였던 이들, 그들의 관대함으로, 영혼의 힘으로, 그들의 모순으로 내 곁에 있었던 이들을. 나는 그 영화를 생각한다, *재와 다이아몬드,* 아주 우연히 가서 보았던 그 영화, 그리고 그 영화 제목에 영감을 준 치프리안 노르비트(Cyprian Norwid)의 시구절을 생각한다:

> 타르를 칠해 타오르는 횃불처럼
> 그대는 불꽃이 되어 사방으로 부서지고 흩어진다.
> 태워야만 그대가 자유를 누리게 된다는 걸 아는가,
> 또는 그대가 가졌던 모든 것의 소멸을 재촉한다는 것을?
> 그대에게 남은 건 오직 한 줌의 재
> 폭풍우가 휩쓸고 간 뒤,
> 또는 빛나는 다이아몬드
> 그 재 한가운데에서 얻어진,
> 그것은 영원한 승리의 약속과 맹세인가?

겨우 몇 년이 어떤 사람에겐 태어나고, 죽고, 다시 태어나기에 충분한 시간이기도 하다. 때로는 그 몇이 딱 알맞은 숫자이다.

2부

친애하는 킴에게

- 예지 그로토프스키가 유제니오 바르바에게
보낸 26통의 편지들

편지 1

'연극실험실 13열 극장'이 찍힌 종이에 손글씨로 쓴 편지,
받는 이의 주소: '담파레트(Damfaret) 60번지, 오슬로, 노르웨이'.

오폴레에서, 1963년 7월 10일

친애하는 킴[1]에게,

여기 당신의 라마가, 먼 곳에 떨어져 있는 첼라(Chela)[2]를 축복하며 떨리는 손으로 그대에게 편지를 씁니다. 부디 인도가 그대에게 자애롭기를, 그 비밀의 땅이, 세상 모든 방랑자들 중에서 그대를 선택하여, 그대에게 비밀을 털어놓기를 소망합니다[3].

나가르주나[4]와 탄트라(Tantra)[5]의 인도는 그대의 영혼 속에 있지요,

---

1 킴(Kim)이란, 키플링의 동명 소설 속의 주인공으로, 늙은 티벳 수도승 라마(Lama)가 인도를 여행하는데 동행하며 라마를 보호한다. 그러나 해탈의 강을 찾아 떠나는 순례의 여정 속에서, 킴은 영국 비밀 경찰국의 정보를 알게 되고 그것을 전달하는 일을 맡게 된다. 라마와 킴은 그로토프스키와 내가 우리의 대화 속에서 서로를 불렀던 여러 많은 이름들 중의 두 인물이었다. 1963년 그가 나에게 이 편지를 썼을 때, 그로토프스키는 29세, 나는 26세였다.

2 첼라: 산스크리트어로 제자를 뜻함.

3 나는 1963년 7월에, 6개월 간의 여행을 마치고 인도를 떠나왔다.

4 나가르주나는 B.C 150년경에 살았던 불교 승려이며 마디야미카(중관론), 신지혜학파의 창립자로서, 그의 원칙은 수냐타, 즉 공(空)의 개념을 향해 발전했다. 수냐타는 이중성이 아닌(non-duality), 긍정과 부정의 통합이다. 이 완벽한 지혜는 이성이 아니라 오직 경험을 통해서만, 신비로운 길을 통해서만 얻을 수 있다. 나가르주나의 관점은 샹카라의 아드바이타 베단타(힌두이즘의 비이원론 - 옮긴이 주)에 영향을 주었고, 중국과 일본 등에 널리 퍼져 선(禪) 사상을 일으켰다.

5 힌두교의 제의 기법으로, 생물학적 단계로부터 영혼의 단계까지의 에너지 흐름과 변형을 함축한다. 탄트리즘의 다양한 양식으로는 만트라(mantra) - 성스러운 기호들 - 와, 신성(神性)과 우주의 에너지를 상징적으로 표현하는 얀트라(yantra)를 활용한다. 그로토프스키는 '왼손으로' 라고 정의되는 특정한 흐름의 탄트리즘을 언급

첼라여, 찾으려 노력하는 그대의 영혼 속에 – 이것이 그 자신의 여정 속에서 거둔 풍성한 수확 한가운데에서 어쩔 줄 모르고 서있는, 늙은 라마가 그대에게 전하고 싶었던 말입니다.

그리고 지금은 이렇게 묻지요, 친애하는 첼라여, 바람이 그대의 영혼을 뒤흔들어 그대가 암자[6]를 떠났을 때, 나는 왜 그대를 떠나지 못했던가요? 거기엔 두 가지 이유가 있죠. 첫째는, 마치 훌륭한 농부처럼, 수확을 잘 마무리했어야 했지요, 해가 지기 전에, 고된 하루의 노동을 거두며. 그건 스토아 철학 같은 늙은이들의 금욕주의, 노동에 대한 그들의 방식이겠죠. 둘째는, 이게 더 중요한 건데: 그건 당신[7]이 한동안, 어쩌면 영원히 늙은 라마를 떠날 것을 나는 알고 있었고 모든 걸 이해하고 있었던 내 마음의 고통 때문이었어요. 그리고 라마의 나이와 품행 탓으로, 그의 고통을 드러내서는 안 되니까요. 친애하는 킴이여, 내가 이 얘기를 그대에게 하는 것을 용서해주길, 이 늙은이에게 아듀 - 작별을 말하는 나의 아들이자 첼라인 그대여.

라마

추신.

영국에서 그대 앞으로 온 편지 한 통이 있어 동봉합니다. 내 편지 봉투에 같이 담으려고 그걸 열어보았지요. 이 편지를 받았는지, 내게

한다.

6 암자(hermitage), 이게 그로토프스키와 내가 그의 극장을 불렀던 방식이었다. 내가 1963년 6월 말에 폴란드를 떠났을 때, 그때 나의 장학금과 비자가 모두 만료되었다. 그러나 나의 예상과는 달리, 그해 12월 말 나는 다시 오폴레로 돌아갈 수 있었다.

7 이미 설명했듯이, 그로토프스키와 나는 3년 이상을 알고 지냈음에도, 서로에게 말을 할 때 존칭을 사용했다. 영어에는 존재하지 않지만, 프랑스어로 치자면 'tu(너)'와 'vous(당신)'에 해당하는 형식들인데, 이 편지들에서 존칭 형식과 친밀함 사이의 대단한 차이는 전혀 상관이 없다.

알려주시길. '아 디외' 그리고 '아듀'[8].

8 '아 디외(à Dieu - 신이여)' 그리고 '아듀(adieu - 안녕히)': 역시나 단어를 갖고 말장난을 한 건데, 검열 때문에 공개적으로 신을 언급하는 것을 피하려는 것이다.

편지 2

'연극실험실 13열 극장'이 찍힌 종이에 손글씨로 쓴 편지,

받는 이의 주소: '유치 우편(발신인의 청구로 지정 우체국에 유치하여 두었다가 수취인이 직접 찾아가는 우편 제도 - 옮긴이 주), 체루투루티, 인도'.

오폴레에서, 1963년 9월 15일

친애하는 제니(Geni)[9]에게,

그대의 최근 프로젝트(폴란드에서의 또 다른 작업)에 대해 내가 어떤 생각을 하는지 말할 필요는 없겠어요. 그대는 오폴레와 크라코우[10]에 언제든지 환영입니다, 친애하고 고대하는 첼라여, 늙은이의 마음을 따뜻하게 해주는 존재여.

하지만 그대의 장학금 문제는 복잡한 듯하군요. 그대의 형에게서 편지(약간 불분명한)를 받았는데, 코트 교수로부터 증명서가 필요하다고 쓰셨어요, 그런데 어떤 종류의 증명서인지를 말하지 않았네요. 그래도 나는 바르샤바에 코트 교수를 만나러 갈 예정입니다, 그분이 폴란드에 돌아오셨는지 알아보고요[11].

---

9 유제니오(Eugenio)를 친근하게 줄인 말.

10 그로토프스키의 어머니가 크라코우에 살고 있었다.

11 내가 장학금을 갱신하기 위해서 의지했던 분이 얀 코트 교수였다. 한번은, 내가 그로토프스키 연극에 관한 논문을 쓰겠다고 제안서를 냈는데, 코트는 그 주제가 흥미롭지 않다며 반려하였다. 한참 후에, 코트와 그로토프스키가 모두 폴란드 밖에 살고 있을 때, 코트는 구로사와 아키라(Kurosawa Akira) 감독의 영화에 관한 글을 썼는데 그 글에서 그로토프스키를 '캘리포니아라는 사막에 남은 마지막 리어왕'(*Theater Heute*, 1986년 5월)이라고 묘사했다.

어찌 됐든, 새로운 장학금을 받기 위해 뭐든 필요하다면, 특정 분야가 아닌 것(폴란드 연극의 일반을 공부하는 거지요, 특정한 연극을 구체화하지 않고)으로 지원하는 게 나을 거예요. 그렇게 해서 일단 그대가 여기 온 후에, 당신이 좋아하는 것이 무엇이든 선택할 수 있겠죠[12].

나의 가장 최근 연구에 대해 개괄을 하자면요: 이제 나는 – 나의 무지의 범위 안에서, 당연하겠죠 – 당신에게(실질적이고도 개별적으로) '심리 훈련', '잠재의식의 해부학[13]', '비 - 사적인' 심리분석, 실은 연극의 모든 '파탄잘리[14]'에 관해(연출, 연기, 지각[15]), 내가 알게 된 그대로를 전수해줄 수 있다고 생각합니다. 자기 자신의 한계에 맞서는 책임을 요구하는 흔치 않은 경험이죠. 늙은 핌코(Pimko)[16]의 진정한 모험…

핌코에 대해 말하자면… 나는 그대에게 멋진 편지를 두 통이나 썼죠! 핌코가 시폰(Syfon)[17]에게 보내는 전형적인 편지. 첫 번째 편지는 – 감상적인 핌코가 – 노르웨이로 보냈고, 두 번째는 – 고독한 핌코가 – 테헤란[18]

12 폴란드에서의 연구 계획에 그로토프스키와 그의 극장에 관한 관심을 대놓고 드러내면 폴란드 공안 당국이 나의 비자를 거부하도록 유도하는 꼴이었다.

13 이제는 '잠재의식'이라는 용어가 사회주의 국가 폴란드에서 수용이 되었고, 소비에트가 프로이드와 융을 비판했던 이상주의적 의미와는 전혀 연관이 없었다. 그 공로는 *유헤머(Euhemer)*라는 종교 역사 잡지에 있었는데, 프로이드, 융, 뒤르켐, 레비브륄 등의 글을 출판했던 곳이다. 그로토프스키는 연극을 일종의 요가 수련으로 설명하는데, 요가는 신체적 수단으로 - 파탄잘리의 묘사에 따르면 - 유기적 몸속의 에너지 중심(chakra 차크라)의 훈련을 통해 영혼의 영역에 이르는 길이다.

14 파탄잘리는 힌두이즘의 여러 다르사나(관점) 중 한 학파의 중심인물로서, 크리야(Kriya) 요가와 카이발랴(Kaivalya) 요가 또는 하타(Hatha) 요가를 집전했다. 그로토프스키는 검열 문제를 넘어가기 위해 파탄잘리라는 이름이 연극 기법에 관한 책의 제목인 양 그 이름을 언급하며, 또한 마르크스주의의 검열에 걸릴 만한 모든 이단적 용어에 따옴표를 붙이고 있다.

15 '지각(perception)'이란 내적 경험을 가리키는 하나의 방식이다.

16 핌코는 곰브로비츠의 소설 *페르디두르케(Ferdydurke)*에 나오는 늙고 현학적인 교수의 이름으로, 우리가 서로를 불렀던 많은 이름 중에 하나인 그로토프스키의 별명이었다.

17 그 소설(*페르디두르케*)에 나오는 또 다른 캐릭터: 열의에 찬 고지식한 젊은 학생. 이게 내 별명 중 하나였다.

으로 부쳤어요. 하지만 둘 다 그대의 여정을 비켜 갔던 것 같네요. 그대가 테헤란에서 쓴 편지에 내 편지들을 받지 못했다고 했으니. 그대가 무엇을 놓쳤는지조차 모르는 거죠!

그러나 나는 걱정 많은 뭠코라 늘 염려하고, 그대가 어디선가 낡은 차를 몰고 그리운 인도를 향해 달려가다, 심지어는 그게 유일한 진짜 인도라고 믿는다면–과연 어디에? '내 영혼의 눈앞에'[19]–그야말로 허상인 인도를 향해 돌진하는 사고라도 당하지 않기를 바라지요.

나는 부다페스트 연극원에 당신의 책[20]에 관한 소식을 물으며 편지를 썼고, 사진도 여러 장(주로 *파우스투스* 공연) 동봉했어요. 아직까진 아무런 답장이 없네요.

파우스투스 공연에 대한 기사가 두 개의 신문, *콩바*와 *더 타임즈(The Times)*에 각각 실렸어요[21]. *더 타임즈*에 실린 기사는 아주 흥미로웠죠. 발행인들이 내게 보내주었어요. 비록 너무 추상적이긴 하지만, 만족할 만한 자료예요. 프랑스에서 당신의 책은[22] 어떻게 되고 있나요? 템킨 부부에게 편지를 썼는데 나에게 반송됐네요(그들은 아직 휴가 중인가

---

18 노르웨이로 보낸 편지는, 물론, 앞에 실린 편지 1이다. 테헤란으로 보냈다는 편지는 나는 결국 받지 못했다.

19 이건 19세기 폴란드 국민 시인으로 추앙받는 아담 미키에비츠가 신비 체험에 대해 내린 정의이다. 그로토프스키와 나의 대화 중에 자주 인용했던 말이었다.

20 *잃어버린 연극을 찾아서*, 1965년에 헝가리와 이태리에서 출판되었다. (이 책 141-142쪽 참고)

21 파리에서 나온 신문 *콩바*에 실린 글은 올가 오브리(Olga Obry)가 쓴 것이고, 런던의 *더 타임즈*에 실린 기사는 1963년 6월 바르샤바 ITI 회의에 참가했던 네드 샤일렛(Ned Chaillet)이 우치에서의 *닥터 파우스투스* 공연을 보고 쓴 글이었다. (이 책 110-116쪽 참고)

22 원래 프랑스어로 쓰였던 *잃어버린 연극을 찾아서*에 대해서, 당시 레이몽드 템킨은 모리스 나도의 잡지*(Les Lettres Nouvelles)*에 이 책에 대해서 관심을 끌어 보려고 애쓰고 있었다. 작지만 출판계에서 영향력 있는 중요한 잡지였다. 나도는 당시 설득되지 않았지만, 나중에 카타칼리에 관한 나의 글을 그의 잡지에 출판하였다(1965년 5월, 6월, 10월호).

봅니다).

그나저나, 완다 디노프스카(Mrs. Wanda Dynowska, 인도에서는 우마 데비(Uma Devi)로 알려진) 부인이 마드라스 근처, 아드자(Adjar)에 살고 있다는 걸 잊지 말아요. 그분이 폴란드-인도 도서관 책임자거든요. 아주 좋은 분이시죠, 다만 블라바츠키[23]처럼 종교적인 타입이긴 하지만요. 그분이 우리 *샤쿤탈라* 공연을 봤을 때 매우 관심을 보이셨죠.

그리고 또 다른 주소는, 훨씬 더 중요한 곳인데요. 유명한 폴란드 연출가 뷔르스키의 아들이 바라나시에서 인도 고전 연극을 공부하고 있다는군요. 당신은 분명히 그에게서(그가 부모님에게 아주 흥미로운 내용의 편지들을 보낸다는데) 중요한 정보와 조언을 얻을 수 있을 겁니다.

그의 주소는:

바라나시 5번지

베나레스 힌두 대학교(Benares Hindu University) 국제학사

마리아 뷔르스키(Maria Byrski)

스와미 쉬바난다(Swami Shivananda, 하타 요가 시스템에 근거한 집중 훈련, 호흡 훈련 등의 전문가)와도 연락을 취해보세요.

그대의 생일이 다가오는 느낌이 드네요. 훌륭한 쉬바가 그대 안에 깃들기를, 여인의 형상인 샥티(Shakti)뿐 아니라 쉬바가 그대와 함께하기를, 그리하여 신속하게 그대를 늙고 슬픔에 잠긴 그대의 그루에게 안내해주기를 바라며.

<u>그로토프스키</u>

---

23 엘레나 페트로브나 블라바츠키는 러시아 출신으로 신지학회 창립자 중 하나였다. 그녀는 유럽, 인도, 미국 등지에서 오랜 기간을 살았다.

편지 3

'연극실험실 13열 극장'이 찍힌 종이에 손글씨로 쓴 편지,

받는 이의 주소: '유치 우편, 마드라스, 인도'.

오폴레에서, 1963년 9월 21일

내가 보낸 지난 세 통의 편지 받았나요, 아니면 그대의 길과 엇갈렸나요? 카타칼리에 대한 그대의 관찰은 내게도 매우 중요해 보이네요(몸의 근육과 얼굴 표현, 눈 훈련, 마사지, 호흡 등)[24].

우리가 하는 호흡과 발성 훈련은 상당히 잘 진행되고 있지만, 가장 부족한 게(신체와 얼굴 마스크 훈련[25]을 제외하고) 바로 조형 훈련인데요: 카타칼리의 가르침이 해결책이 될 수 있겠네요.

나머지 부분에 대해서는, 훈련 체계에 효과를 주기 위해 대대적인 변화를 집어넣었죠, 이런 점에 기초해서요:

1) 훈련의 개별화가 시작되었는데, 제거되지 않은 결함과 사라지지 않은 실수들, 한 사람에게 존재하는 많은 능력에서 도출된 것, 그리고 이것은 훈련의 모든 영역에 적용됨. *모든 사람은 그 자신의 지도자가 된다.*

---

24 그로토프스키는 내가 체루투루티에서 보낸 편지에 대해 말하고 있는데, 케랄라 칼라만 달람에서 본 카타칼리에 대한 인상들을 전했던 편지였다. 거기서의 관찰들이 나중에 프랑스(*Les Lettres Nouvelles*, 1965년 5월, 6월, 7월, 8월, 9월, 10월, 11월호)와 이탈리아(*Teatro*, 1967/68년 가을, 겨울호, 1969년 1호, 2호), 미국(*TDR*, 1967년 여름호 36호) 등 여러 곳에서 출판된 나의 글의 근간이 되었다.

25 얼굴 마스크 훈련은 1962년 *아크로폴리스* 공연 연습 때 처음 적용이 되었는데, 이 작품은 또한 릴케가 로댕에 관해 쓴 글에서 영감을(1994년 홀스테브로에서 그로토프스키가 나에게 얘기해주었다) 받았다고 한다. 이 글에서 로댕은 인간의 얼굴을 조각할 때 주름의 침식 작용을 얘기한다. 이러한 훈련들이 1964년 이후의 훈련에서는 빠졌다.

2) *모든 훈련 속에 상상의 요소를 도입*(잠재의식을 자극). 훈련 속에서 구체적인 변화가 이미 보이고 있음.

이러한 가장 최근의 연구가, 발전된다면, 지속적인 관점과 가능성들을 열어줄 거라고 나는 믿습니다.

지금 단계에서도 이미 나는 느끼고 있지요, 이 길에 따르는 '연극의 파탄잘리'(방법론)[26]가 구체적이면서도 검증 가능하다는 확신을 가질 수 있어요.

그럼에도 불구하고 나는 계속해서 연구합니다, 비록 내가 디테일과 더 깊은 관점에 대해서 아직 무지하다는 걸 느끼지만요.

만약 그대가 단 몇 주만이라도 폴란드로 돌아오는 데 성공할 수 있다면(지난번 편지에서 그대가 말했던 것처럼), 이러한 모든 실질적인 면을 그대에게 소개해주겠어요. 그것은 *자기 자신의 몸으로 연구하고 검증이 가능한* 매우 구체적인 형식의 지식이거든요.

하지만, 당신의 계획이 가능할지는 잘 모르겠어요. 당신의 장학금에 코트 교수의 개입이 필요하다고 당신 형은 편지했는데, 코트 교수는 아직 폴란드에 돌아오지 않았기에, 내가 할 수 있는 게 아무것도 없네요. 만약 최악의 경우가 되어, 그대가 유럽의 어딘가에 있게 된다면 나는 나의 기술을 전할 수 있도록 알맞은 코스를 찾아주겠어요. 그러나 나는 그보다 당신을 직접 만나고 싶지요 – 이게 그대에게 이상하게 들리나요, 라마크리슈나의 제자여[27]?

---

26 편지 2에서 주석 14 참고.

27 라마크리슈나(이 책 117-118쪽 참고)는 마스터, 스승이고, 그의 제자 비베카난다는 적극적인 작가로, 이들 역시 그로토프스키와 내가 우리의 관계를 장난스럽게 빗대어 말할 때 사용했던 캐릭터들이다. 그로토프스키는 자신을 전통의 구현자인 라마크리슈나와 일치시켰고, 나는 선전가인 비베카난다로 보았다. 그로토프스키는 1956년 모스크바에서 연극 연출 과정을 공부할 때 라마크리슈나에 대해 쓴 로맹 롤랑의 책을 읽었다. 로맹 롤랑은 소비에트 공안 당국의 인정을 받은 작가로서 그의 모든 책은 러시아어로 번역이 되어 나왔다.

당신은 작업에서 어떤 구체적인 결과를 보고 싶다고 했지요. 그렇다면, 내가 말해줘도 될까요: 그대는 절대 구체적인 결과를 보지 못할 겁니다. 구체적인 결과란(특히나 연극 같은 덧없는 순간의 예술에서는) 눈 깜박하는 사이에 태어났다가 죽는 거니까요, 그리고 나는 확신하는데 자신을 여기에 묶어 두려 한다면 그건 실수입니다. 내 말 믿어요, 내가 당신에게 이렇게 말할 도덕적 권리가 있거든요. 그대는 오직 그대가 경험한 것을 진정으로 소유하는 거죠, 그러므로 (연극에서는) 그대가 아는 것과 스스로의 몸으로, 자기 자신의 구체적이고 일상적인 개별적 존재로, 증명 가능한 것을 진정으로 갖게 되는 겁니다.

우리의 최근 연구에서 얻어진 알맹이를 여기서 밝힌다면: 우리의 살아 있는 몸으로 구축하고 경험한 장인의 기술(연출? 연극 예술?)은, 상대적인 확실성을 갖고, 우리와 함께 갑니다.

따라서, 반복하자면: 그대가 인도 속에서 인도를 찾지 못한다면, 그건 인도가 다른 곳에 있기 때문이죠. 어디에? '우리 영혼의 눈 앞에'. 그러나 그럼에도 불구하고, 그보다 못 미치는, 지리적 인도를 나 역시 보고 싶네요[28]…

나는 그대의 '낙서 작품'[29]을 기다립니다.

비베카난다에게 나의 축복이 깃들길.

G.

---

28 다시 한번 당시 사회주의 폴란드 국민이 살았던 조건을 기억할 필요가 있는데, 여행을 한다는 건 엄청나게 어려운 일이었다. 다른 해외 국가에서 기본적으로 모든 여행과 체류 경비를 보장하는 초청의 경우에만 폴란드를 떠날 수 있었다. 귀국한 뒤에는 다시 여권을 반납해야만 했다. 당시 폴란드에서 외국 돈을 소유하기란 불가능했다.

29 그로토프스키는 나를 '낙서광'이라고 부르며 놀리곤 했는데, 왜냐면 내가 기사를 쓰고, 에세이와 그에 대한 책까지 써댔기 때문이다. 여기서 그가 말하는 건 카타칼리에 대해 관찰한 것을 글로 쓰려는 내 계획을 가리킨다.

추신.

모두가 안부 전합니다.

편지 4

'연극실험실 13열 극장'이 찍힌 종이에 손글씨로 쓴 편지,
받는 이의 주소: '내 어머니의 집, 로마, 이태리'.

오폴레에서, 날짜 없음 (아마도 1963년 11월 말)

리틀 몰(Little Mole)[30]에게,

그대가 부탁한 편지[31]를 동봉합니다. 레비스트로스와 같은 학교 소속인 저명한 이탈리안 교수들과 출판 편집자들의 편지가 반드시 함께 보내져야만 합니다(우리가 정말로 좋은 결과를 얻고 싶다면).

이젠 그 저작 *[잃어버린 연극을 찾아서]*에 대해서 말할게요. 훈련법에 관한 설명 맨 끝부분에 이러한 효과에 대한 표기가 꼭 있어야만 합니다: '한 영역의 훈련은 다른 영역의 훈련들과 동시에 병행(예를 들어, 신체와 소리 훈련을 함께)해서 실행되어야 하고[32], 그날 하루에 훈련하고자 하는 신체, 움직임 또는 음성적 요소들을 활용해서 어떤 주제－장면일 수도 있고 구상하는 것－에 대한 연결된 행동으로 발전시킬 수 있어야 한다.'

그대는 믿지 않겠지만, 이건 진실입니다:

1) 나는 승마를 배우고 있답니다(어제는 산속에서 혼자 8시간을 탔지요).

---

30 우리의 사적인 언어로, 나는 젊고 서투른 리틀 몰(mole, 두더지, 스파이라는 뜻이 있음 - 옮긴이 주)이었고, 그로토프스키는 능란한, 나이 많은 빅 몰이었다. 우리는 우리를 지하 터널을 파는 음모를 지닌 공모자라고 생각했다.

31 그로토프스키도 나도 그 편지가 뭐였는지 전혀 기억이 없다.

32 이러한 '혼합' 훈련은 잘 이루어지지 않았기에 폐지되었다. 신체 훈련에서 일련의 근육을 움직인다고 해서 소리를 더 잘 내보내는 건 아니다.

2) 오늘 나는 여행을 떠납니다, 히치하이킹으로요.

나중에 알게 될 거예요: 나는 또 유러피안 권투 챔피언이 될 겁니다, 판타 레이(panta rei) – 만물은 흐른다.

빅 몰(Big Mole)

편지 5

손글씨로 쓴 편지, 받는 이의 주소: '그랜드 호텔, 크라코우, 폴란드'.

오폴레에서, 날짜 없음 (아마도 1963년 12월 말 또는 1964년 1월 초)

선생님께(Dear Sir)[33],

어떻게 그대는 늙은 그루의 무능을 즐거워하며 그의 부끄러움에 동참하도록 한 때의 사람들을 초대하고 싶어하나요?

글쎄요, 며칠 전에 그루는 어떤 예시를 보았죠. 그리고는 *햄릿*이 떠올랐어요. 나는 아마도 궤도에 진입하진 못할 겁니다. 아마도 나의 참패로 끝날 겁니다. 하지만 파라클리트(Paraclete)[34] 앞에서, 나는 부끄럽지 않습니다.

그대가 좋아하는 누구든지 초대하세요. 없는 것보단 많은 사람이 더 좋지요. 얼마나 자리를 예약해야 할지 곧 알려주세요[35].

공연은 15일 저녁 7시입니다. '신이 우리와 우리의 적을 보호해주시길'.

그로트(Grot).

---

33 이런 형식적 호칭은 보이는 것보다는 덜 모순적이다. 실제로, 폴란드에서 존칭(3인칭으로)으로 누군가에게 편지를 쓸 때 보통 사용하는 형식이다.

34 성령(The Holy Spirit)을 뜻하는 말, 요한 복음에 나온다. 역시 검열을 위한 에두른 표현이다.

35 이런 식으로 그로토프스키는 나에게 가능한 많은 관객을, 특히 외국인 학생들을, 몰고 오라고 설득시킨다. *햄릿 연구*는 겨우 몇 차례 공연 후에 금지되었다. 당시 연극실험실의 절박한 상황은, 이 책 130-131쪽 참고.

추신.

부탁, 아크로폴리스에 관한 루드빅(플라센)의 글, 빠른 우편으로 곧장 보내주길 바랍니다.

편지 6

'연극실험실 13열 극장'이 찍힌 종이에 손글씨로 쓴 편지,

받는 이의 주소: '담파레트 60번지, 오슬로, 노르웨이'.

오폴레에서, 1964년 5월 12일

판[36] 에우게니우쉬,

파리 - 바르샤바 기차 안에서 그대에게 편지를 씁니다.

어제는, 파리에서, 여태 돌려주지 못했던 그대의 카타칼리에 대한 원고를 짧은 편지와 함께 부쳤습니다. 오늘은, 그대가 보낸 두 통의 편지를 다시 읽으며 나는 걱정이 들었어요. '신장에 냉기'가 들었다니 무슨 말인가요? 아마도 신장염(단백뇨증)인가요? 만약 그렇다면, 정말 고통스러운 병인데 – 만성적이라면 정말 심각하고요, 어떤 경우라도 현재의 생활 방식을 유지하기란 불가능할 겁니다. 신장에 관한 모든 병 중에, 그나마 '아름다운 병'도 죽도록 아프다지요. 필요한 치료를 제대로 받기가 어렵다면, 부디 폴란드로 돌아오세요. 내가 의사를 찾아 치료비도 돕겠어요. 그렇지 않고 오슬로에서 치료를 잘 받을 수 있다면, 그곳에 남아있는 게 더 낫겠지요, 그래야 그대의 연극 작업을 시작할 수 있으니까요. 그게 가능하다면요.

어떤 식으로든 내가 당신을 도울 수 있다면 알려주세요(허나 내가 상상해도 이건 상당히 일어날 가망이 없는 일). 나는 요즘 폴리에리[37]와

---

36 미스터(Mr.)에 해당하는 폴란드어.

37 자크 폴리에리, 비전통적으로 아름다운 장면 공간을 창조하는 연출가이다. 나는 1962년에 그를 만난 적이 있고, 그는 이듬해에 연극실험실에 관한 글을 프랑스 잡지

함께 연극 프로젝트를 하고 있어요(당신이 상상하는 대로, 나는 그와 좋은 친구가 되었죠), 당신에게 오슬로에서 작업 기반을 조달해 줄 수 있는 사람인데, 내년에나 그 결실이 생길 것 같네요. 의도하는 바는 연극 연구소인데 ITI 같은 유형이죠.

그러는 동안에, 배우 스튜디오와 같은 기관을 당신이 조직할 수 없을까요? 그건, 비전문 배우들이나 경력이 적은 배우들을 위한 훈련 센터인 거죠. 당신이 그들에게 임금을 주지 않아도 되는 장점이 있겠죠. 배우들은, 반면에, 공연 - 실연과 연구를 통해 작업에 참여할 수 있는 가능성을 얻는 거고요. 그리고 배우들의 조건이란 건, 결국에는, 어떤 사회적 문제이니까요, 당신이 노르웨이 사회주의 정당이나 배우 조합 등에 도움을 신청할 수 없을까요? 나는 그러한 프로젝트가 연극 공연 자체보다도 더 실행이 되어야 한다고 생각해요. 내가 프랑스에 머무는 동안 서구[38]의 여러 산업 분야에서 경제적 어려움이 얼마나 비극적인지를 실감했지요.

프랑스에서는 아주 잘 지냈습니다. 낭시에서[39] 세 차례 나의 작업에 대해 강연을 했고요, 스트라스부르에서 기뉴와 함께 한 차례, 파리에서는 나 혼자 맡아서 세 차례 동안 지역 배우들에게 실연을 보여주며 진행했는데[40], '진정한 전문가들(전문가?)'과 '문화적 인물들'이 참여했지요.

소르본느에서는, 카유아, 레비스트로스(우리를 꼭 방문하겠다고 약속했죠), 골드만, 그리고 다른 교수들과의 만남이 이루어졌어요. 핌코는 역시 핌코 역이었지요.

오늘에 출간하였다(*연극 공간에 기여한 예술과 건축*, 1963년 42, 43호).

38 사회주의 국가에서 사용하던 당시의 언어로, '서구(West)'란 '자본주의 국가들'을 뜻했다.

39 낭시 페스티벌, 잭 랑이 감독을 맡았다. 프랑스 그래픽 아티스트인 롤랑 그륀베리에 의해 연락이 성사되었다.

40 실연은 그로토프스키와 함께 프랑스에 동행했던 배우들, 레나 미레츠카와 리샤르드 치에실락이 보여주었다. 위버 기뉴는 바르샤바에서 열렸던 ITI 회의에 참석했던 인물로, 우치에서의 공연 *닥터 파우스투스*를 관람하였다.

에릭 보[41]는 그대와 나의 대화 책인 *[연극의 신약 성서]* 번역본을 며칠 안에 그대에게 보내주겠다고 약속했습니다.

나는 그대에게 박티(bhakti)[42]를 전합니다, 당연히 그대가 전념하고 있는 그 작업에 속한 사람들을 염두에 두고서죠. 그 외에는, 상황에 맞추어 무엇이 필요한지 찾아보겠어요. 우연히도, 나는 3주 동안 다시 오폴레에서 멀어지고, 알프레드 자리(Alfred Jarry)의 왕국[43]과도 멀어지게 되겠네요. 그대의 아니마(Anima)[44]에게 편지를 주지 못했네요, 왜냐면 나는 그녀를 볼 수가 없었거든요. 낭시에서, 롤랑은 두세 명 몫의 일을 했는데, 페스티벌 조직을 맡으면서도 우리 극단에 대한 정보를 보급하는 데 신경을 써주었지요.

푸지나[45]는 빚을 해결했답니다.

소렐 부인에 따르면 그대의 책이 출판되는지 아직은 전혀 알 수가 없다고 하더군요[46]. 허사가 될 것 같다고 했는데, 나의 파리 여행도 분명

---

41 에릭 보, 1963년에 13열 극장을 방문했고, 그로토프스키의 프랑스어 통역자였다. 비트카치의 여러 희곡들 외에도, 그는 타데우쉬 보로프스키의 *돌의 세상(World of Stone)*을 번역했는데, 아우슈비츠에 관한 책으로 *아크로폴리스* 공연에 토대가 되었던 자료 중 하나였다.

42 박티란, 산스크리트어로, '종교적인 열의'를 뜻한다. 그러나 그로토프스키도 나도 이 말이 여기에서 뭘 가리키는지 기억하지 못했다.

43 달리 말해서 폴란드를 가리키는데, 알프레드 자리의 *위뷔 왕(Ubu Roi)*의 내용이 벌어지는 왕국이다(희곡의 도입부에 이렇게 쓰였다: '장면은 폴란드에서 일어난다, 즉, 아무 곳에서든').

44 융의 용어에 따라, 그로토프스키가 주디를 불렀던 이름이다. 주디, 나와 함께 인도 여행을 떠났던 영국인 여인, 그리고 우리는 1965년에 결혼했다.

45 콘스탄티 푸지나, 명성이 높았던 비평가, *대화(Dialog)*라는 중요한 잡지의 편집자로 그로토프스키 극장의 지원자이자 친구였다. 연극실험실 존폐의(이 책 130쪽 참고) 평가 임무를 맡은 문화부 임원들을 선택하는데 영향력을 행사하며, 푸지나는 연극실험실의 생존이 달린 중대한 순간에 성공적인 관계를 맺었다. 1994년에 그로토프스키가 나에게 말하길, 당시에 푸지나의 단순 전략이 무엇이었냐 하면: 연극계에서 그로토프스키를 비난하던 사람들이 누군지 여러 명 알아냈다. 이렇게 해서 그 사람들이 평가 임원으로 선정되도록 하였고, 그들이 오폴레 극장에 방문했을 때, 오히려 자연스럽게 극장의 예외적인 현상을 직접 확인하고 최대한의 지원을 받을 자격이 있음을 보고했다.

히 여러 가지 변수가 생겼듯이, 아마 출판이 될 겁니다. 템킨 부인이, 7월에 회의 참석차 오슬로에 갈 예정인데, 그때 당신에게 확실한 답을 줄 수 있을 겁니다.

노비츠키(Nowicki)의 의견은 옳아요[47]. 하지만 그래서요? *유헤머*에 당신의 글을 출판하고 싶어하지 않았나요?

물론 나는 다시 편지를 보낼 겁니다[48]. 지금으로선 내 머리가 내 자신 것 – 더 무아(the Moi)[49]보다도 그대의 문제들로 가득합니다. 지금 당장은 그대의 문제가 있으니까요 – 무슨 수를 써서라도, 다른 노력을 해봐야죠. 물론 가능한 범위 내에서, 하지만 제발 그렇게 되어야죠. 그대도 그럴 테지만 나는 걱정에 완전히 사로잡혀 있네요.

펌코.

---

46 르네 소렐, 잡지 *현대*의 연극 비평가, 그녀는 *잃어버린 연극을 찾아서*를 프랑스에서 출판하려고 노력했으나 실패했다.

47 여기서 그로토프스키가 쓴 '옳다'는 형용사는 오늘날 '정치적 올바름'에 해당하는 표현이다. 노비츠키는 종교 역사에 대한 폴란드 잡지 *유헤머*의 편집장이었다. 그는 내가 쓴 그로토프스키에 관한 글을 출판하기로 약속했으나, 검열의 이유들을 대며 마음을 바꿔 먹었다.

48 그로토프스키와 나는 이게 무슨 편지를 말하는 건지 전혀 파악할 수가 없었다.

49 프랑스어로 나의 것(moi)을 은유하면서, 동시에 우리의 사적인 언어에서, 더 무아(the Moi, 죄인의 눈을 멀게 하는 관습이 있었다는 캄보디아의 한 부족의 이름이기도 하다. 앙드레 말로의 책*(La voie royale)* 속의 주인공들이 그렇게 되기도 한다)는 사회주의 공안 당국을 뜻했다.

편지 7

'연극실험실 13열 극장'이 찍힌 종이에 손글씨로 쓴 편지,
받는 이의 주소: '담파레트 60번지, 오슬로, 노르웨이'.

오폴레에서, 1964년 7월 4일

판 에우게니우쉬,

배우의 기술에 대한 우리들의 대화를 담은 책 *[연극의 신약 성서]* 프랑스어 번역본을 조금 지연된 끝에 받았네요, 그래서 최근에야 교정을 볼 수 있었지요.

번역자에게 보내는 나의 편지를 동봉하니[50], 여기서 수정된 부분들을 그대가 책에, 또는 준비하고 있는 연극 잡지 창간호에 넣을 수 있을 겁니다[51]. 나에게는 모든 교정이 아주 정확하게 이루어지는 게 정말 중요합니다, 텍스트의 의미가 여기에 달려있으니까요. 그건 절대적으로 필수입니다.

---

50 옮긴이는 에릭 보. 그에게 쓴 그로토프스키의 편지는 두 장을 빽빽하게 꽉 채워서 이렇게 시작한다: '친애하는 미스터 에릭, 그대의 번역과 편지에 감사드립니다. 저에겐 아주 훌륭했고, 아르토의 영혼이 글 위로 날아다니는 듯하더군요.' 그리고는 수정 목록이 뒤따르는데, 그중 제일 의미심장한 것만 내가 여기서 밝힌다면 이런 식이다: '6쪽 7번 줄 첫 부분: 그대는 이렇게 번역했는데, spectacles revolutionnaires; 그건 '반역의'로 되어야지, '혁명의'가 아닙니다. 9쪽 3번 줄 첫 부분: sémantique라는 단어를 보탤 필요는 없습니다. 여배우와 코티잔(courtesan)은 의미론적 관점에서는 전혀 공통점이 없지요, 단지 생활과 관습입니다. 많은 부분에서 제가 '과잉'을 얘기하는데, 저는 순전히 문자 그대로 잔인하게 그 말을 하는 겁니다. 그대는 종종 '정점'이란 단어를 사용하네요. 그건 절대적으로 '과잉'으로 남겨져야만 합니다.

51 그 책이란, 당연히, *잃어버린 연극을 찾아서*. 잡지는 *연극 이론과 기술*, 내가 오슬로에서 출간을 시도하고 있었는데, 1965년 10월에 출판이 이루어졌다(이 책 141쪽, 그리고 151-158쪽 참고).

실질적인 질문을 이제 몇 가지 하자면요: 나는 7월 10일까지 오폴레에 머물고, 그 후엔 크라코우에 있을 겁니다. 부디, 그대가 이 편지를 받는 대로 곧장 나에게 전보를 주세요. 언제 그대가 도착하게 될지 알려주면 그것에 맞게 나의 휴가 계획을 잡을 수 있으니까요. 짧게 말하면, 전보를 또는 그대가 직접 오기를 기다립니다.

그로토프스키

편지 8

'연극실험실 13열 극장'이 찍힌 종이에 타자기로 입력[52]한 편지, 받는 이의 주소: '담파레트 60번지, 오슬로, 노르웨이'.

오폴레에서, 1964년 9월 1일

판 에우게니우쉬,

이런 일들이 있지요:

1. 크리스틴[53]에게 편지를 했고 답장을 기다리는 중입니다.
2. 파두아 일, 책 *[잃어버린 연극을 찾아서]*에 관해 아무런 편지도 받질 못했네요. 내가 당장 편지를 쓰겠어요.
3. 구라프스키는 최선을 다하고 있답니다[54]. 9월 1일 - 2일경에는 끝내겠다고 약속했죠. 그가 약속을 지킨다면, 곧바로 모든 걸 다 그대에게 보내줄게요(거의 다 됐으니까, 9월 2일 내일 보낼게요).
4. 내가 내일 공연과 훈련 사진들을(한 종류를 묶어서) 노르웨이에 보낼 겁니다.

---

52 그로토프스키는 타자를 못쳐서 비서가 그의 편지들을 입력해주었는데 그럴 땐 보통 더 격식을 차리게 되었다(예를 들면, 편지 11 참고).

53 크리스틴 올스니, 핀란드의 연극 감독이자 교사로 바르샤바에서 열린 ITI 회의에 참석했고 우치에서의 공연 *닥터 파우스투스*를 관람했다. 그녀는 나중에 핀란드 바사(Vasa) 극장의 감독이 되었고 최대한 온갖 사람들을 통해서 그로토프스키에게 초대장을 보내주었다. 때로는 가상의 초대장도 있었는데, 그들의 목표는 단순히 폴란드 공안 당국에게 그로토프스키가 얼마나 해외에서 유명한지, 따라서 그의 극장을 폐쇄한다면 가만히 넘어가지 않으리라는 걸 알게 해주려는 것이었다.

54 이건 아마도 연극실험실 제작 공연들의 무대 그림과 스케치들을 말하는 것 같고, 그 자료들을 책 *잃어버린 연극을 찾아서*와 잡지 *연극 이론과 기술* 창간호에 넣을 의도였다.

5. 프랑스어판 *[연극의 신약 성서]* 받았습니다. 날짜를 보니, 그대가 내 전보를 받기 전에 나에게 그걸 보냈네요. 그럼 그 책은 더는 필요 없나요?

9월 8일에 기뉴[55]의 학교에서 교사 2명이 여기에 옵니다.

6. 폴란드 잡지는 내가 몇 권 더 모으는 대로 그대에게 보낼게요. 잊어버리지 않았답니다.

7. 나의 나약한 성격과 게으름이 허락하는 만큼 그대의 모든 바람을 다 채워주도록 할게요. 장학금 관련해서, 지금으로선 모든 게 잘 되고 있습니다[56].

8. 카타칼리 연극에 관한 러시아 책–손동작 그림과 눈 훈련 사진이 담긴–을 내가 보내줄 수 있어요. 여러 가지 흥미로운 내용들이 책에 있는데, 예를 들면 쇼라푸라(Shorapura) 근방, 케랄라 체루투루티에 있는 만달람 학교에 관한 것; 학생과 그의 그루(영혼의 안내자)의 관계; 산스크리트 공부와 학생들이 읽는 성전들; 춤추는 배우와 노래하는 배우 사이의 관계와 상호 작용의 성격들; 이런 것들이요. 그대에게 어떤 쓸모가 있을까요? 그 책이 러시아어로 되어있는데 그대가 잘 아는 언어잖아요(당신은 모든 언어에 능통하니까요).

9. 개체화(individuation)[57]에 기우는 나의 성향이 커지고 있습니다–거의 매주 기술에 대해 새로운 각성을 나에게 일깨워 줍니다. 낯선 경험이에요: 훈련들을 변경했고, 솔직히 말하자면, 나는 전체 방법론을 다시 점검했죠. 다른 건 전혀 없어요, 이 알파벳에 새로운

---

55 위버 기뉴, 스트라스부르 극장과 연극학교의 감독.

56 비록 폴란드로 돌아갈 입국 허가는 받지 못했지만, 나의 장학금은 64년 10월까지 지속되어 오폴레로 보내졌다. 그래서 나는 그로토프스키에게 부탁해서 그 돈을 찾아 그로토프스키를 방문하는 외국인 학생들과 여행자들을 위해 쓰게 하였다.

57 심리 발달을 정의하기 위해 융이 사용했던 용어.

글자가 있는 것도 아닙니다, 다만 이제는 지식인들에게 의존했던 개념뿐 아니라, 훨씬 이전에(나에게) '유기적(organic)'이었던 방식으로 '유기적인'을 정의합니다. 그러자 모든 것이 나에게는 새로운 빛 아래에서 보이는 거죠. 어떻게 이런 일이 있을까요? 그건 내게 엄청난 변화여서 아마 나는 기술 전체를 *다시 배워야* 할 겁니다, 그게 바로 요소들에 대한 '유기적 인지'를 연구하는 기본 입장입니다[58]. '가장 사랑받는 자'[59]는 그의 박타(bhakta)[60]를 작업 도중에 내버리지 않지요. 그 결과는 부진할 수도 있겠지만요.

10. *불굴의 왕자* 연습이 진척 중입니다. 우리 연구소의 전망은 가능성이 있지요, 모든 전망이 실현 가능성은 있는 거니까요.
11. 부다페스트에서 편지를 받았어요, 혼트 감독으로부터: 10월에는 확실히 당신의 책을 출판하겠답니다. 그러므로, *연극의 새로운 텍스트*[61]를(내 생각엔 본질적인) 그들에게 보낼 의향이 아직도 있다면, 이번이 마지막 기회입니다. 프랑스어로 된 책 아직 갖고 있나요? 없다면 이태리어 본을 보낼 수도 있고요.

---

58 내 생각에 이 부분은 다음과 같이 설명될 수 있다: 언제나 그런 특정한 때가 존재한다, 훈련에 따른 문제들과 배우의 유기적 존재에 관해 관심이 있는 연출가라면. 정당성을 설명해주었던 범주가 한발 물러나, 완전히 사라지지는 않지만, 전-표현적인 과정에 다양한 반응의 가능성을 열게 되는 시기가 있다. 이 단계에서는, 배우의 행동을 정의하고 답을 내리거나 자극하려고 하는 대신에, 연출가는 배우의 행동이 일으키는 충동에 반응한다.

59 예수, 후안 데 라 크루스(Juan de la Cruz 1542-1591, 에스파냐의 시인이며 성직자. 수도회의 개혁 운동에 참여했다가 투옥되었으며, 명상에서 얻은 신비 사상을 바탕으로 작품을 발표하였다-옮긴이 주)가 예수를 그렇게 표현하였다. 당시 그로토프스키는 치에실락과 함께 *불굴의 왕자*를 준비하면서 그의 글들을 다시 읽고 있었다.

60 힌두이즘에서 박타는 박티-종교적 노력과 자비-를 따르는 사람을 가리킨다.

61 여기서는 '성서(Testament)' 대신 '텍스트(Text)'를 썼는데 종교적 용어를 피하기 위해서다. 그래서 공안 당국에게 극장 폐쇄의 원인이 될 신비주의의 핑계를 주지 않으려고, 특히 바로 그즈음에는 그럴 만한 위험이 있었다. *가난한 연극을 향하여*에 수록된 1968년의 긴 인터뷰에서, 그로토프스키는 나에게 *연극의 신약 성서*라는 제목은 내가 지은 것임을 분명히 명시하라고 요청했다.

부디 르낭의 영웅이, 지극히 동정받아 마땅한, 그대의 생각과 말과 행동을 도와주기를[62].

그로트.

62 에르네스트 르낭의 *예수의 생애*, 주인공은 허무주의자로 나온다. 그 책은 그로토프스키와 내가 자주 논했던 책이었다.

편지 9

'연극실험실 13열 극장'이 찍힌 종이에 손글씨로 쓴 편지,
받는 이의 주소: '담파레트 60번지, 오슬로, 노르웨이'.

오폴레에서, 1964년 9월 2일

판 에우게니우쉬,

훈련 사진들을 보냅니다. 당신 앞으로 이곳에 도착한 편지가 있기에 함께 보냅니다.

내일 내가 구라프스키의 그림들을 보낼게요, 작업이 굉장히 좋습니다.

알다시피, 사진은 엄청 많은데, 안타깝게도 모든 훈련들을 다 포함하고 있질 않네요, 다 잘 나온 것도 아니고요. 사진 뒷면에 당신에게 필요하다 싶은 내용만 내가 적었습니다. 당신이 보면 알만한 사진들은, 아무것도 적지 않았어요.

그로트.

오늘 나는 벌써 그대에게 편지를 하나 더 보냈네요.

추신.

여전히 파두아에서는 편지가 없고요[63]. 초대장이 도착하는 날로부터,

63 마르실리오 에디토리(Marsilio Editori)가 이태리 파두아에서 *잃어버린 연극을 찾아서*를 출판하기로 되어있었다. 합의 사항은 이랬다, 내게 인세를 주는 대신, 그들이 그로토프스키와 배우 한 명을 이태리에 초대해서 일련의 강연과 시연을 주최하는

적어도 석 달은 필요한데 말이죠. 나는, 지금으로선, 치에실락을 배우로 생각하고 있답니다. *TDR*에 편지했나요[64]? 나는 아직도 책을 못 받았거든요.

안부를 전하며,

그로트.

것. 그로토프스키가 걱정하는 건, 앞서 내가 언급했듯이, 여권 만들기가 너무 오래 걸리고 복잡했기 때문이다.

64 이 책 99-100쪽과 편지 11에서 주석 70 참고.

편지 10

'연극실험실 13열 극장'이 찍힌 종이에 손글씨로 쓴 편지,
받는 이의 주소: '담파레트 60번지, 오슬로, 노르웨이'.

오폴레에서, 1964년 9월 3일

판 에우게니우쉬,

구라프스키의 그림을 그대에게 보냈습니다. 정교한 스케치는 아니에요(자유롭게 그렸을 뿐), 구라프스키가 말하길, 더 자세하게 그리려면 훨씬 더 복잡한 그림이 필요하다는군요. 내 생각에도 그가 맞는 거 같아요. *닥터 파우스투스, 햄릿, 아크로폴리스*에서 그의 작업은 정말 훌륭했지요. 구라프스키가 부탁하길, 가능하다면, 그림을 사용한 뒤에 다음에 또 쓸 수 있게 그대가 보관해달라고 합니다.

안부를 전하며,

그로트.

편지 11

'연극실험실 13열 극장'이 찍힌 종이에 타자기로 입력한 편지,
받는 이의 주소: '담파레트 60번지, 오슬로, 노르웨이'.

오폴레에서, 1964년 10월 20일

판 에우게니우쉬,

어떻게 일은 잘 되고 있나요? 잡지[65]는 어떻게 되고 있어요? 창간호는 영어로 나오나요? 언제죠?

지금부터는: 배우들의 앙상블이 다 갖춰졌나요? 단계적으로 맨 먼저 무엇이 필요한가요? 작업할 공간은 있나요? 당신의 대학교 공부[66]에 대해선 묻지 않겠어요, 왜냐면 계속 연장 기간이 늘어나는 게 악화[67]되는 것처럼 보이기 때문이죠.

K.[68]는 책 작업으로 상당히 바쁘답니다. 그의 대리인이 내 주소로 나에게 그리고 치에실락에게 각각 편지를 보냈어요: 책은 1월에 나올 것이고, 그 시기에 우리(나와 리샤르드)를 이태리에 초대하고 싶다는군요. 나는 수락한다는 전보를 보내면서 날짜를 2월로 바꿔 달라는—가능하다면—제안을 했지요.

지금 현재 우리는 극장을 재정비하고 있는 중입니다. 어쩌면 1월 1일부터 브로츠와프[69]로 옮겨갈 예정이에요. 전체 상황을 수습해야 하는

---

65 *연극 이론과 기술(TTT)*, 오딘 극단에서 발행한 잡지.

66 64년 가을에 나는 오슬로 대학에 복학했고, 65년에 종교사 전공으로 학위를 받았다.

67 비서가 잘못 이해해서 입력하기로는, 설득이라고 썼었다.

68 K.와의 관계에 문제가 생겼기 때문에(이후 편지에서도 알 수가 있는데), 그 이름을 밝히지 말아 달라고 그로토프스키가 부탁했다.

이런 때에 내가 자리를 비우고 싶지 않거든요.

소식은 여기까지. 혼트 박사에 대해 들은 거 있나요? 그의 지난 번 편지에는 책이 10월에 나올 거라고 했는데요. 혹시 *연극의 새로운 텍스트*를 출판할 만한 여지가 있을지 내가 알고 싶어서요(그건 그렇고, *TDR*에서 만약 다른 걸 더 내고 싶어한다면, 그 책을 거기 보내 주겠어요?).

나의 멋진 저작[70]이 실린 *TDR*을 아직도 받질 못했으니, 마음에 걸리네요. 훌륭한 스타일과 저자의 능력을 뽐낼 수가 없으니 말예요.

스트라스부르에서 온 교사들, 호흡 발성 전문가인 미스터 루스(Mr. Roos)와 미세스 구드윈(Mrs. Goodwin, 영국인)이 여기 2주 정도 머물고 있네요. 꽤 만족하게 지내는 것 같아요.

데아(Dea)[71]가 바르샤바에 와있어요. 그녀한테 편지를 받았죠. 크리스틴(올스니)은 우리한테 계속 초청장을 보내주고 있고요. 그녀는 거기에 확신을 갖고 있는데, 나는 회의적입니다. 하지만 이건–그대가 잘 알다시피–자연스런 비관주의에서 비롯된 게 아니잖아요[72].

---

69 연극실험실은 오폴레 공안 당국에 의해 폐관되었다, 왜냐면 바르샤바 중앙 정부의 압력이 있었기 때문이었다. 그후 브로츠와프 행정부가 극장을 구제해주려고 극장의 이전과 재개관 절차를 급히 마련해주었다. 그러나 그로토프스키가 이 편지를 쓰던 당시에는 재개관이 성사될지 확실치 않은 때였다.

70 이건 실은 *닥터 파우스투스*에 대해 내가 쓴 글이었는데, 실수로 저자가 그로토프스키로 나오게 되었고, 그로토스프스키는 이 실수를 굉장히 재밌어 했다.

71 데아 트리에 뫼르크(Dea Trier Mørch)는 덴마크의 그래픽 디자이너인데, 나는 그녀를 1961년 단치히(Danzig, 폴란드 북부에 위치한 발트해 연안의 항구 도시 그단스크(Gdańsk)의 독일식 명칭 - 옮긴이 주)에서 열린 학생 축제에서 만났었다. 나중에 오폴레로 나를 방문했고, 그렇게 그녀는 그로토프스키의 연극 대사 중 한 명이 되어 덴마크, 폴란드, 소련, 유고슬라비아 등 그녀가 유학이나 여러 목적으로 머물렀던 나라에서 도움을 주었다. 덴마크에서는 매우 저명한 저자로 알려졌고 폴란드에 관한 책도 썼다.

72 우리가 94년 10월에 홀스테브로에서 만나 이 편지들에 대해 의논했을 때, 그로토프스키가 내게 했던 말이, 저 시기에 폴란드 문화부는 연극실험실의 해외 여행을 금지했고, 이는 65년에 루치얀 모티카(Lucjan Motyka)가 장관이 될 때까지 효력을 지녔다. 그는 그로토프스키가 56년 - 57년 사이에 학생, 노동자 시위를 주도했던 시기부터 그를 오랫동안 알고 있었다. 그로토프스키가 기차에서 모티카를 만났는데, 그로토프

왜 그대가 편지에서 오슬로 대학 도서관에 프랑스어로 된 책들에 대해 얘길 하는지 모르겠네요. 차라리 대신 한 두 권 대출해서 나한테 보내줄 수는 없나요(신속 반납 보장)? 이런 경우라면, 나는 생리학적이고 심리-분석적 관점에서 탄트리즘과 하타 요가 연구에 관심을 갖겠어요.

하지만 나는 이미 이게 가능하지 않다는 걸 압니다. 당신은 그저 나에게 질투심을 불러일으키고 자극하려는 거죠, 마치 그대가 인도 여행을 갔다는 소식이 그랬던 것처럼요. 부러움과 자극은 사실이고 이미 존재합니다. 기회가 있다면 내가 실패 없이 곧장 복수를 할 수 있어야 할 텐데요.

책 제목에 관해서는, 그대가 원하는 대로 결정하세요. 어떻게 되더라도, 찬사는 그대에게 쏟아지고 비난은, 반면에, 내게로 올 테니까요.

계속되는 못마땅함으로,

빅 몰.

추신.

크리스틴은 진정 초대장의 폭풍을 풀어놓은 듯합니다. 어디에서 보내왔는가 하면:

1) 칼 외만(Carl Öhman), 헬싱키 스벤스카 극장 - 핀란드 국립 극장.

2) 아네테 브뢴스테드(Annette Brøndsted)[73], 코펜하겐 대학교.

스키를 그의 좌석 칸으로 불렀던 일을 나에게 얘기해주었다. 거기서 모티카는 파업 때문에 줄어들은 공연 숫자를 보여주며, '이게 당신이 원하는 건가요?' 이렇게 그로토프스키에게 물으며 덧붙였다, '그리고 러시아 탱크가 들어오기를?' 이후 당선이 된 후에, 모티카는 여행 금지령을 취소했고 직접 연극실험실 파일에 서명했다: 해외 공연 가능.

73 아네테 브뢴스테드, 그녀는 덴마크 학생 연합에서 일했고, 63년에 나의 글을 학생

3) 크누트 비겐(Knut Wiggen), 스톡홀름 연극협회, 스웨덴.

나는 이들에게 어떻게 설명해야 할지를 모르겠네요, 나를 초대하려면 인내심을 갖고 체계적으로 움직여서 이 나라의 문화부와 PAGART[74], 그리고 폴란드 대사관(이 세 곳 모두)에 신청을 해야 한다는 걸요. 초대장은 그 자체로 좋은 것이며, 내가 할 수 있는 한 최선을 다해 사용하겠지만, 나머지 몫은 순전히 그분들의 체계적이고 끈질긴 노력에 달려있지요. 당신이 크리스틴에게 설명해주겠어요? 기회가 된다면요. 극장의 재정비(브로츠와프로 이전) 상황 때문에 지금은 떠날 수가 없다고요. 다른 때에는 괜찮은데, 예를 들어, 65년 가을에는, 만약 체계적으로 진행해서 좌절하지 않으려면, 그분이 날짜를 넉넉히 두고 제안해서, 이미 지금쯤 문화부와 PAGART, 대사관에 신청을 해야 한다고요.

그로트.

잡지에 실었다. 나의 요청으로 그녀는 연극실험실에 편지를 보냈는데 초대장으로 해석될 만하게 표제가 달린 종이에 써주었다, 실제로는 덴마크에 그로토프스키 극장의 투어가 가능한지 정보를 물어보는 것이었다.

74 Polska Agencja Artystyczna, 폴란드 예술가 관리국(Polish Artists' Agency). 이곳이 해외로 공연을 초청하는데 필요한 모든 예술적 경제적 협의를 반드시 거쳐야 하는 정부 기관이었다.

편지 12

'연극실험실 13열 극장'이 찍힌 종이에 타자기로 입력한 편지,
받는 이의 주소: '담파레트 60번지, 오슬로, 노르웨이'.

오폴레에서, 1964년 12월 29일

판 에우게니우쉬,

K.씨가 우리를 방문 중에 있습니다. *[잃어버린 연극을 찾아서]* 책이 2월에 나오기로 되어있었는데, 출판이 늦어지겠어요, 왜냐면 그대가 사진도 그림도 필름도 전혀 보내지 않았기 때문이죠. 그대가 서둘러서 1월 중순까지 모든 걸 보내지 않는다면-점잖은 미스터 K.가 선포하기를-그때는 사진 없이 책을 찍을 거랍니다. 우리가 맡은 부분에 한해서는, 우리는 그대에게 일찌감치 9월에 사진을 다 보냈고, 그대가 잘 받았다고 편지한 걸 나는 기억합니다. 그대의 작업이 가능하다면, 그 책에 배우들 이름이 정확히 실리는 게 매우 중요합니다, 적어도 사진에 달린 제목만큼은요. 아직 그대의 잘못 목록은 끝나지 않았어요: 아직 그분에게 정확한 표지도 보내지 않았잖아요. 이제 당신에겐 그 벌로: 9월에 나오는 장학금이 지금까지 안 나왔어요, 그러니 지금으로선 영원히 들어올 기미가 없어 보입니다.

토네(Tone)[75]가 여기 와있어요, 그녀가 내게 힘주어 말하길, '확실한

75 토네 불(Tone Bull)은 노르웨이의 배우로, 그녀는 62년 말에서 63년 초 몇 달 동안 오폴레 극장에서 지냈다. 그로토프스키는 그녀를 *닥터 파우스투스* 공연에 포함시켰고, 파우스투스가 손님들 앞에서 아름다운 트로이의 헬레네를 떠올릴 때 한순간에 출현했다 사라지는 장면이었다.

소식통에 따르면' 그대가 극단 배우들 속에서 막대한 권력을 즐기고 있다고 들었다는군요. 우리의 훈련들을 변형해도 좋습니다. 거기엔 아무런 정형이 없으니까요, 그대가 잘 알고 있듯이, 하지만 모든 것은 지속적인 변화의 상태에 있어야만 합니다. 지금도 역시 우리는 당신이 관찰했던 때와 또 다른 작업의 국면을 거치고 있는 중입니다. 훈련에서뿐 아니라 *불굴의 왕자*의 리허설 방식에서도 모두, 굉장히 거리가 있고, 이전에 했던 것과도 또한 매우 다르죠. 이건 퇴보를 뜻하는 게 아니고, 오히려 우리는 더 높은 수준에서 방법론에 관한 문제들을 해결하고 있는 것입니다. 실습 속에서 이것은 훈련의 개별화를 담보하고, '임무' 설정과 배우의 일련의 동기가 대두됩니다. 나는 우리가 지금 지중해 전통에 뿌리를 두고 있는 유럽 버전의 탄트라[76] 혹은 박티[77]를 창조하고 있는 중이라고 믿어요. 그리고 또한, 이러한 새로운 단계에서, 우리가 극복했다고 생각했던 옛 실수들을 분명히 다시 만나게 될 거라고 믿습니다.

만약 그대가 갑자기 대운을 맞고 부자가 돼서, 짧게라도 여길 다녀갈 수 있다면, 아마도 매우 재미난 관찰을 하게 될 겁니다.

그대의 배우들에게는 어떤 일들이 있나요? 그리고 그대의 잡지는 실현이 되는 건가요? 만약 그렇다면, 언제 창간호가 나올까요?

모든 것을 존중하면서 자꾸 이렇게 귀찮게 해서 미안한 마음을 가득 담아, 내가 그대에게 다시금 상기시켜야 하겠는데, 아직도 *TDR*은 도착하지 않았습니다. 헝가리에서도 아무 소식 없고요, 당신이 그쪽에 *연극의 새로운 텍스트*를 보냈는지도 나는 모르고요. 스칸디나비아 잡지들, 고마워요. 그리고 인도 연극에 관한 러시아 책과 우리에 대한 기사가 실린 잡지는 받았나요? 내가 보낸 지 한참 됐거든요.

---

76 편지 1에서 주석 5 참고.

77 편지 6에서 주석 42 참고.

1월 2일부터 우리의 근거지는 브로츠와프입니다. 출애굽기가 시작됐지요. 마침내 약속의 땅이 우리 앞에(또한 그대에게) 나타나기를 희망해 봅시다.

그로트.

추신.

이 편지를 쓴 다음에야 나는 *TDR* 두 권과 헝가리 잡지를 오폴레에서 발견했어요. 볼프 빈데그의 책도 받았어요–제목이 정말 인상적입니다. 그리고 또 아니마[78]의 최신 저서도 받았습니다.

오폴레의 시스템에 관해서 그대가 '이교도적' 의견을 갖고 있다고 썼네요. 그래야 하는 게 맞지요. 내가 그대에게 무엇을 기대하나요? 정통파도 아니요, 개혁파도 아닙니다. 현재 나 자신의 생각은 과거(그대가 이곳에 있었던 시기)를 놓고 본다면 이단적입니다, 그리고 내일은 또 새로운 '이단적' 생각을 내게 가져다주기를 희망합니다. 그대가 이교도를 부인한다면, 나는 그대를 부인하겠어요, 오 압살롬(Absalom, 구약 성경에 나오는 인물, 다윗의 셋째 아들로 왕위를 빼앗으려다 전사하였다 - 옮긴이 주), 압살롬.

그르(Gr).

이제부터 모든 연락은 브로츠와프의 우리 주소로요: 연극실험실 13열 극장, 브로츠와프 3, 우편함 41.

---

78 이번에는 내가 레이몽드 템킨을 부르던 별칭으로, 그로토프스키와 그녀의 관계를 융의 용어를 사용해서 농담하곤 했다.

편지 13

타자기로 입력한 편지,
받는 이의 주소: '담파레트 60번지, 오슬로, 노르웨이'.

브로츠와프에서, 1965년 2월 6일

판 에우게니우쉬,

여기에 나는, 우리 운명의 새로운 윤회 속에 있습니다: 1월 1일 이후 우리는 브로츠와프에서 작업하고 있고, 9일부터는 공연을 시작할 겁니다. 연습과 훈련들은 어느 정도 평상의 리듬으로 나아가고 있어요. 지금으로선 중앙광장에 우리 극장이 배치되었네요. 우편 주소는: 연극실험실 13열 극장, 브로츠와프 3, 우편함 41입니다.

지난 몇 주 동안 나는 지나간 일들을 돌아보고 과거와 비교하면서 앞으로 무엇을 해야 하고 무엇을 구축해야 하는지 생각해왔습니다. 아쉬람[79]을 옮긴다는 것은, 아무런 변화가 없다 하더라도, 그 자체로 다른 아쉬람을 낳게 됩니다. 같은 은유로 계속하자면: 오폴레 시기는 아루나찰라의 암자에 있던 마하리쉬이고[80]; 브로츠와프는 반면에, 폰디체리 오

79 아쉬람(ashram)은 산스크리트어로 암자, 수행처, 외딴 은둔지를 뜻하는데, 그로토프스키는 종종 그의 극장을 그렇게 불렀다.

80 라마나 마하리쉬(1950년 사망, 초월 명상 운동과는 관련 없음), 인도의 금욕적 수행자, 남인도의 아루나찰라 산에 은거하며 작은 커뮤니티를 이루어 수행하였다. 그로토프스키는 그의 사진을 오폴레의 방에 갖고 있었다. 그는 그 사진을 나에게 보여주었고, 폴 브런튼의 *비밀의 인도를 찾아서*라는 책에 대해 한참을 얘기했다. 그 책은 그로토프스키의 어머니가 읽어보라고 주었고, 그때 그는 9살이었다. 몇 년 전에도 그로토프스키가 내게 말하길, 여전히 마하리쉬는 그의 영적 스승이며, 브런튼의 책은 영어, 프랑스어, 이태리어, 폴란드어로 각각 갖고 있고, 그와 작업하는 사람들은 모두 마하리쉬에 대한 부분을 다 읽도록 한다고 했다.

로빈도(Aurobindo)[81]의 아쉬람(왁자지껄한 대도시 한가운데 있는 암자이며 수행 기관)이 될 겁니다. 그러나 아마도 아쉬람의 비교가 더 이상 가능하지 않을 거예요.

이곳에서 우리는 배우의 창조적 기술에 특별히 중점을 두는 연극 연구기관으로서 공식적인 지위를 갖습니다(또한 회사명으로도 갖고 있을 수 있게 되었어요). 이런 모든 게 우리를 부분적으로 정의하죠, 비록 주로 일반적인 관습적 연극과 그 의무들에 관한 것이지만요. 하지만 우리는 어떻게 우리를 우리 자신에게 정의할 수 있나요? 그리고 배우들은 어떻게 자신들을 바라봐야 하나요? 그냥 보통의 예술가처럼? 일반 사람들과는 다른 예술가로? 과학자로? 실험 대상으로? 사도들? 아니면 다 합쳐진 어떤 무엇? 이런 건 단지 반쪽짜리 질문일 뿐이죠.

의심의 여지가 없지요: 이런 방식의 이주는 항상 위험으로 뒤엉켜 있어요. 예를 들어, 이건 거의 뚜렷하게 느낄 수 있는데, 작은 도시의 고요함 속에 있었던 그런 독점적인 집중을 이제는 어떻게 작업장에서 더 이상 지닐 수 없게 되는가. 만약 우리가 예전의 작업 전략을 이처럼 새로운 상황에서도 고수한다면, 위기는 명확하게 나타날 것이고 작업의 공간은 부담스러운 의무의 장소가 되어버리죠. 진짜 문제는: 외부적인 침묵이 존재하지 않는 곳에서 어떻게 내적인 침묵을 유지하는가. 분산이 되는 장소에서 어떻게 자신의 집중을 유지하는가. 안락함의 유혹이 생길 때 어떻게 탐험가로서 남을 수 있는가. 모든 게 정상으로 돌아가고, 배우로서 자신의 상태를 기준으로 솔직하게 자기 존재를 정의해야만 할 때, '목표의 광기'를 어떻게 지켜낼 수 있는가.

당분간은 아무 위기가 없습니다. 배우들은 평소대로 작업하고 있고요,

81 오로빈도 고세(Aurobindo Ghose, 1872-1950), 인도의 철학자, 마드라스 근교의 폰티체리에 은거하며 힌두 전통의 수행과 실천으로 돌아갔다.

아마 심지어 보통 때보다도 더 치열하게요. 하지만 나는 알고 있죠, 이러한 질문에 답을 찾지 못하면, 위기가 올 수 있다는 것을. 그건 심리적으로, 그리고 방법론의 발전을 다루는 문제 양쪽 모두에서요.

내가 이미 썼던 것처럼, 방법론은 발전해가면서 다른 형국으로 진입했고, 따라서 훈련의 선택에 영향을 끼쳤으며, 또한 새롭고도 놀라운 필요들을 불러일으켰지요: 예를 들어, 어떤 특정한 유형의 작업 심리학의 개요로서, 또는 구체적인 임무 수행(테크닉 2에 적용, 그러나 초기 단계에는 아니고[82])에 유용한 심리적 현상학으로요. 나는 앞으로의 연구가 어떤 방향으로 가야 하는지 알 것 같습니다만, 내가 맞는지는 오직 시간만이 말해주겠지요.

극단을 옮겨온 것에 따른 문제들과 내가 앞에서 썼던 질문들에 관해서, 여기에 대한 실질적인 답변들은 상대적으로 분명하게 보입니다. 그러나 나는 그것들을 그대의 현재 경험에 비교해 볼 수 있다는 데에 대단히 가치를 둡니다. 그대가 우리 극단을 잘 알고 있다는 것뿐 아니라, 오슬로에서의 작업에서도 같은 문제가 나타날 것이라 상상이 되기 때문이죠, 물론 상황과 조건은 다르겠지만요. 부디, 나의 부탁을 심각하게 받아들여서 정확히 나에게 알려주세요, 그대의 기준으로, 이러한 문제들에 대한 그대의 정답을. 한편으로 이건 시험 문제이면서, 나는 정말 궁금합니다, 그대의 답은 나와 얼마나 다를까 알고 싶어요.

K.에게 전보를 받았는데, *[잃어버린 연극을 찾아서]* 책이 2월 25일에 출간될 것이며 그 날짜에 맞춰 나와 배우 한 명을 초대하는 여정에는 모든 준비가 되어있다고 하네요. 지금까지도 여행 경비가 도착하지 않았는데, 그러니 나는 너무 놀랐지요, 경비가 나온 뒤에만 여권 절차가 시작

82 그로토프스키와 나는 두 가지 유형의 기술 사이의 차이를 구별했다: 테크닉 1은 연극에 대한, 테크닉 2는 내적인 개발(예를 들어, 요가)을 위한 것.

될 수 있거든요- 그래야 확실하게, 물론 즉각 나오는 것도 아니지만요. 이런 상황 아래서 2월 25일이라는 날짜는 전혀 현실적이지 않지요, 그러니 나는 놀라울 따름이죠, K.는 그런 진행에 따르는 보통의 절차를 아주 잘 알고 있는 사람인데, 이 점을 인식하고 있지 않네요. 그분에게 전보로 답장을 했는데, 그게 도움이 될지는 모르겠어요. 그대가 편지를 해서 그분에게 모든 것을 설명해줄 수 있다면 정말 고맙겠어요. 그 책에 추가 사진들이 실린다는 게 사실인가요?

오슬로에서 배우들과 어떤 작업을 하는지 그대의 프로그램에 대해 더 알고 싶어요. 매일의 작업도 궁금합니다, 개별적인 훈련들은 무엇이고 그 리듬은 어떤 식인지요. 또한 연출가로서 그리고 교육자로서 그대의 작업에 따르는 심리적 문제들에도 관심이 있습니다. 작업하는 걸 찍은 사진들이 있다면, 보고 싶네요. 당신이 기획하는 잡지는 어떤 방향성을 갖는지 궁금하고, 영역에 대한 구체적인 계획이 있는지 혹은 일반적인 상황 때문에 계획이 비현실적으로 되지는 않는지 알고 싶어요.

그대가 나에게 화를 낼 거라는 것도 알고요, 시간이 없다, 이런저런 말을 할 것도 압니다. 그러나 이 편지 - 시험이 당신에게도 도움이 될 것이고, 어떤 발견적 해법이 되는 역할을 채워줄 겁니다. 당연히 나는 시간과 돈이 허락해서 그대가 여기, 우리의 새로운 아쉬람에 단 며칠만이라도 올 수 있기를 더 선호하지요. 그게 가능하지 않다면, 나는 편지를 기다립니다, 나에게 달라붙은 악담이 얼마나 그대 마음속에서 끓어오를지 걱정 없이.

우정의 악수를,

그로트.

편지 14

타자기로 입력한 편지,
받는 이의 주소: '담파레트 60번지, 오슬로, 노르웨이'.

브로츠와프에서, 1965년 4월 5일

판 에우게니우쉬,

편지 고마워요. 나의 심리학적 테스트(집단 - 앙상블 작업의 조건에서 또는 대도시 한복판에서 작업하는 극장 - 스튜디오로서)에 대한 답은 담겨 있지 않았네요. 그러나, 그대의 답장으로, 이 시기에 그대의 작업에 대한 온전한 그림을 나에게 보여주었어요. 그대의 작업이 옳게 가는 것 같네요, 전체적으로나 세부적으로 모두. 당신과 협업하는 사람들이 꾸준히 스스로를 증명한다면, 당신의 작업이 초반에는 의심의 여지 없이 반대파들로부터 가장 요란한 웃음을 불러일으킬 겁니다. 하지만 그들은 웃음을 멈출 수밖에 없을 겁니다, 왜냐면 반박할 수 없는 예술적 사실에 직면하게 될 테니까요. 나는 그대가 오폴레에서(그리고, 물론, 지금은 브로츠와프에서) 우리 연구의 고갱이를 파악했다고 믿습니다: 변화하고 끊임없이 개발하는 영혼, 자율 - 교정, 그리고 무엇보다 자기 자신에게 대립하기. 달리 말하면, 고정된 레시피가 아니라 열려있는 창조적인 메소드.

오폴레에서도 알았던 것처럼, 그대 마음속에 연극 테크닉에 대한 이단적인 생각들이 오간다고 했죠. 충분히 이해해요—나한테도 역시 그러니까요. 그대가 시간 여유가 있을 때, 일반적인 관점들을 종이에 적어본다면, 나한테 매우 고마운 도움이 되겠어요. 얼마나 비슷하고 얼마나 다른 지, 얼마나 이질적이고 얼마나 확증적인지, 그대의 의견과 내가 방법론에 적용하는 점들을 비교해보고 싶어요.

우리는 브로츠와프에 벌써 꽤 뿌리를 내렸지요. 비록 초반에는 엄청난 피로와 심리적 난관을 대가로 치렀지만, 아쉬람의 성격을 잃지 않고, 단원들이 큰 도시의 새로운 상황에 잘 적응했다는 걸 많은 신호들이 나에게 보여주네요.

불굴의 왕자 첫 공연을 4월 15일로 확정했어요. 이건 특별한 공연이죠, 다른 작품들과는 확연히 다른. 치에실락과 나의 불발된 이태리 여정 때문에 미뤄졌던 건데, 당신 책과 관련된 그 여행 얘기하는 거예요. K.의 편지를 복사해서 동봉할 테니, 왜 그 여정이 이루어지지 못했는지를 당신이 이해하게 될 겁니다.

아마도 K.는 심지어 당신 책을 당신에게조차 보내지 않았겠죠, 우리가 가지 않았다는 사실에 화가 나서 그 무의식적 감정이 일으킨 행동으로요. 그러나, 만약 그대가 여유분의 책을 받게 된다면, 부디 나에게 보내주세요.

우리에게 헌정된 잡지 *연극의 회고*(*Pamiętnik Teatralny*, 영어로는 *Theatre Memoir*라고 쓰였다 - 옮긴이 주) 받았나요? 폴란드 책 필요한 거 있나요? 그대에게 보낼 만한 잡지들을 찾아봤는데, 너무 낡고 얼룩이 져서 적당해 보이지 않더라고요. 당신을 위해서 새로운 잡지를 구독하는 게 더 좋겠어요. 원하는 거 있으면 적어 보내줘요.

그대의 공연은 언제 시작되는지 어떤 작품이 될지 알려주세요. 여전히 나는 희망합니다, 아마도 소용없겠지만, 그대가 며칠만이라도 우리를 방문해줄 수 있기를. 덧붙임: 템킨 부부는 4월 10일 도착.

그대의 책을 봤지요(다소나마 이태리어를 이해할 수 있었던 그 내용에 대한 나의 지식 덕분에). 아주 좋은 내용이고, 우리가 폴란드에서도 출판할 수 있는 가능성이 있다고 생각해요[83]. 이 주제에 대해서, 푸지나가 자신이 편집을 맡아 연극 책 시리즈로 얘기했는데, 나는 1964년부터 지금까지 발전시켜 온 방법론을 부록으로 추가하고 싶어요. 지금으로선 상당히 불가능한 일이죠, 내가 그 책을 갖고 있지 않으니까요, 내가 받은 한 권을 제외하고는.

지난번에도 썼듯이, 그리고 토프트(Toft)[84]에게도 얘기했는데, 그대의 장학금이 들어오지 않았어요. 하지만 걱정 말아요: 이게 그대에 대한 나의 의무감을 면제해주진 않을 테니까요[85](짐작하건대, 당연히, 그대는 관심 없겠지요, 그대와 늙은 라마를 묶어주었던 애정과 친밀감의 유대에 대해. 그러니 이 편지에 그런 어려움이 묻어납니다.)

다정한 인사로,

그로토프스키

---

83 *잃어버린 연극을 찾아서*도 *가난한 연극을 향하여*도 폴란드에서는 지금(1999년)까지 출판이 되지 않았다.

84 페르 토프트(Per Toft), 내가 오슬로 대학에서 학생 때 만난 친구. 그는 배우가 되고 싶어했고 내가 그로토프스키에게 가도록 추천했다.

85 편지 8에서 주석 56 참고.

편지 15

'연극실험실 13열 극장'이 찍힌 종이에 타자기로 입력한 편지, 받는 이의 주소: '담파레트 60번지, 오슬로, 노르웨이'.

브로츠와프에서, 1965년 4월 26일

판 에우게니우쉬,

오늘 그대의 편지를 받았습니다. 그건 정말로 나를 여러 가지 면에서 기쁘게 해주었어요. 첫 번째는, 아주 오랜만에, 어떤 영혼의 고요함을 전해주었죠. 아마도 그건 기다림이고, 또한 당신을 좋은 기분으로 만든 상황[86]과 긴박한 변화에 대한 생각이지요 – 누군가는 교수대에 묶인 사람의 유머 감각을 논하는 것만큼이나 부적절하다고 생각하겠지만. 장례식에 곧장 참여할 수 있도록 초대해주어서 진심으로 고마워요[87]. 어찌됐든, 사랑받는 그분에게 나의 마음과 나의 존경과, 그리고 곧 직접 만나 그분을 알게 되기를 희망한다고 꼭 전해주세요.

두 번째 기쁜 소식은 당신의 프로젝트가 폴란드에 온다는 것이죠. 만약 그 일이 정말로 가능하다면, 나는 7월 초를 제안하고 싶어요. 그때 우리가 공연을 올릴 예정이니, 따라서 그대는 훈련과 *불굴의 왕자* 공연까지 둘 다 볼 수 있지요[88]. 현재로선 두 가지 일이 확실합니다. 첫째:

---

86 주디와 나는 결혼을 하기로 결정했다.

87 이어지는 편지에서 볼 수 있듯이, 그로토프스키는 영국으로 내 결혼식에 와주었다. 같은 시기에 맞춰서 그를 위해 런던에서 강연을 잡았고, 그로토프스키는 그즈음에 처음으로 피터 브룩을 만났다.

88 그 여행은 이루어지지 않았다. 나는 *불굴의 왕자*를 66년 2월 오딘 극단이 오슬로에 공연을 초청했을 때 보았다.

우리 '회사'[89]의 미학에 새로운 시기가 도래했다는 것. 둘째: 이 공연은 지난번에 그대에게 말했던 탄트라와 연극 사이의 미개척 분야에 관한 연구를 시도한다는 걸 보여줍니다.

이것은 극단적으로 정교한 기술을 요구합니다, 특히 배우 영혼의 기술에 대한 측면에서; 모든 것이 단 하나의 실에 묶여있기 때문에, 쉽게 엉킬 수가 있지요. 내가 오직 바라는 건 당신이 그 공연을 볼 때 이런 일이 일어나지 않기를 희망하지요. 이런 종류의 작업은 더 발전할 수 있다는 가능성이 있습니다. 배우의 방법론이라는 관점에서 그리고 그것이 배우 작업의 영혼으로 규정될 수 있다는 점에서, 나는 이것이 지금까지 내가 해왔던 가장 의미있는 예술적 경험이라고 느낍니다. 그리고 그건 그저 예술적인 것만이 아니지요.

나에게는 글자로 나를 이해시킨다는 게 항상 어렵습니다, 왜냐면 사람들은 말을 통해서보다는 개인적인 표현을 통해서 서로가 더욱더 소통을 하니까요. 내가 사람들에게 편지를 할 때는, 나는 사람들이 내가 쓴 글자를 나의 몸짓과 나의 말투와 연결 지어서 완성할 거라고 당연히 생각하거든요. 하지만 시간이 흐르면서 전체 문맥에 대한 기억은 증발하고, 오해를 낳더군요.

며칠 전에 나는 당신이 보낸 마지막에서 두 번째 편지를 다시 읽었어요. 당신이 그랬죠, 사진 부분에 대해서 신경을 못 썼기 때문에 그 이유로 그 책의 출판이 더디어지는 것 같아서 면목이 없다고요. 그 점은 정말 유감스럽게 생각해요. 어떤 일이 일어났다고 해도, 나는 그대가 우리 '회사'에 관심을 소홀히 했다고 절대로 생각하지 않아요–전혀 그 반대죠. 모순적인 언급으로 형식화된 농담의 의도에 비추어 당신이 문맥을

89 플라센과 그로토프스키는 그들의 극장을 '회사(firm)'라고 불렀는데, 이는 작가 토마스 만을 인용한 것이다. 그는 번창한 상인의 아들이었는데, 글쓰기가 회사를 운영하는 것과 같다고 말했다.

간파했으리라, 편지를 쓰면서 나는 그렇게 생각했거든요. 이태리 비자에 관한 온갖 모험담을 썼던 나의 마지막 편지(당신의 편지와 분명 엇갈렸을 겁니다)에 똑같은 현상이 적용되지요: 내가 '그대에 대한 책임감'을 이야기한 그 끝부분은, 어느 버림받은 늙은이의 탄식이었죠. 그걸 그대는 직역해서 받아들이면 안 됩니다.

지금까지도 K.는 당신의 책을 보내주지 않았어요. 내가 갖고 있는 유일한 책으로 한 장 한 장 탐독했지요, 내가 보기엔 아주 잘 나온 것 같아요. 폴란드에서 출판되었으면 좋겠어요.

불굴의 왕자 공연 프로그램을 받았을 것 같은데요. 그 안에 실린 당신 책의 요약 부분이 그 작품의 진정한 내용을 좀 뒤틀고 희석시키지요. 하지만 그건 기능적 도구를 위해 그대가 치러야 할 대가입니다, 그대가 좋아하는 이야기에 따르면: '프랑스인이 당신을 보고 있다', 그리고 또한 전체 배우들이 악명을 얻으려면 필요한 것이죠[90]. 반면에, 배우의 방법론에 관한 플라센의 글에 들어가는 수정 사항들뿐 아니라 배우의 심리

---

90 20세기 초반에, 폴란드가 분리되고 일부가 제정 러시아에 합병되었을 시기에, 많은 젊은 폴란드 예술가들은 모스크바나 상트페테르부르크(St.Petersburg)에서 유학했다. 어느 폴란드 화가가 그의 자서전에서 말하길, 그들이 돈이 전혀 없었을 때면 일행 중 한 명은 프랑스인처럼 옷을 차려입고 아주 비싼 식당에 갔단다. 자리를 잡고 캐비어와 샴페인을 주문한다, 그리고 계산을 할 때가 오면 주변에 부유한 러시안을 찾아낸다. 그런 다음 젊은 폴란드 일행 중 한 명이 그 부자 러시안에게 다가가 속삭인다, '우리 저녁 값을 내주시죠. 저기 프랑스인이 당신을 보고 있거든요.' 이 일화가 '회사' 전략의 요체가 되었다. 한번은 오폴레에서 공산당과 지역 예술가들의 모임이 있었다. 나도 마치 전속 단원인 양 그로토프스키와 동행했다. 첫 번째 발표에서 그로토프스키 작품들을 비판하기 시작할 때, 내가 번쩍 일어나서 순수함을 가장한 채 떠들어댔다. 내가 막 유럽에서 돌아왔는데, 내가 만났던 유명인들의 이름들을 쏟아내면서, 그들이 오폴레의 문화 정책이 무척 인상적이었다고 말했으며 사르트르가 발행하는 잡지는 그로토프스키의 활동을 대서특필했다고 떠들어댔다. 그토록 사소한 구실로 극장이 폐쇄되는 위험성을 물리칠 수 있었다는 게, 최소한 일시적으로나마, 오늘날엔 이상하게 생각될 것이다. 하지만 공안 당국을 망설이게 하는 이유 중 하나가 국외에서 출판되는 기사들이었음을 부인할 수 없다. 만약 그들이 그로토프스키의 극장을 폐쇄해서 국제적인 반응을 일으켰다면, 그럼 바르샤바 공안이 뭐라고 했었을까?

기술들과 관련된 문제를 다시금 정리하는 방식, 둘 다 그 문제를 바라보는 나의 현재 관점을 반영합니다.

이태리 건을 되짚어보자면, 나는 앞뒤를 전혀 이해할 수가 없어요. 5월 말에 새로운 프로젝트로 파두아에 가는 건 가능할 수도 있겠지만, 만약 그게 성사된다면 그대에게 상황을 알려주겠어요. 내가 지난 편지에서 이미 얘기했으니, 이태리 당국이 우리의 길목을 막은 온갖 비자 문제들은 일일이 반복하진 않겠어요.

템킨 부부는 여기서 일주일 머물렀어요. 역시나 리허설 막바지 단계에서(*닥터 파우스투스*의 경우처럼), 역시나 그들은 배우들에게 아빠 엄마의 역할을 자처했죠(커피를 만들어주고, 샌드위치를 준비해주고 기타 등등. 달리 말해, 보장된 전천후 도우미였죠).

출판사로부터 아무 말도 없는 걸 보니 아마도 헝가리에서는 그 책이 나오지 않을 겁니다. 폴란드에서 당신 책에 대한 리뷰는 전혀 나오지 않았고요, 배포를 하기 위해서 내가 그 책을 기다리고 있으니까요. 유일하게 딱 하나 기사가 실렸는데—매우 긍정적으로—브로츠와프 신문에요.

그대의 작업에 대한 기사가 나온 신문이 있으면 보내주겠어요? 왜 처음이자 어쩌면 마지막이라고 말을 하나요? 나는 당신 극단의 존재와 전문적인 성장에 엄청난 가치를 둡니다. 특히 당신이 탐구하려고 시도하는 *새로운 가능성*에 대해서 말이죠.

이곳의 작업은 늘 그렇듯이 계속되고 있고, 관객은 모자람이 없지요[91]. 그대의 소박한 하인은 열심히 일하고 있으며 그대에게 존경을 표합니다.

---

91 이 역시 검열의 눈을 의식해 연막을 친 것이었다. 실제 사실은 극소수의 관객이었다. 이 주제에 관해서는, 잡지 *연극 노트*에 즈비그니에프 오시인스키가 1992년부터 연재한 글(*연극실험실 13열 극장의 박스 오피스에 대한 보고서, 오폴레 1964*)을 참고할 수 있다.

그로토프스키

편지 16

'연극실험실 13열 극장'이 찍힌 종이에 타자기로 입력한 편지,

받는 이의 주소: '소피에스게이트(Sofiesgate) 5번지, 오슬로, 노르웨이'.

브로츠와프에서, 1965년 6월 8일

친애하는 판 에우게니우쉬,

이 편지를 전해줄 노르웨이 여배우가 우리를 방문해서 그대를 만나보고 싶다고 하네요. 그녀에 따르면 만나기가 아주 어렵다고요, 그래서 나에게 편지라는 형태의 안전한 행동을 특별히 보장해달라고 요청했지요. 그리고 나는 그 기회를 십분 활용해서 그녀를 통해 그대에게 몇 마디를 전합니다.

영국에 가는 초대장을 받았습니다[92], 그러나 왕복 항공권에 대한 비용은 없기에 여권을 받을 수가 없어요, 그리고 이건 이미 늦었네요. 가능하다면 *속달*로 돈을 즉시 보내줄 필요가 있습니다.

나야 그대를 꼭 다시 만나고 싶지요. 하지만 내 느낌에 티켓 비용이 심각한 재정 문제를 줄 것 같아요, 그대에게 그리하여 역시 그대의 극단에도[93]. 그러므로 반드시 위험을 초래하지 않을 때에만 내 여행을 계획해주세요. 상황이 어떤지 바로 알려주세요.

---

92 1965년 나의 결혼식 초대를 말함.

93 당시에 오딘 극단은 구성원들이 자금을 조달했다: 다섯 명의 배우들과 나. 매주 한 명씩 작업실 임대료를 충당했다. 그곳에서 우리의 첫 번째 작품을 준비하고 있었고, 노르웨이 작가 엔스 비요르네보의 텍스트 *오르니토필레네(Ornitofilene)*를 기반으로 한 것이었다.

리샤르드(치에실락)와 나는 이태리에 다녀왔습니다. 이상한 여행이었어요. 곧 다시 편지로 더 자세히 말해줄게요. K.는 우리에게 마치 자본주의 상어처럼 행동했지요, 그런 점에서 그의 돈타령은 나까지 불쾌하게 만들었고, 그건 그대가 알다시피 쉬운 문제가 아니잖아요. 거의 아무것도 준비가 되어있지 않았어요: 그 책이 홍보가 된 것도 아니고 배포가 된 것도 아니었어요. 유통할 생각이 없었다면 왜 그 책을 출판했는지 나는 이해할 수가 없습니다[94].

우리가 도착할 때까지 K.는 아무것도 할 의사가 없었던 게 분명해요. 그는 당신이 책을 유통하는 데 도움을 주고 리뷰를 확보해주기로 약속했었다며 당신에게 상당히 불만을 늘어놨어요. 어떻게 멀리 떨어져 있는 사람이 이런 일을 할 수 있겠는지 나도 이해할 수가 없으니, 내가 그에게 그렇게 얘기했죠, 그랬더니 그는 엄청 화가 났지요.

그대가 그에게 편지하려거든, 당연히 이런 상황을 다 알고 있어야 합니다.

이런 모든 것에도 불구하고, 우리는 로마, 파두아, 밀라노에서 세 차례 중요한 강연을 했고, 이 중에서도 특히 두 곳, 로마와 밀라노에서는 깊은 인상을 남겼습니다. 강연과 동시에 책이 다 팔렸고, 성과가 좀 있었죠. 그래도, 초판(또한 첫 번째 판매용으로 나간 것)만 팔린 거지요. K.는 자기 출판사에서는 오직 리뷰가 나온 다음에야 책을 유통할 수 있다고 주장하는데, 리뷰가 나올 수가 없으니, 어쩌구저쩌구 등등. 내가 바라기는 우리의 등장이 적어도 부분적으로나마 이 마법의 서클을 부수었기를 희망합니다.

94 그로토프스키의 이런 반응을 온전히 이해하기 위해서는 당시 사회주의 폴란드에서 책이 갖는 가치를 염두에 두고 있어야 한다. 실상은 이렇다, 책이 출판되면 - 충분한 부수가 아니더라도 - 조그만 시골 마을 책방까지도 전부 배포가 되었던 게 필수조건이었다. 오폴레에서 특정 시인이나 철학자의 새 책이 한두 권 도착한다는 얘기를 들으면, 금세 팔려나가기 때문에, 책방 앞에서 우리는 아침 일찍부터 줄을 서곤 했다.

애정을 담은 인사를,

그로트.

편지 17

타자기로 입력한 편지,
받는 이의 주소: '소피에스게이트 5번지, 오슬로, 노르웨이'.

브로츠와프에서, 1965년 6월 20일

친애하는 판 에우게니우쉬,

여행 경비 받았습니다. 모든 게 잘 진행되어서 내가 그대의 엄숙한 결혼 예식에 참석할 수 있기를 희망해봅시다. 요즘 전문적으로 이례적인 상황이 나에게 모든 사건을 우리 작품 중 하나의 어느 장면과 관련을 짓게 만드네요. 이 경우에, 그대가 쉽게 상상할 수 있듯이, *아크로폴리스* 속 야곱의 결혼과 연결이 되지요[95]. 그대의 연인에겐 말하지 말아요.

노르웨이 여배우가 나를 만나러 왔을 때 그때 나는 막 이태리에서 돌아왔었죠. 그녀는 당신에게 전달할 편지를 부탁했어요: 어떤 상황에서든, 소위 배우들하고는 만나려 하지 않고, 오슬로에서 비밀의 아우라를, 심지어 어떤 귀신 학문처럼, 자기 주변에 형성했다는 이런 명성을 그대는 즐기나 보네요. 내가 그녀에게 편지를 주었죠. 벌써 그대에게 전해주었을 거라 상상되는데, 거기에 이태리에서 있었던 강연들과 당신 책의 운명을 얘기했지요. 그러니까 반복은 안 하겠어요, 게다가 우리의 임박한 만남을 고대하며, 오폴레 기차역에서 우리가 몇 시간씩 나누었던 대화를 다시 할 수 있다는 기대를 하고 있기 때문이죠.

---

95 *아크로폴리스* 공연에서, 아우슈비츠에서 일어나는 일로, 수감자 중 한 명인 야곱이 철봉과 '결혼했는데', 철봉을 연인 레이첼이라고 상상했던 것이었다.

신문기사 잘라 보내준 것도 받았어요. 특히 그대의 연극에 관한 기사는 나에게 큰 기쁨을 주었지요.

우리가 또 그대가 실행하고 있는 매일의 훈련에 대한 얘기는 맞는 거 같아요. 바로 이런 이유로 나는, 내년에, 거의 첫 번째 단계부터 전체 교육 과정을 아우르는 배우를 위한 스튜디오를 시작하고자 합니다.

우리 둘 다 이제는 지속적인 즉흥이라는 실을 통해서 훈련들을 서로 연결 짓는 원칙을 도입하고 있는 겁니다. 이런 식으로, 개인적인 연결의 흐름이 매일 달라지고, 그리고 모든 체조 같은 요인들(즉 기계적인 반복을 통해 완벽주의로 전락하는 위험성을 갖는 훈련들)이 제거된 몇 시간의 훈련을 나는 확보합니다.

모든 일이 잘 돌아간다면 나는 7월에 에를랑겐(Erlangen, 독일 남부 바이에른주에 있는 도시 - 옮긴이 주) 페스티벌에 갈 겁니다.

다정한 인사를,

그로트.

추신.

'유스 프리마이 녹티스'라는 전통 얘기를 꺼내도 될까요?

(라틴어 jus primae noctis, 첫날밤에 대한 권리 또는 초야권, 중세 영주가 자신의 영지에 존재하는 농노의 딸 또는 신부를 취할 수 있는 권리를 뜻하는 용어이다. 바르바의 결혼 소식에 그로토프스키가 매우 어색한 농담을 가끔 던지는 것을 몇 차례 편지 속에서 읽을 수 있다 - 옮긴이 주)

편지 18

타자기로 입력한 편지,

받는 이의 주소: '소피에스게이트 5번지, 오슬로, 노르웨이'.

브로츠와프에서, 1965년 9월 5일

판 에우게니우쉬,

그래서, 그대의 새로운 피부[96]는 어떤 느낌인가요?

새로운 시기에 다시 일을 가동시킨다는 게 쉽지 않으리라 상상이 됩니다, 또 부분적인 이유로는—내가 정확히 이해하고 있다면—첫 공연 이후에 여배우 한 명을 대체해야 했잖아요[97]. 다시 작업 시작했나요? 벌써 연습에 들어갔나요? 배우의 숫자를 줄였나요, 아니면 다른 사람을 찾는데 성공했나요? 그리고 무엇보다도: 주디스(Judith)는 어떻게 그대의 연극적 샥티(Shakti)[98]라는 역할에 잘 적응하고 있나요? 나의 따뜻한 마음을 그녀에게 전해주세요.

그대만은 잘 알잖아요, 내가 인간혐오, 염세적인 성격의 결합체라는 걸. 하지만 이 말은 해야겠네요, 그녀는 아주 멋진 인상을 주었어요—인생에 좋은 동반자가 될 것 같아요. '신이 그대에게 이런 행운을 주시길.'

당신은 토프트[99], 스웨덴 연극학교 감독과 연락을 하고 지내는지 궁금

96 즉, 결혼 이후.

97 65년 6월에 있었던 *오르니토필레네* 초연 직후, 여배우 중 한 명이 국립 연극학교 입학 시험 때문에 오딘 극단을 나갔고, 그녀는 합격하였다.

98 샥티는, 힌두이즘에서 신성한 에너지를 뜻하는데 여성의 형상으로 나타난다고 한다.

99 사실은 칼 - 에릭 프로프트(Carl - Erik Proft)를 말하는 것으로, 스웨덴 중부의 도시, 스카라(Skara) 연극원의 감독이었다. 편지 20 참고.

하네요. 같이 뭔가를 조직해볼 수 있나요?

런던에서 강연을 했는데 결과가 나쁘진 않았던 걸로 생각돼요. 엘스터가 우리에 대한 영상을 상영했고[100], 그런 다음에 토론이 있었는데 많은 사람들이 참석했어요–비평가, 연극인들, 심리학자, 문화 인류학자 등.

*엔카운터(Encounter)*에서 일하는 당신의 친구는 초대를 했는데도 오지 않았더군요.

재미있는 사람들을 여러 명 알게 되었지요, 그래도 가장 주목할 만한 분은 의심의 여지 없이 피터 브룩이죠. 우리는 몇 시간을 함께 보냈어요. 나는 그가 예술에서의 전문가일 뿐 아니라 재미있는 성격의 인물이라고 느꼈어요. 내가 그대의 책 *[잃어버린 연극을 찾아서]*를 그분에게 한 권 드렸는데, 그의 이름 철자를 잘못 썼다는 걸 나중에 폴란드에 돌아와서야 깨달았네요.

그러나, 강연에 앞서 나로서는 이해하기 어려운 사건들이 많았어요. S.[101]는 허언증이거나 아니면 진지함과는 전혀 거리가 먼 의도를 품고 있었더군요. 그는 전적으로 강연을 방해하는 온갖 일들을 벌이고, 우왕좌왕하면서 약속을 지키지 않았지요.

예를 들면: 그는 나에게 이렇게 말했어요, 엘스터의 영상을 먼저 보여주지 않고는 강연을 시작할 수 없는데, 영국 세관이 그 필름을 우리 대사관에 넘겨주고 싶어하지 않았다고요. 그러는 사이, 그는 엘스터에게는 이렇게 말했죠, 그가 아직 세관에 필름을 달라고 요청하지 않았다고요. 그래서 엘스터가 세관에 문의를 했더니, 어떤 상황이었냐면, 실은 필름을 누가 찾아가서 이미 폴란드 기관에 가 있다는 거예요. 그러고는 S.는

100 마이크 엘스터는 영국인으로 폴란드 우치에서 영화를 공부했다. 1963년에 *오폴레에서 온 편지(Letter from Opole)*라는 제목으로 그로토프스키 극장에 관한 영화를 제작해서 마지막 학기말 시험을 마쳤다. 이 영화는 극단의 훈련들, *닥터 파우스투스*의 공연 장면들, 그리고 극단 배우들의 일상 생활의 모습을 담았다.

101 그로토프스키는 이 사람의 이름을 언급하지 말라고 내게 부탁했다.

나에게 자기가 런던을 떠나야 해서 그 일을 챙길 수가 없겠다고 했어요. 하지만 몇몇 사람들이 전하길, 그는 떠난 게 전혀 아니고, 반대로, 저녁 식사에 그들을 초대했다는 거예요.

끝으로 – 아마도 그중 가장 최악은 – 그가 피터 브룩에게, 또한 다른 많은 사람들에게, 시모어[102]와 당신에게도 얘기했다고 하면서, '로열 셰익스피어 컴퍼니'의 이름으로 그가 나에게 적어도 두 번은 초대장을 보냈는데 내가 답장을 안 했다고 떠들더군요. 하지만 나는 그에게서 아무것도 받은 게 없었고, 나중에는 그 사람이 나한테 전혀 그런 걸 보내지도 않았다고 밝혀졌어요. 초대에 관해서는, 나는 시모어의 전보를 통해 알았지요, 그건 내가 답이 없었다는 S.의 얘길 듣고 나서 시모어가 나에게 보낸 전보였고요.

전부 다 이상한 상황이었어요. 곧바로 일에 착수했던 엘스터와 시모어가 아니었다면, 강연은 전혀 진행되지도 못했을 거예요. 그대가 알다시피, 영국에서는 이런 일들이 훨씬 미리부터 준비되어야 하잖아요, 반면에 우리는, S. 덕분에, 모든 일을 막판에 다 끝내야 했죠. 그러나 다행히 초대했던 저명한 사람들이 다 와주었고, 특히나 일 때문에 스트랫퍼드(Stratford)를 떠나야 했던 피터 브룩이 개인적으로 전화를 넣어준 덕택이었죠. 결국에는 모든 게 내가 예상했던 것보다도 훨씬 더 잘 끝났습니다.

우리는 베니스에 가지 않을 겁니다. 도리고(Dorigo), 페스티벌 감독이 우리를 공식적으로 초대했고, 폴란드 정부의 동의를 얻어 심지어 지원까지 확보했는데요. 그런 뒤에, 이해할 수 없게, 다음날 또 다음날 그는 계속 미루기 시작했어요. 처음엔, 그가 우리에게 *아크로폴리스*나 *불굴의*

102 앨런 시모어, 런던에 거주하는 오스트레일리아의 극작가로, 우치에서의 공연 *닥터 파우스투스*를 보았고, 긴 기사(*Revelations in Poland for Plays and Players*)를 써서 영어권 연극계에 큰 관심을 불러일으켰다.

*왕자*를 원한다고 했었죠. 그래서 우리가 최종적으로 *불굴의 왕자*에 합의했을 때, 우리 작품의 반-종교적인 캐릭터가 이탈리아 사람들의 감정을 해칠 수도 있다는 두려움을 표현하면서, 그는 폴란드를 걱정하기 시작했어요. 이 문제도 역시 해결이 됐을 때, 그가 전보를 보내서 하는 말이, 비용을 미리 책정해 놓긴 했지만 여행 경비가 비싸다는 거예요. 나는 어떻게 이해해야 할지 모르겠네요.

우리는 다른 초청들 대신에 이태리에서 보낸 초대를 받아들인 거라 그건 파탄이죠. 그것만 헛일로 되어버린 게 아니라 다른 가능한 여행들이 허사가 되니 우리들 마음을 비참하게 했죠. 종교성과 반-종교성에 관한 이제껏 모든 논란들은 편협한 광신도를 떠올리게 했어요. 폴란드에서, 자존감이 있는 가톨릭 지성인이라면 누구도 그런 식으로 행동한다는 건 꿈도 꿀 수 없지요.

이번에 나는 예술계의 '친구들'(그대가 그들을 그렇게 부를 수 있다면)과 관련해 두 가지 슬픈 경험들을 받아들여야 했지요. 이런 종류의 일이 나에게 일어났던 건 처음이었고, 아마도 그런 이유로 놀라움이 더 컸던 것 같아요.

그럼, 그대는 어떤가요, 판 에우게니우쉬? 우리는 만났고, 하룻밤을 온통 대화로 보냈지만, 여전히 충분치가 않네요. 잡지 *오드라* 한 권과 그대가 좋아할 프로그램 책자를 함께 보낼게요[103]. 돌아온 후에 아직 바르샤바에는 가질 못했죠, 그래도 잡지 *연극의 회고*[104]는 잊어버리지 않았습니다.

---

103 브로츠와프에서 나온 잡지 *오드라* 1965년 9월호에 처음으로 출판되었던 문제의 기사가 바로 *가난한 연극을 향하여*였다. 그리고 이후에 그 제목으로 나온 책 속에 그 글이 포함되었다.

104 폴란드의 연극 잡지, 그로토프스키가 나에게 구독권을 주고 싶어했다. 편지 14 참고.

애정을 담은 인사로,

그로토프스키.

편지 19

'연극실험실 13열 극장'이 찍힌 종이에 타자기로 입력한 편지, 받는 이의 주소: '소피에스게이트 5번지, 오슬로, 노르웨이'.

브로츠와프에서, 1965년 9월 27일

친애하는 판 에우게니우쉬,

지난번에 내가 보낸 편지 받았으리라 생각합니다, 나를 이용해먹은 그대의 동포들에 대한 쌓인 분노를 털어놓았던 거요. 나를 위로하고 화를 달래주는 유일한 생각은 내가 복수할 수 있었던 첫 번째 기회라는 거죠(예를 들면, 그대에게). 그대에게 무슨 소식을 들을까 겁이 나네요. *오드라*에 실린 나의 기사 *[가난한 연극을 향하여]* 읽어봤나요? 의도된 반발심을 그대에게 불러일으켰나요? 잡지 *대화*와 *연극의 회고*를 그대 이름으로 구독 신청했어요. 일곱 명의 새로운 외국인 학생들이 하루가 멀다하고 찾아와서, 우리 극장은 바벨탑이 되었네요. 지금으로선, 잘 꾸려가고 있어요. 어떤 면으론, 실은 스튜디오를 연 셈이네요, 나의 희망과 프로젝트의 기반을 두는 곳이지요. 우리는 바르샤바의 음성 건강 연구소(the Institute of Voice Health)와 협동 작업을 시작했어요. 이 협업이 지속적으로 될 수 있다면, 매우 교육적인 결과를 얻을 겁니다.

새로운 게 또 뭐가 있을까요? 일, 일, 일.

애정 어린 인사와 주디에게 키스를.

그로트.

추신.

[*손글씨로*] 그대가 9월 16일에 쓴 편지를 지금 막 받았어요. 당연히 루드빅과 내가 폴란드 연극에 관한 자료를 모아줄게요[105]. *연극의 회고* 잡지에 출판된 자료는 이미 갖고 있죠? 그게 아니면 *대화* 잡지 여러 편을 보내줄 수 있어요. 하지만 급한 건 아니죠, 그래요?

불굴의 왕자 공연 사진 다섯 장 동봉합니다. 만약 사진들이 출판된다면, 부디 배우들의 이름을 꼭 적어주세요–이건 중요합니다. 3, 4주 정도 안으로 루드빅과 의논해서 폴란드 연극사에 관한 가능한 텍스트의 목록을 보내겠어요.

여배우에 대해 참고로 말한다면[106]: 우리의 예술은 견디고 저항하고, 심지어 호의적이지 않은 상황에서조차도 그래야 하는 능력에 주로 달려 있지요. 그대는 강인한 인종의 사람이니, 따라서 나는 그대에게 일어나는 일에 걱정을 하면서도, 역설적으로 걱정이 안 됩니다. 약간 교훈적으로 들리지만, 그게 바로 그러하니까요. 전혀, 나의 첼라에 대해 걱정하지 않아요. 나는 믿음이 있지요.

맞아요, 런던에서 우리는 대화를 너무 서둘렀죠. 필요한 건 그게 아니라 고요함인데요, 마치 하루의 전부를 다 써버릴 수 있었다는 듯이 사실은 그렇지 않다 해도 말이죠. 나는 우리의 다음 만남을 더욱더 고대합니다(제의적인 요청에 따라 오슬로에 기차역 레스토랑이 있나요?). 하지만 이미 지난번 만남에서 나는 다시금 그대와의 소위 '내적 연결'을 느꼈지요.

그 사람들이 그대를 리셉션에 초대하지 않았다면, 그건 분명히 그대가 리셉션에서 어떻게 행동해야 하는지 모른다는 거겠죠. 지난번에 누구

---

105 나는 잡지 *연극의 이론과 기술*의 발행을 준비하고 있었다.

106 *오르니토필레네* 초연 직후에 오딘 극단을 떠난 여배우에 관한 일.

바지에 소스를 쏟았나요? 아니면 누군가에게 마카로니를 뱉었나요?[107]

그로트.

이태리에서 보낸 잡지를 받았어요. 트레지니[108]와 대화를 나눴거든요. 그의 글은 전적으로 *요가 수트라(Yoga Sutra)*를 바탕으로 썼네요[109].

---

107 이게 무슨 리셉션을 말하는 건지 나는 기억을 못한다. 마카로니에 관한 얘기라면, 우리 친구 중에 신문 기자 예지 팔코프스키라고 있었는데, 카토비체(Katowice, 폴란드 남부, 체코와 접경 지역의 도시 - 옮긴이 주) 공산당 서기관의 얼굴에 마카로니를 던진 적이 있었다.

108 람베르토 트레지니, 이탈리아의 연극학자, 폴란드 연극에 관한 책을 썼다.

109 *요가 수트라*는 하타 요가에 관한 파탄잘리의 전문 서적이다. 여기서 *요가 수트라*는 그로토프스키가 나의 책 *잃어버린 연극을 찾아서*를 불렀던 이름이었다.

편지 20

'연극실험실 13열 극장'이 찍힌 종이에 타자기로 입력한 편지, 받는 이의 주소: '소피에스게이트 5번지, 오슬로, 노르웨이'.

브로츠와프에서, 1965년 11월 16일

친애하는 판 에우게니우쉬,

그대의 작품 *오르니토필레네* 공연을 위해 출간한 프로그램을 기쁘게 잘 읽었습니다. 나에게 의구심을 불러일으키는 유일한 건 얼굴 마스크(가면) 사진들이에요: 배우들이 마스크를 창조했다기보다는 찡그리는 표정을 짓는다는 인상이에요, 얼굴을 찌푸릴 때처럼요. 얼굴 가면 훈련에서 흔히 겪는 위험입니다. 대신에, 마스크는 보는 사람들에게 그 인물의 일부인 듯한 인상을 주어야만 합니다, 저 인물의 얼굴은 항상 저렇다는, 또는 저 얼굴이 일반적인 반응이라는 인상을 주어야 합니다. 그렇지 않으면 모양을 일그러뜨리는 인상만을 받게 되죠, 마치 아이들 놀이에서 얼굴 찌푸리기 경쟁하는 것처럼요.

내게도 벌써 소식이 도착했네요, 그중 최고는, 공연의 결과에 대한 겁니다. 노르웨이 언론 전체가 그대의 공연에 대해 쓰고 있는 것 같네요, 다른 연극 공연들보다도 훨씬 더 많은 분량을 할애했어요[110]. 대단히 기쁘고 만족스러워요.

---

110 우리 공연에 노르웨이 언론이 특별한 관심을 보였다는 건 사실이 아니었다; 그와는 반대로, 리뷰는 거의 나온 게 없었고 눈에 띄지도 않게 지나갔다. 실은, 편지 22에서 설명하듯이, 그로토프스키는 1965년 11월에 있었던 오딘 극단의 덴마크 투어에 대한 정보를 받았던 것이었다.

스카라에 있는 스웨덴 연극원의 프로프트 선생이 내게 편지해서 나의 강연이 있는 그 시기에 그대의 공연을 초청하겠다는 프로젝트를 알려주었어요. 나는 전보를 보내서 그 프로젝트를 내가 얼마나 중요하게 생각하는지 말했죠: 그대의 작업을 내가 얼마나 보고 싶어하는지 상상할 수 있겠죠. 덧붙여 말하면: 나는 그대의 프로그램 속 사진들을 우리 배우들에게 보여주었어요, 그들이 좀 부끄럽게 느끼도록 하려는 교육적인 목적을 갖고요; 전혀 훈련이 안 되어있던 사람들을 데리고 그 짧은 기간에 그대가 비슷한 결과를 성취했다는 사실은, 우리의 경험자 배우들에겐 쓰디쓴 알약을 삼켜야 하는 일이거든요.

당신의 책에 대한 긴 서평(9쪽에 걸친), 잡지 *현대*에 실린 르네 소렐의 글은 이미 알고 있으리라 생각해요.

잡지 *대화*와 *연극의 회고* 받았나요? 그대가 만드는 잡지의 창간호는 잘 되고 있나요?

그대가 9월에 보낸 편지를 받자마자 내가 *불굴의 왕자* 공연 사진들을 보냈지요. 제때 맞춰 잘 도착했던가요?

올여름에 파리 부르세이예의 극장에서 *테오필(Théophile)*[111]이라는 중세 프랑스 신비극을 연출하게 될 거 같아요.

폴란드 연극에 관한 잡지 기사에 대해서: 비트카치의 이론 책들, *형이상학적 감각의 악화에 관하여(On the Deterioration of the Metaphysical*

111 *테오필의 기적(Le miracle de Théophile)*, 뤼트뵈프(Rutebeuf, 1245-1285년경에 활동한 중세 프랑스의 시인 - 옮긴이 주)의 작품으로, 프랑스 중세 연극에서 가장 중요한 텍스트들 중에 하나이다. 앙투안 부르세이예(1930년생)는 연출가이자 극작가이다. 1965년, 그는 샹제리제 스튜디오에서 연출을 한 후에 몽파르나스(Montparnasse) 극장으로 옮겨갔다. 그의 작품 선택은 외면당한 텍스트들을 재발견해내는 취향으로 특징지어졌다. 예를 들면, 시라노 드 베르주라크(Cyrano de Bergerac)의 *아그리핀의 죽음*, 현대 작가들 중에서는, 므로젝과 르 르와 존(Le Roi Jones). 1966년에서 1975년까지 그는 마르세유(Marseille)에 있는 남동부 국립 연극센터에서 연출가로 활동했다.

*Sense)*와 *순수 형태의 연극(The Theatre of Pure Form)*에서 발췌하여 두 덩어리로 나눠서 담기를 그대에게 제안합니다. 그 책들 갖고 있나요? 비트카치의 또 다른 책 *새로운 해방(The New Liberation)*도 매우 좋다고 생각해요. 이보 갈의 책 *소위 백색 벽의 연극(the So-called White Wall Theatre)*도 추천합니다(이 책 있나요?). 레온 쉴러(Leon Schiller)는, 그대가 이미 갖고 있는 *연극의 회고* 잡지에 실린 그에 대한 에세이들 중에서 사용하는 게 더 좋을 듯합니다, 출판된 그의 책들보다도요. 공간을 살펴보기 위해서는, 우리 자체의 연구와 구라프스키의 작업뿐 아니라 시르쿠스(Syrkus)와 프로나슈코(Pronaszko)가 연구한 책들 중에서 골라 뽑을 수 있을 거예요. 구라프스키가 프로그램들과 스케치들을 보내줄 수도 있고요, 그에게서 어떤 도움을 받기는 전혀 어려울 테지만요. 그는 지금 아내를 돌보고, 아들 교육시키느라 전혀 다른 일에 시간을 내지 못하고 있거든요. 그대에게 알려주는 겁니다.

스트젤레츠키 교수에게 기사를 써 달라고 내가 설득할 수 있을 것 같아요. 푸지나가 적합할 만한 자료들을 많이 갖고 있는데: 제일 먼저 비트카치 책들에 대한 그의 소개 글, 그게 전부가 아니거든요. 또 한편으로는 내 생각에, 그에게 특별히 당신을 위해서 글을 써 달라고 설득하는 건 우리 역량 밖의 문제라서요(그에 비하면 루드빅은 생산적인 거인이죠, 양적인 면에서 말하자면). 하지만 언제 한번 내가 푸지나를 만나러 가서 그의 예전 글들 중에 당신을 위해 골라 볼게요. 폴란드 연극에 대해서 다루자면, 또한 레두타 극장에 관한 기사도 있어야 한다고 생각하는데, 쓸 수 있는 사람이 아무도 없지요. 무대 장치의 형이상학적 요소들과, 강박적이고 기발한 독창성이 뒤엉킨, 직업 윤리에 대한 높은 기준을 지닌 그곳의 작업들, 실험 연극의 모델로서 레두타를 설명하기란 극도로 어렵거든요. 아마도 내가 루드빅에게 하라고 부추겨 봐야겠어요. 코트가 당신에게 전후 연극 종합사를 써줄 거라는 생각은 들진 않네요. 아마도 부워인스키는 설득이 될 것도 같은데요(원고료를 줄 수 있는 가능성이 있나요?).

신간으로, 코트의 셰익스피어에 관한 유명한 책이 지금 더 큰 개정판으로 나왔어요. 외관과는 달리, 이런 유형의 잡지에 매우 잘 어울릴만한 글들을 담고 있죠. 또 팔키에비츠(Falkiewicz)가 비트카치와 아르토를 비교해서 쓴 글을 활용하기를 제안합니다. 그 글은 수작이에요－진정한 발견－*대화* 잡지에 출판되었죠. 그걸 갖고 있지 않다면, 우리가 찾아서 보내줄 수 있어요.

일반적인 폴란드의 전경, 최근의 모습뿐 아니라 역사적인 것까지 비르트흐(Wirth)가 잘 다루고 있지요. 그분에게 내가 얘기할 수도 있겠네요. 그렇지만, 만약 원고료를 받지 않는다면 얼마나 관심이 있을지는 나도 확신이 없네요. 재정적인 문제가 장애가 된다면, *시파리오* 잡지의 특별판[112]에 실린 기사들을 그대가 사용할 수도 있고요. 재출간의 경우에 원고료를 생략할 수 있는지 저자와의 합의가 이루어져야 한다고 생각합니다. 비스피아인스키의 *햄릿*에 관한 책에서도 어느 부분이 들어가야 한다고 생각하지 않나요?

한 가지는 확실합니다. 모든 사람들에 대해서 조금씩 다 쓰려고 한다면, 결과는 물에 물 탄 듯 맹탕이 될 겁니다. 대신에 폴란드 연극에서 창조적인 요소들과 연구 분야에 집중하기를 제안합니다. 그래서: 자율적인 연극의 주창자로서 쉴러; 폴란드의 아르토로서 비트카치; 갈의 공간에 관한 연구, 프로니슈코와 시르쿠스에서 구라프스키까지 거슬러 올라가는 우리의 노력들; 실험 연극으로서, 그리고 막연한 직감이 아닌 방법론과 도구의 관점에서 도출되어 마침내 아방가르드의 창조자인 레두타.

112 이것은 폴란드 연극에 관해 두 편(1963년 208호, 209호)에 걸쳐 나온 *시파리오* 특집호를 말하는 것으로, 내가 편집을 맡았었다.

나는 정말로 기분 나빠 해야만 할 겁니다: 그대는 나의 지난번 편지에 답장조차 하지 않았고, 최근의 작업에 대해서 나에게 아무런 얘기도 해주지 않았죠. 그대가 즉각 회개하고 자세한 설명을 해주기를 나는 지켜보고 있지요.

이곳의 작업 리듬은 여전합니다. 우리는 *사무엘 즈보로프스키* (스워바츠키의 희곡 중 가장 복잡미묘한) 작품으로 작업을 곧 시작할 겁니다[113].

우리는 이미 스튜디오를 만들었지요. 그대가 보았던 그 시기와 비교해서 훈련들은 훨씬 더 다양해지고 밀도가 높아졌습니다.

다정한 인사를 전하며,

그로트.

주디에게 키스를.

113 이미 언급했듯이, 이 텍스트에 대한 작업은 다른 방향으로 흘러갔고, 1968년에 *무형의 묵시록*으로 마무리되어, 그로토프스키의 마지막 작품이 되었다.

편지 21

'연극실험실 13열 극장'이 찍힌 종이에 타자기로 입력한 편지, 받는 이의 주소: '소피에스게이트 5번지, 오슬로, 노르웨이'.

브로츠와프에서, 1965년 12월 18일

친애하는 판 에우게니우쉬,

그대의 잡지 받았습니다. 강렬하게 보이는 표지만큼이나 건실한 판단이 가득 담긴 듯하네요. 실로 존경스러워요. 유일한 반감은 나에게 너무 적은 부수를 보내주었다는 것, 그래서 우리 배우들에게 돌아간 게 없어서 나에게 화를 내고 있지요. 가능할지 모르겠지만, 문제가 되지 않는다면 내게 몇 부 더 보내줄 수 있겠어요? '본체' 잡지가 아니더라도－그대의 잡지만 따로 보내도 좋습니다[114].

폴란드 내용에 대한 나의 제안이 담긴 편지 받았나요? 그대는 어떻게 생각하나요? 이쪽 끝에서 우리가 어떤 식으로 그대를 도와줄 수 있을까요?

바로에게서 66년 5월에 열리는 프랑스 국제 연극제에 초청장을 받았어요－어떻게 될지 나는 아직 모르겠어요. 부르세이예 극장과 내년 여름에 내 작품에 대한 조건들에도 합의를 할 수 있을지 모르겠어요.

스카라 연극원에서 우리의 강연 날짜를 프로프트와 확정했어요: 1966년 2월 16일 - 22일. 그가 우리에게 약속하길, 같은 시기에 그대의 공연

114 *연극의 이론과 기술* 초반 5회차 발행은 *보니트(Bonytt)*라는 노르웨이의 건축과 디자인 잡지에 끼워서 팔았고, 또는 따로 빼서 단독으로도 판매가 되었다.

을 올리기로 했지요, 그럼 우리는 그 공연을 볼 수 있게 될 겁니다. 그렇지만, 어떻게 일이 진행될지는 모르지요, 왜냐면 지금으로선 우리가 돈을 받은 것도 항공권을 받은 것도 공식적인 초청을 받은 것도 아니니까요.

우리는 스워바츠키의 *사무엘 즈보로프스키* 연습을 시작했답니다. 소식은 이게 다예요.

다정한 인사를 전하며,

그로트.

추신.

나는 이번 축제에 기회를 잡겠어요, 12월 24일에 태어난(아마도) 그 아이에게 그랬던 것만큼 인생이 그대와 나에게는 그렇게 가혹하진 않으리라는 바람을 표현하기 위해서.

편지 22

'연극실험실 13열 극장'이 찍힌 종이에 타자기로 입력한 편지,
받는 이의 주소: '소피에스게이트 5번지, 오슬로, 노르웨이'.

브로츠와프에서, 1966년 1월 14일

친애하는 판 에우게니우쉬,

보내준 편지 고마워요. 안타깝게도 내가 다 이미 알고 있었다는 말로 그대를 괴롭혀줘야 하겠네요. 덴마크에서 그대의 공연이 성공이었다고 들은 소문을 제외하고요[115].

지난 가을에 그대를 위해 구독 신청을 했는데 잡지 *대화*와 *연극의 회고*에 문제가 있는 이유를 이해할 수 없군요. 아마도 해외 구독자들에게 발송하는 데 어려움이 있어서 늦어지는 것 같네요. 내가 이미 잡지사들과 연락을 해봤어요. 그래도, 그대의 다음번 편지에서 잡지들이 잘 도착했다고 내게 알려주면 기쁘겠어요.

플라센이 극장 건축에 관한 기사를 그대에게 써주기로 약속했지요, 레두타에 관한 글도요. 내 생각에 그는 분명히 해 줄 겁니다, 하지만 시간이 걸릴 거예요. 내가 스톡홀름으로 출발하기 전까지 끝내도록 내가 좀 그를 밀어붙일 수 있다면, 내가 직접 그 글들을 가지고 가지요. 프로프트의 학교에서 우리가 만날 것을 생각하니 행복합니다. 그대의 공연을

115 1965년 11월에 오딘 극단의 덴마크 투어는 오르후스 대학의 교수였던 크리스티안 루드빅센이 기획하였다. 편지 20에서 그로토프스키가 말한 것처럼 관객과 비평가들 양쪽의 긍정적인 반응이 홀스테브로 시장을 설득하여, 오딘 극단을 그 도시에 정착할 수 있도록 초청해주었다. 1966년 6월 초에 우리는 오슬로를 떠났다.

보게 된다니 얼마나 흥분이 되는지 상상할 수 있겠죠. 이 기회가 연극의 협업에 수많은 가능성을 일으켜줄 것이고 어쨌든 내실 있는 만남이 되어야 한다고 나는 믿습니다.

진심으로, 내게는 그대가 거의 최적의 상황에 있다고 보입니다, 극단의 공연과 더불어 또한 잡지까지 발행하고 있으니까요. 그건 창작 작업과 평가, 정보 및 이론을 활발하게 연결 짓는 가장 효과적인 조합이죠.

아쉬운 점은, 물론, 공간과 단원들에 관해 여전히 해결되지 않은 문제들이에요. 멀리 떨어져 있으니 내가 평가하긴 어려운 일이고, 그대가 당연히 상황을 잘 알겠죠. 하지만 여기서 보기엔, 지금의 상황이 성격상 오래 끌게 될 것이라면 극단의 해산을 불러일으킬 수도 있거든요, 오슬로에서 공간을 찾지 못한다면, 덴마크로 옮겨가는 것도 최악은 아닐 듯합니다. 그게 극단을 뒤집는 것일 필요도 없다고 보고요, 오히려 그와 반대로, 더 폭을 넓혀서 덴마크 배우들을 포함하게 되고, 그럼으로써 더 보편적으로 스칸디나비안 성격을 줄 수 있다고 생각합니다.

그게 가능할는지 모르겠지만, 내가 보기엔, 적어도 이론적으로는, 배우들이 각각의 언어로 말하는 공연을 준비할 수도 있겠지요. 노르웨이-덴마크-스웨덴이라는 맥락에서 언어의 가까운 유사성이 이런 아이디어를 더 실현할 수 있게 해주죠. 다른 한편으로는, 본의 아니게 생길 코믹 효과에 대해 경계해야 할 겁니다.

어떤 일이 생기든, 오슬로에서의 어려움이 해결되지 않는다면, 달리 방법 없이 그대는 포틴브라스(*햄릿*에 등장하는 노르웨이 왕자-옮긴이 주)가 되어 덴마크 왕자(햄릿을 은유함-옮긴이 주)를 정복하기 위해 출정해야 할 겁니다.

미래에 체코슬로바키아나 그 주변 지역을 방문해야 한다면, 폴란드를 거쳐서 단 몇 시간이라도 브로츠와프에 들르기를 그대에게 제안하고 싶어요. 우리의 새 아쉬람을 그대가 꼭 봐야 합니다. 그대가 체코어를 배우고 있다는 사실은 내게 이런 믿음을 확신시켜주네요, 두세 가지 언어를 아는 사람은 약물 중독자처럼 된다는 말이 있지요. 그대가 상상하듯이, 이러한 견해로부터 나만의 개인적인 결론을 내립니다.

그대의 잡지 창간호를 딱 두 권만 받았습니다. 하나는 그대의 프로그램이 끼어 있는 잡지 통권이고요, 다른 하나는 그대가 편집한 글만 담겨 있는 거요.

가능하다면 나는 적어도 다섯 부를 원해요. 그대의 기사가 실린 네덜란드 잡지도, 내 글이 실린 *런던 매거진(The London Magazine)*도 받질 못했어요[116]. 잡지가 나왔는지도 난 모르겠네요. 가을에 나오기로 되어있었거든요. 거기에 대해서 뭐 아는 거 있나요?

이젠 사진에 대한 문제인데요. 나는 *불굴의 왕자* 공연 사진 14장을 동봉합니다. 이게 그대가 원하는 건지는 모르겠네요. 모스크바 예술 극장의 신체적 행동(the physical actions) 시기의 훈련 사진들에 대해서는, 이건 좀 복잡한 일입니다. 내가 갖고 있는 건 없고요, 연극학자인 친구들에게 사진을 구해줄 수 있는지 물어봐 놨는데 이제껏 답이 없네요. 내 기억에 50년대에는 모스크바 예술 극장 연보(The Moscow Art Theatre's yearbook)[117]를 매년 발행했는데, 학교에서 당시 신체적 행동의 방법론에 따라 훈련하는 사진들이 실려 있었죠. 분명히 서구의 대형 도서관에서는 찾아볼 수 있을 거예요.

그대가 훈련에 관해 쓴 것에서는, 음악과 노래의 리듬에 따라 아크로바틱 훈련을 한다는 게 내게 가장 호기심을 불러일으키네요. 이러한 훈

116 내가 쓴 글 - *문제적 연극(A Rift Theatre)* - 은 전혀 출판이 되지 못했다. 나중에 *연극 - 고독, 기술, 반란(Theatre - Solitude, Craft, Revolt)* 책에 포함되어 블랙 마운틴 프레스(Black Mountain Press, 애버리스트위스(Aberystwyth), 1999)에서 출판되었다. 그로토프스키의 글은 제목이 기억나지 않는다.

117 1948년도에 발행된 모스크바 예술 극장 연보에는 스타니슬랍스키의 저서 *배우 수업(An Actor Prepares)*이 실렸다.

련에서 즉흥은 어느 정도로 들어가나요? 훈련을 하는 누구나 아크로바틱을 어떤 '연구'로 변형해야 한다고 요구하나요? 축음기 레코드에서 나오는 재즈인가요 아니면 실제 악기로 즉흥 연주인가요? 등등. 이런 훈련 사진들이 궁금하네요, 갖고 있다면요. 그리고 우리가 스카라에서 정말 만난다면 나는 무척이나 훈련들을 직접 보고 싶네요.

내 어머니에게 안부 인사를 보내주니 고마워요. 크리스마스 기간에 어머니 댁에 있었지요, 그대에 대해 많이 물어보셨어요.

주디에게 키스를. 주디가 질투할까 두려워 그대에겐 키스를 보내지 않겠어요.

그로트.

편지 23

'연기 방법 연구소(Instytut Badań Metody Aktorskiej, 그로토프스키 극장이 이 시기에 붙인 이름 - 옮긴이 주)'라고 찍힌 종이에 타자기로 입력한 편지,

받는 이의 주소: '수엔손스베이(Suensonsvej) 46번지, 홀스테브로, 덴마크'.

브로츠와프에서, 1966년 12월 5일

친애하는 판 에우게니우쉬,

그대가 나를 돼지라고 여긴다면, 그만한 이유가 반드시 있겠지요. 그러나, 나를 방어할 확실한 주장들이 내게도 있답니다. 그대가 강제로 나에게서 쥐어 짜낸 글은 – 받아보았기를 희망하며 – 해야 할 일들, 여행, 손님들로 특별히 북적대던 시기에 쓴 것이었죠. 결과적으로 밤늦게 그 글을 써야 했고, 자기 반복이 아닌 새로운 견해를 형성하려고 나 자신을 몰아붙여, 며칠 밤을 새웠죠[118]. 만약 – 논리적인 추론에 따라 – 그 결과 내 수명이 단축된다면, 모든 공로는 그대가 다 가져갈 수 있습니다.

글을 쓸 적에, 불행히도 나는 프랑스어로 된 아르토의 책을 갖고 있지 않았어요. 폴란드어 번역본은, 전체적으로 정확하지만, 어떤 막연함을 주고 있기에, 프랑스어로 된 책을 내 손에 쥘 수 있었던 불과 며칠 전에야

118 이것은 아르토에 대한 기사로, *그는 온전히 그 자신이 아니었다(He Wasn't Entirely Himself)*는 제목으로, 에릭 보가 제일 처음 프랑스어로 번역하여 르네 소렐에 의해 잡지 *현대*(251호, 1967년 4월)에 출판되었다. 그리고 몇 달 뒤에 *가난한 연극을 향하여*에 수록되었다.

명확하게 할 수가 있었지요. 그러므로 이 편지 끄트머리에 몇 가지 수정 사항을 포함해야 하겠습니다. 이거와는 별개로, 글을 다시 읽으니, 글의 나머지 부분과 비교했을 때 너무 감정적인 어조라서 첫 번째 문장은 빼야겠다는 결론을 내렸어요. 이 얘기는 편지 끝에서 다시 할게요.

우리는 현재 작업하고 있는 공연의 리허설 사진을 두 차례 걸쳐 찍었어요; 그대가 알다시피, 우리는 지금 *가스펠(The Gospels)*을 연습하고 있어요[119]. 연습은 아직 매우 초기 단계에 있고요, 그래서 사진에서는 제대로 된 리허설이라기 보다는 훈련에 더 가까워 보입니다—단지 이상하고 부정확한 훈련으로 사진 속에선 보이죠. 요약하면, 우리는 두 가지 시도를 했는데, 두 번 다 결과가 나빴어요. 오늘에서야 또 다른 사진들을 받았습니다, 바로 그래서 그 기사와 이 편지 사이에 시간 간격이 생긴 이유입니다. 이런 이유로 보통의 훈련 사진들을 그대에게 보내기로 했습니다, 이전에 한 번도 출판된 적이 없었으니 내 생각에 재밌을 거 같아요. 당연히 그 사진들을 출판하기로 그대가 결정하면, 배우들의 이름들을 써줘야 합니다, 내가 사진 뒷면에 적어놨어요.

우리는 지금 아주 열심히 연습을 하고 있고 상당히 밀도 높게 진행하고 있지요. 즈비그니에프 친쿠티스가 돌아왔어요, 그리고 지그문트 몰릭은 1월 1일에 돌아옵니다[120]. 2월 말에 나는 낭시에 있을 겁니다, 3월 초에 연기법에 대한 과정이 며칠 동안 있을 거고요. 그대의 세미나[121]에 우리가 참여할 수 있을지 아직은 모르겠어요, 4월 중순부터는 해외 공연으로 가능한 기간이 몇 달로 제한이 될 것이기 때문이에요. 그러므로

---

119 편지 20에서 주석 113 참고. 스워바츠키의 희곡 *사무엘 즈보로프스키*를 기본으로 작업을 시작하였고, 그러다가 *가스펠*에 집중하였고, 그리고 3년이 지난 후에 *무형의 묵시록*으로 완결되었다.

120 몇 년 전 그로토프스키의 오폴레 시기에 극장을 떠났던 두 명의 배우들이다.

121 세미나는 매년 여름에 오딘 극단에서 기획하는 2주 혹은 3주 프로그램으로, 스칸디나비아 전역과 외국에서 오는 배우들이 참여한다.

세미나 날짜를 곧바로 내게 알려 줄 수 있다면 매우 고맙겠어요.

'프랑스인이 당신을 쳐다보고 있다'[122] 타입의 새로운 학생들이 많이 와 있어요. 말 그대로, 그중 네 명이 프랑스인이거든요. 여러 나라에서 문의가 눈사태처럼 쇄도하고 있어요, 너무 밀려들어 무슨 입학시험이라도 마련하라고 요구받을지 모르겠어요.

그대의 잡지에서 비트카치와 아르토를 전적으로 다룬 구성은 내게 훌륭해 보이네요.

[그리고는 기사에 수정할 내용들이 한 페이지 이어진다 - 지은이 주]

애정을 담은 인사로,

그로트.

122 편지 15에서 주석 90 참고.

편지 24

'연기 방법 연구소'라고 찍힌 종이에 타자기로 입력한 편지, 받는 이의 주소: '오딘 극단, 홀스테브로, 덴마크'. 이것이 프랑스어로 쓴 유일한 편지이다.

브로츠와프에서, 1967년 4월 23일

친애하는 판 에우게니우쉬,

나와 리샤르드 [치에실락]의 항공권을 위한 수표를 보내줘서 고맙다고 아그네테(Agnete)[123]에게 인사 전해주세요.

몇 주 전에 그대에게 전보를 보냈는데요, 나는 7월 12일 즈음에 이탈리아에서 곧장 홀스테브로로 도착해서 8월 15일까지만 머물 수 있게 될 거라고 알려주는 내용입니다. 이 날짜가 그대에게도 괜찮기를 바랍니다.

프로그램 과정에 대한 내용은 보내지 않을게요. 그대가 설명하면서, '그로토프스키 메소드' 혹은 '개별적 기술', 뭐든 그대가 선호하는 것으로 불러주세요. 한편, 우리 둘 다 알고 있다시피, 내가 무엇을 할지는 아직 잘 모르겠어요. 막바지에 가서야 프로그램의 세부적인 내용을 결정할게요, 대부분 영감에 기대어, 혹은 지금까지 내가 가르쳐왔던 것에 대해 비판적으로 나를 돌아보면서요.

그대가 약속을 지키기를, 그래서 나에게 과한 부담을 주지 않기를 바

---

123 아그네테 스트룀(Agnete Strøm), 오딘 극단의 행정 담당으로 그로토프스키와 치에실락에게 우리의 여름 세미나에 참석할 수 있도록 여행 경비를 보냈다.

랍니다, 왜냐면 나는 매우 피곤하고 신체적으로 좋은 상태가 아니거든요. 그러나 그대가 제안한 것들은 내게 가능할 것 같습니다.

그대를 곧 다시 만난다니 기쁘네요. 우리 둘 다 몇 시간이고 오래 이야기할 만큼 새로운 경험들을 많이 한 것 같습니다.

여기 우리는 지금 열 명의 학생들이 지속적으로 나오고 있고요, 반면에 폴란드 배우들은 열다섯 명이 됩니다. 알다시피, '가족적' 작업의 행복했던 시절은 과거에 속하네요. 우리는 *가스펠*의 리허설 최종 단계에 있고요, 동시에 *아크로폴리스*를 다시 무대에 올리려고 준비합니다.

즈비그니에프 [친쿠티스]와 지그문트 [몰릭]이 우리에게 돌아왔죠. 6월에 우리는 아마도 '네덜란드 페스티벌'에 있게 될 거예요, 7월 초에는 이태리 스폴레토(Spoleto)에, 그리고 67년 9월에는 유고슬라비아에 있을 겁니다. 6월에 나는 캐나다에 강연이 있을 거고요. 올해 말에는 프랑스와 미국에서 코스를 진행하게 될 겁니다.

또 무슨 얘기를 해야 할까요? 책을 한 권 쓰고 있고요. 그게 전부인 것 같네요.

그대를 너무나도 다시 만나고 싶네요, 우리의 다음 만남을 생각하니 정말로 기뻐요.

주디에게 나의 진심을 담은 포옹을 전해주세요. 그대의 극단에, 매우 친절한 사람들, 그들의 '할아버지'가 인사 전합니다.

마음 깊이 인사를 그대에게, 곧 만나기를.

그로트.

편지 25

손글씨로 쓴 엽서,

받는 이의 주소: ‘오딘 극단, 우편함 118, 홀스테브로, 덴마크’.

베오그라드(Belgrade, 지금은 세르비아인 당시 유고슬라비아의 수도 - 옮긴이 주)에서, 1967년 9월 21일

판 에우게니우쉬,

나는 이란에서 매우 만족해서 돌아왔고요, 투어가 잡혀 있었기 때문에 곧장 유고슬라비아로 왔습니다. 여기에 와서 보니 25일까지는 내가 여기 있어야 하는 상황이라, 그렇게 되면 *[가난한 연극을 향하여]* 책 작업이 미뤄지게 될 거예요, 모든 자료를 브로츠와프에 두고 왔으니 말이죠. 내가 돌아가는 대로 곧장 작업에 들어가겠어요, 하지만 내 건강 상태가 무척 변동이 심한지라 굉장한 속도를 약속할 수는 없을 겁니다. 나는 심각하게 아파요. 덴마크에서 음식 문제로 어려웠고, 그 밖에 모든 것들도, 아주 오래된 문제의 증상들이었지요. 지금 나는 아주 엄격한 식이요법을 따르고 있고 엄청난 양의 약을 먹고 있지요, 하지만 아마도 병원 신세를 피할 수 없을 겁니다. 어쩌면 심각한 수술을 해야 할 거예요[124]. 이건 정말 농담인데요: 우리가 같이 병에 대해서 얘기를 했고 그건 상당히 다른 맥락이었는데 갑자기, 정말 그야말로, 예언자가 되어버렸네요. 나는 병원을 미루려고 노력하는 중인데요, 모든 게 잘 자리 잡기를 바라면서요. 그런데 그게 쉽지가 않네요.

124 췌장 수술을 말한다.

주디스와 에마누엘레(Emanuele)[125]는 잘 있지요?

그대들을 모두 품에 안으며.

그로토프스키.

125 나의 첫째 아들.

편지 26

캘커타 '더 그레이트 이스턴 호텔(The Great Eastern Hotel)'이 찍힌 종이에 손글씨로 쓴 편지, 받는 이의 주소: '오딘 극단, 우편함 118, 홀스테브로, 덴마크'.

캘커타에서, 1969년 8월 10일

친애하는 판 에우게니우쉬,

지금까지 아름다운 여행이 되고 있어요, 굉장히 특별합니다. 캘커타는 단지 근거지로 두고; 볼 게 많지는 않아요. 그대가 나에게 얘기해주었던 라마크리슈나 사원에 갔었죠. 가장 중요한 바울(Baul, 인도 서벵골지역이나 방글라데시 시골에서 유랑, 거주하며 시와 음악, 춤과 노래를 통해 삶의 애환을 달래고 영혼과 신성을 찬미하는 음유시인 무리 혹은 연주자들 - 옮긴이 주) 마스터(노래와 춤을 통해 요가 수행을 하는)도 만났지요, 그분은 많은 것에서 나와 같은 일에 자신을 바치고 있더군요 – 배우의 해부학. 예술의 어떤 측면들이 어떻게 객관적인가를 보는 것은 정말 놀라워요. 그분이 말하길, 그에게는 스승이었던(가족 전통에 따라) 그의 아버지가 돌아가신 이래로 나만큼 이러한 일들을 꿰뚫고 있는 사람은 누구도 만나본 적이 없다고 하더군요. 처음에는 통역자의 도움을 받아 대화를 했는데, 곧 통역이 더는 필요치가 않았지요: 몇 마디의 영어(그는 나만큼이나 잘 모르더군요), 산스크리트 단어들과 몸짓으로도 충분했죠. 비록 내가 아이처럼 반응하면서 말하는데도 그분이 나를 알아봐 주니 아주 뿌듯했다고 인정할 수밖에 없네요. 그분은 진정한 노트르담의 저글러였어요[126]. 그러나 아주 고급 단계지요.

히말라야에 다녀왔어요, 에베레스트산 주변과 안나푸르나, 물론 아주 높은 곳은 아니지만요. 몇 군데 성지들을 다녀왔어요, 그중에서도 쉬바 교도들의 '쳉스토호바(Częstochowa)[127]'에 해당하는, 캘커타에서 십 킬로미터 정도 떨어진 곳인데, 거기서 나는 사람들의 신앙심에서 나오는 열기와 정통성, 이런 반응들의 열정을 봤지요. 어쩌면 이런 종류의 어떤 것들은 오직 여기에서만 만날 수 있을 거예요. 부바네스와르(Bubhaneswar)와 코노락(Konorak)에도 다녀왔어요. 오늘 돌아왔는데, 이따 저녁에는 보드가야로 다시 떠납니다, 붓다가 그 유명한 나무 아래서 명상을 하고 깨달음을 얻어 '붓다(Buddha)[128]'가 되었다는 곳이죠. 바라나시, 카주라호(Kajuraho), 뉴델리, 그리고 역량이 된다면, 카슈미르(Kashmir)까지요. 지금까지는 황홀한 여행이지요. 하지만 조금 후회가 됩니다, 내가 이번에 그대를 너무나 재정적으로 힘들게 한 것 같아서요[129]. 게다가 홀스테브로에서 나의 코스 때문에 빚어진 온갖 문제들을 잘 해결했는지에 대해서도 걱정이 됩니다(덴마크 기자, 루드빅센, 그대의 극단에; 극단의 배우들에게는, 그때 생긴 일이 아마도 단원들의 입장

---

126 이게 그로토프스키와 내가 사람들을 판단하는 잣대로 사용했던 이야기였다: 중세 시대에 한 저글러가 수도원에 들어가기로 결심한다. 다른 승려들은 라틴어와 그리스어를 알고 있어서, 그들은 우아한 필체로 원전을 필사하고 완고하게 이론적 질문들을 토론하지만, 그는 부엌데기로 일한다. 밤이 되면 빈 교회당에 들어가 성모 마리아상 앞으로 가서, 그가 유일하게 제일 잘하는 것을 한다: 그는 다섯 개의 공으로 저글링을 한다. 어느 날 밤 수도원장이 그에게로 가서 호통을 치며 징계를 하려고 하자, 갑자기 성모 마리아가 성상에서 내려와 옷깃으로 저글러의 이마를 닦아주었다. 노트르담의 저글러는 12세기 혹은 13세기부터 전해오는 익명의 우화인데, 아나톨 프랑스(Anatole France)에 의해 현대에 각색되기도 했다.

127 폴란드 남부 도시 쳉스토호바의 대성당은 블랙 마돈나(the Black Madonna)의 집으로, 폴란드인들에게는 국가적인 종교의 상징이다.

128 글자 그대로 뜻이 이러하다: '깨달은 자'

129 사회주의 국가 폴란드에서는 그로토프스키가 해외여행을 위해서 폴란드 돈을 외화로 환전할 수가 없었다. 이런 이유로 그의 인도 여행은 경제적인 도움에 의존해야 했다.

을 분명히 하는데 도움이 됐을지도 모르겠네요[130]).

아직까지 마리안네[131]에게서 녹화본을 받지 못했어요, 그런데 나는 오늘 캘커타의 이 호텔을 떠나야 하거든요. 뉴델리 주소를 남겨놓고 가니, 나에게 오는 편지들을 전달해주기로 여기 호텔이 약속을 했어요. 뉴델리에 머무는 마지막 날짜가 아마도 8월 16일 저녁이나 17일 아침이 될 거예요. 17일에 폴란드로 떠납니다(18일 저녁에는 브로츠와프에 도착해야 하거든요).

만약 녹화본이 내가 델리에 있는 동안 도착이 안 되면, 봉투 뒷면에 적힌 주소에 따라 그대에게 또는 마리안네에게 반송될 텐데요. 만약 마리안네에게 반송이 되면, 그걸 다시 그대에게 보내 달라고 부탁해서 *그런 뒤에 보관해* 주세요. 그대의 주소로 도착하는 내 이름이 적힌 편지들은 다 똑같이 그렇게 해주세요. 제일 먼저는 기회가 된다면 내가 챙겨올 것이고, 그렇지 않으면 어디로 언제 우편물들을 보내주면 되는지 연락을 줄게요[132].

영국과 미국판으로 나올 *[가난한 연극을 향하여]*에 대해서, 그리고 미래에 다른 번역본(프랑스, 독일 등)의 가능성을 두고 몇 가지만요. 그대가 기억하리라고 생각되지만, 신중을 기하기 위해서 적어봅니다:

---

130 그즈음 그로토프스키의 코스는 상당히 힘들었다, 참여자들과 기획자 모두에게. 그로토프스키가 말하는 건 덴마크 평론가에 관한 에피소드인데 돈을 내고도 코스에서 빠져야 했던 '규율' 때문에 상당히 분개했었다. 그건 그 사람뿐만이 아니었다. 그런 다음에 오딘 극단의 문학 자문이었던 크리스티안 루드빅센은 연습실에 들어갈 수가 없었는데, 왜냐면 단 몇 초 늦게 도착했다는 이유였다(문을 안쪽에서 잠가버렸다). 결국 우리 배우들 중 일부는 그러한 비타협성과 또 일부 참가자들의 폭력적인 반응에 매우 당혹스러워 했다.

131 마리안네 아르네, 스웨덴의 저명한 작가이자 영화 감독이다. 그녀는 오딘 극단의 세번째 작품인 *페라이*를 촬영했고, 그로토프스키의 활동에 관한 몇 편의 다큐멘터리를 제작하였다. 그로토프스키의 세미나를 세 번 참여하였고, 마지막 작업 기간에 그의 연설을 녹화 기록하고 있었다.

132 편지가 검열의 손을 피하고자.

1) 그대의 편집본이 언제나 모델이 되어야만 합니다[133], 그림들 밑에 표제를 달아서 구라프스키의 공로를 강조해야 하고요.
2) 브룩의 서문 끄트머리에는 어디에서 첫 번째 출판이 되었는지 설명이 달려야만 합니다— 이 점이 그분에게 중요하다고 나에게 편지로 얘기하셨거든요.
3) 그대의 편집본 표지 날개에, 내 사진 아래에 붙은 표제가 '연극 건축의 영역에서 발견한 것들'이라고 달렸는데— 이건 구라프스키에게 정당하지 못하지요, 내가 이미 Aix 세미나[134]에서 그대에게 말했던 것처럼요. 다른 출판사들은 분명히 표지에 그들만의 정보를 쓸 겁니다, 하지만 그들도 역시나 그대의 편집에서 정보를 받을 수 있어야 합니다. 부디 그분들께 편지해서 모든 정보는 정확해야 한다고 내가 요청했음을 전해주세요. 아직 그 책을 출판하지 않은 모든 출판사에 말해주세요. 귀찮게 해서 미안해요. 아마도 모든 게 벌써 다 정리되었겠죠?
4) 프랑스어 번역본은 내가 확인하는 게 절대적으로 필요합니다. 현재 상태로는, 내 생각에 에릭 [보]가 번역을 해서는 안 되는 게 최선인 것 같아요. 어떻게 생각하나요?
5) 모든 번역본은 저자에게도 책을 주시길.

올가을에 부디 약(수면제)을 구해주겠어요? 내가 투어를 다니고 있을 때가 되겠죠. 어디로 보내면 되는지 알려줄게요. 또 췌장 약, 그대가 적어준 것도요, 하지만 그건 덜 중요합니다. *그러나, 앞에 말한 것, 그게 필수적입니다*[135].

---

133 오딘 극단의 오리지널 편집본은 1968년에 영어로 출판되었다.
134 1968년 나와 토르게이 베달이 함께 했던 세미나.
135 그로토프스키는 나에게 독약을 구해달라고 부탁했다. 1968년 폴란드가 체코슬로

판 에우게니우쉬, 그대의 작품 *[페라이]*는 아주 아름다워요, 내 마음을 가볍게 해주네요. 그대는 내게 매우 소중한 사람입니다.

홀스테브로에서 나의 마지막(모든 면에서 마지막) 세미나는 중요한 신호였다고 믿어요. 객관적으로요. 그건 또한 내게도 신호이지요. 나를 기다리고 있는 게 무엇이든 쉽지는 않을 겁니다, 그리고 내가 끝까지 다다르기를 나는 기도합니다.

내일 나는 나의 서른여섯 해를 마치고 서른일곱으로 들어갑니다. 젊음은 지나갔죠. 나쁘진 않았어요. 내 안에 무엇이 달라졌나요? 나는 아마도 노인이었던 동시에 아이였죠. 하지만 지금, 늙은이로서, 나는 말합니다: 세상은 훨씬 더 달라졌지요. 내게 허락된다면, 언젠가 때가 왔을 때, 존엄하게 떠나리라고.

다정한 인사를. 그대에 대한 나의 믿음은 깊고도 깊습니다.

그로트.

주디스, 아이들 그리고 배우들에게 키스를.

추신.

뉴델리의 나의 주소(8월 16-17일까지): 잔파쓰(Janpath) 호텔, 뉴델리.

바키아 침공에 참여한 이래로, 그리고 2차 세계대전 기간의 말살 이후로 폴란드에 살아남은 소수의 유대인마저 해외로 도망쳐야 했던 반-시오니스트 운동(실제로는 반-유대주의)이 폭력적으로 자행되면서, 폴란드의 정치적 상황이 특별히 폭압적으로 돌아가고 있었다. 그로토프스키는 이것을 '침, 진흙, 피' 위에 세워진 정책이라며 나에게 말했다. 그는 감옥에 잡혀 들어갈까봐 두려워했다, 아마도 물리적 폭력을, 마지막까지 자신의 존엄성을 지키지 못하게 하는 그러한 폭력을 견딜 수 없어 했다.

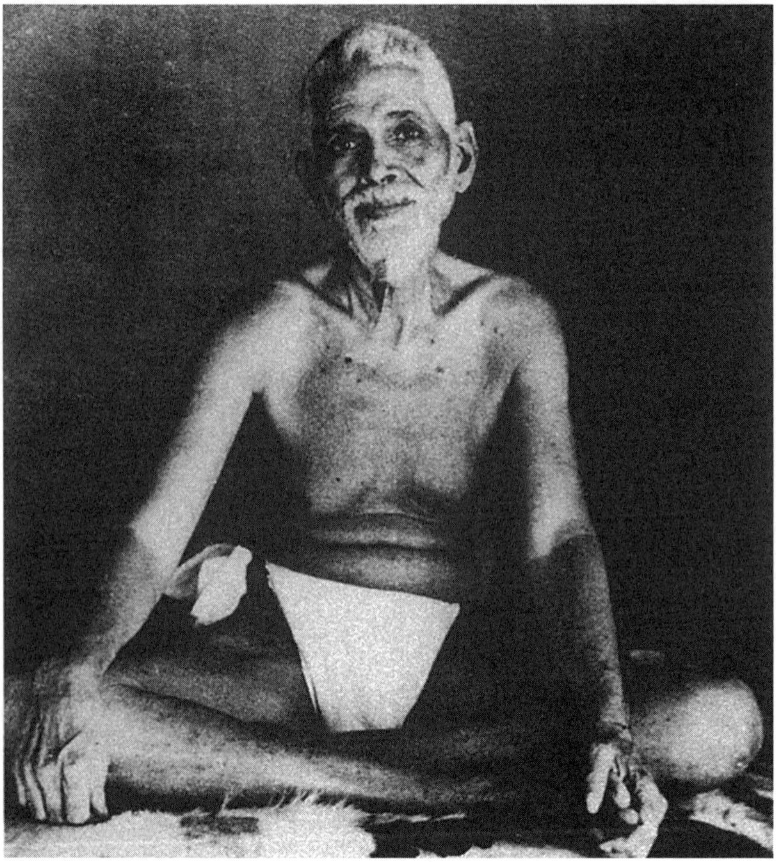

사진 1: 라마나 마하리쉬 (?-1950)

사진 2: 라마크리슈나 (1834-1886)

사진 3: 왼쪽부터, 루드빅 플라셴, 예지 구라프스키, 예지 그로토프스키.
이 사진은 1963년 봄 마이크 엘스터가 연극실험실 13열 극장에 관한 다큐멘터리 [오폴레에서 온 편지] 촬영 중에 찍은 것이다.

사진 4: 영화 [재와 다이아몬드 (1985, 안제이 바이다 감독)]의 마지막 장면에서 즈비그니에프 치불스키

저자 소개

유제니오 바르바 (EUGENIO BARBA)

유제니오 바르바는 1936년 이탈리아에서 태어났다. 육군사관학교 부속 고등학교를 졸업한 후 1954년에 노르웨이로 이주하였다. 금속 공장의 용접공으로 노동을 했고, 동아시아를 운항하는 노르웨이 상선의 선원으로 2년 동안 일하며 생계를 유지했다. 그러는 동안에 오슬로 대학에서 프랑스 문학, 노르웨이 문학, 종교사를 전공하여 석사 학위를 받았다.

1961년 그는 장학금으로 폴란드 바르샤바 연극학교 연출 과정에 진학하였다. 1년 후 연극학교를 중단하고, 당시 28세 무명 연출가인 예지 그로토프스키가 이끄는 작은 지역 극단 오폴레의 13열 극장에 합류하였다. 바르바는 그곳에서 3년간 여러 작품에 조연출로 참여하며 그로토프스키의 실험과 사상을 세상에 알리는 데 시간을 바쳤다. 이러한 경험을 바탕으로, 그는 그로토프스키의 연극 개념과 실천에 관한 첫 번째 책 *잃어버린 연극을 찾아서*를 1965년에 출판하였다.

1963년 인도 여행 중에 바르바는 인도 남부의 전통 공연 카타칼리를 배우게 되었다. 카타칼리는 그때까지도 서양에 거의 알려지지 않은 연극 형식이었고, 카타칼리에 관한 바르바의 글은 곧장 이탈리아, 프랑스, 미국, 덴마크에서 출판되었다.

1964년 오슬로에 다시 돌아간 바르바는 전문적인 연극 연출가가 되고자 했지만 마땅한 길이 없었다. 국립 연극학교 입학시험에서 떨어진 젊은이들을 모아 함께 오딘 극단을 만들었다. 유럽에서 시작된 초창기 극단 중 하나인 오딘 극단은 신체와 소리 훈련을 포함한 총체적 수련으로 새로운 방식의 훈련과 연습을 실천하였다. 방공호에서 연습했던 오딘의 첫 번째 공연, 노르웨이 작가 옌스 비요르네보의 *새의 연인(The Bird Lovers)*으로 스칸디나비아 투어를 했다.

1966년 6월, 덴마크의 인구 16,000여 명의 지방 도시 홀스테브로에서 바르바에게 옛 농장 부지와 작은 기금을 제공하며 오딘 극단이 정착할 수 있도록 초청하였다. 바르바는 이를 기꺼이 수락하여, 오딘 극단을 스칸디나비아 전역과 여러 나라에서 원하는 배우들을 받아들이고 훈련을 함께하는 북유럽 연극실험실로 확장, 발전시켰다. 해를 거듭하며, 다양한 대륙의 배우들이 모이고 실험 연극으로서의 구체적인 형태를 모색하며 활동의 폭을 넓혀갔다.

오딘 극단의 아마추어 태생과 독학 실천 등의 경험들은 바르바에게 1968년 이후 세계적으로 증가하기 시작한 연극 집단들이 공통으로 지니는 혼종의 문화를 들여다보게 하였다. 그들의 목표 지향, 미학과 기술들은 전통적(첫 번째)인 연극과 달랐고 아방가르드(두 번째) 연극과도 달랐다. 바르바는 자신과 유사 집단들의 작업을 세 번째 연극으로 정의했다. *제 3 연극의 선언(the Manifesto on Third Theatre)*을 써서 발표했던 1976년 베오그라드에서 열린 페스티벌(BITEF) 이후로 바르바는 여러 차례 국제적인 모임을 기획했다.

1974년 이후, 유제니오 바르바와 오딘 극단은 '바터(barter)'라는 프로그램의 실행을 통해 다양한 사회적 맥락 속에서 그들의 고유한 존재 방식을 형성하였다. '바터'는 일종의 '물물교환 공연'으로, 어떤 커뮤니티나 집단 속에 존재하는 문화적 표현들의 교환, 상호작용의 형식 또는 합동 공연 등의 교류 작업이다. 지난 30여 년 동안, 바터를 통해 '상호주의로서의 연극'의 경계를 확장하였는데, 이는 예술적 공연을 통한 실천뿐 아니라 또한 문화 상호작용의 촉매로서 역할을 하게 되었다. 가장 두드러진 예는, 백여 개가 넘는 지역 단체들과 교육 기관들이 참여하는 '축제주간(Festive Week)'으로 홀스테브로에서 열리는 9일간의 축제이다.

1963년 인도에서 카타칼리를 배운 체험은 아시아 연극 형식에 관한 바르바의 관심에 불을 지폈고, 그 후 일본, 인도, 발리, 대만 등지에서 길게 체류하거나 현장 학습으로 여러 전통 예술들을 배우기 시작하였다. 1972년부터 정기적으로 아시아 예술가들과 단체들을 오딘 극단에 초대하여 공연을 올렸고, 그들의 교습법과 기술적 과정들을 탐구하였다. 아시아 연극 전통과 집단의 훈련 및 학습에 관한 그의 끊임없는 관심은 1979년 ISTA(The International School of Theatre Anthropology)를 창립하며, '연극 인류학'이라는 새로운 연구 영역을 여는 결실을 보았다. 그동안 15차의 모임이 진행되었고, ISTA는 다양한 장르와 여러 문화권의 전통 예술의 공연자들과 학자들이 만나 그들의 기술과 원칙을 비교 연구하는 목적으로 이어져 왔다. 다음 행사는 2021년 이탈리아에서 열릴 예정이다.

바르바는 오딘 극단의 작품들과 문화상호적 앙상블인 세계 극장(Theatrum Mundi)의 작업 등 79편의 공연을 연출했는데, 어떤 경우에는 2년 이상의 준비 기간을 필요로 했다. 그는 *TDR -The Drama Review, Performance Research, New Theatre Quarterly, Teatro e Storia* 등

여러 학술 잡지의 자문 위원이다. 25권의 책을 쓴 저자이며, 수많은 에세이, 기사 등의 그의 글들은 30여 개 나라에서 수많은 언어로 출판되었다. 그의 글쓰기는 '무언의 지식'인 무대의 실천을 언어로 표현되는 지식으로 전환하고자 방법을 찾고 탐구하는 지칠 줄 모르는 노력이다.

유제니오 바르바는 덴마크 오르후스 대학, 페루 아야쿠초 대학, 이탈리아 볼로냐 대학, 쿠바 아바나 대학, 폴란드 바르샤바 대학, 영국 플리머스 대학, 홍콩 대학, 아르헨티나 부에노스아이레스 대학, 에스토니아 탈린 대학, 루마니아 클루즈나포카 대학, 영국 에딘버러 대학, 중국 상하이 대학, 체코 브르노 대학, 그리스 펠로폰네소스 대학에서 명예박사 학위를, 그리고 캐나다 몬트리올 대학에서 공로상(Reconnaissance de Mérite Scientifique)과 덴마크 코펜하겐 대학에서 소닝상(the Sonning Prize)을 받았다. 또한 덴마크 아카데미상, 멕시코 연극 비평가상, 피란델로 국제 연극상, 국제 연극 비평가협회 탈리아상, 폴란드 예술가 영예금상, 덴마크 다네브로 기사상 등을 받았고, 2002년 덴마크 정부는 그의 예술 공헌을 인정하며 종신연금을 수여하였다.

예술적 창조, 이론적 사유, 전문적 기술과 지식의 전승, 역사적 기억에 관한 작업, 과학적 연구, 사회적 맥락에서의 연극의 활용, 사회적 집단과 다른 민족적 집단 사이의 관계를 활성화하기 위한 초문화적 도구로서의 연극, 공연과 공연 안팎, 연극 너머의 사람과 사회와 삶에 관한 성찰과 실천, 넓고도 깊은 질문과 답을 찾아 그는 여전히 사람들 속에서 일을 한다. 20세기 후반 세계 연극사에 명확한 자취를 남긴 예술가들 중에서도 유제니오 바르바는 연극 문화의 모든 영역에 걸쳐 혁신적인 방식으로 오늘날까지 현장에서 작업을 하는 유일한, 독보적인 존재이다.

옮긴이의 글

2011년 8월의 일이다.

대개 각자의 고향이나 본국으로 돌아간 긴 여름 방학, 늦게 떠난 유학이라 일 년을 삼 년같이 보낸 밀도로 기쁨과 괴로움이 범벅된 세 학기 만에 혼자 덩그러니 남은 여름. 마침 오딘 위크(The Odin Week Festival) 프로그램을 발견했다. 덴마크 시골에 있는 세계적으로 오래된 극단, *종이로 만든 배*의 유제니오 바르바가 있는 곳. 유기농 빵집에서 파트타임으로 일하는 유학생에겐 큰 비용이지만 그나마 영국에서 가까운 거리이니 도전, 그다음을 버틸 수 있는 에너지를 얻으리라. 엑시터를 벗어나 에딘버러 페스티벌을 들러 섬나라를 위아래로 훑으며 기차에서 바라보던 아름다운 풍경과 흘가분했던 기분이 기억난다. 국제공항에서 도심까지 단번에 닿았던 매끄럽고 대범한 도시 코펜하겐은, 현대적인 건축물들과 세련된 디자인, 초록색 칼스버그 캔을 들고 걷는 사람들로 붐비던 내 상상보다 훨씬 역동적인 곳이었다. 도시와 자연의 환경 속에서 벌어지는 메트로폴리스 아트 페스티벌을 보게 된 것은 행운이었다. 며칠을 카우치서핑으로 그 나라의 속내를 살짝 엿보고 드디어 홀스테브로를 향하는 길, 기차 창문 너머로 보이던 덴마크의 풍경은 초록의 평평한 나라.

매년 8월 말에 열리는 오딘 위크는 오딘 극단이 어떻게 움직이고,

그 안의 배우들과 연출가는 무엇을 하는지, 극단의 작업과 살림의 구석 구석을 보여주는 열흘간의 세미나와 워크숍 프로그램으로 그해에는 60여 명이 참가했다. 아침 훈련으로 함께 시작하고, 매일 낮과 밤으로 오딘의 공연을 보고 그럴 때마다 스튜디오 방은 저마다 특색있는 극장으로 변신한다. 삼사십여 년 넘게 이곳에서 작업한 배우들은 저마다의 일인극이 두서너 개씩 다 있고, 전원이 출연하는 작품들은 주로 저녁 시간에 배치되었다. 그 공연이 어떻게 만들어졌는지 과정을 소개하는 실연이 배우들에 의해 이어지고, 그들은 비밀이라면서 온몸으로 비밀을 설파한다. 연출가의 강연과 질의응답의 세션이 매일 있고, 모두가 같은 월급을 나눈다는 전체 직원을 소개하는 자리, 덩어리 빵과 포도주를 나누는 멋진 식사와 세계 곳곳에서 온 참가자들이 존재 자체로 뿜어내는 문화와 언어의 향연이 있다. 나는 모처럼 프렌치, 스페니쉬, 이탈리아노에 섞여서 껄렁거리는 것만도 즐거워, 초반에는 종이랑 연필도 없이 맨몸으로 프로그램에 들어가 사람들 구경하며 이름 외우는데 하루 이틀 보내고 있었다. 그런데 나랑 껄렁거리던 이들이 연출가와의 대담에서, 배우들과의 수업에서, 눈에서 불꽃을 피우며 집중하고 질문을 퍼부었다. 브라질, 멕시코, 콜롬비아, 과테말라, 보스니아, 스페인, 이탈리아, 내 나라에선 연극이 이러하고 나는 이러하다고 절실하게 달려들었다. 분명 프로그램 신청할 때 공식 진행 언어는 영어라고 했는데, 비공식적 공식 언어는 스페인어와 이태리어였고, 어떤 언어도 우월하거나 배제되지 않고 차별 없이 통역되었다. 통역은 배우들이, 연출가가, 동료 참여자들이, 필요에 따라 순서도 협의도 없이 알아서 들어오고 나갔다. 나는 슬슬 오딘이라는 이상한 나라에 빠져들기 시작했다.

어느 날 혼자 라이브러리를 구경하고 있었는데 유제니오(오딘의 단원들과 참가자 모두가 그를 그렇게 부르니, 어르신이지만 나도 유제니오라고 부름)가 지나가다 나를 보았다. 은주(그의 발음은 살짝 에운주에 가까운) - 역시 남다르게 그는 참가자들의 이름을 거의 기억했다 - 저녁 먹으러 안갔네?(파티 같은 식사를 어쩌다 빠진 게 그때가 처음) 나는 심호흡을 하고, 유제니오(에우제니오와 중간쯤 발음이 더 맞는 듯), 당신의 책을 가능하다면 제가 번역해서 소개하고 싶은데 무엇을 추천하겠나요? 그 일을 할 수 있니? 노력해보겠어요, 제가 운 좋게 여기 와서 받은 것을 조금이나마 갚고 싶어요. 유제니오가 곧장 일 초도 안 걸려 집어 든 게 바로 이 책이다. 오케이, 내가 이걸 선물로 줄 테니 읽어보고 이메일을 보내줘. 그리고 사인을 해주는데, 당신 이름과 스펠링이 비슷하다며 시원하게 웃는다. Dear Eunjoo, only diamonds! Take care of your fire.

나는 이걸 약속이라 믿었다. 유학을 무사히 마치고 서울로 돌아왔고, 결혼해서 영국에서 제주 섬으로 날아왔다. 만지작거리다 덮어 둔 책은 때가 묻어 누렇게 되고, 참으로 느리게 약속의 책장을 넘기던 느림보 걸음에 결정적인 도약의 사건이 있었다. 작년 2019년 10월 바르바와 오딘 극단이 서울 공연을 온다는 소식을 직전에 알게 된 나는 덜컥 놀라 극장으로 달려갔다(때마침 나는 서울에 있었고, 내가 출연하는 공연이 낮에만 있던 개천절, 오딘 극단의 저녁 공연을 볼 수 있었다). 극장 로비에서 유제니오를 만났다. 여전히 형형한 모습, 가죽 샌들을 신은 거뭇한 맨발, 더욱 은빛의 머릿결, 지중해 바다같이 짙푸른 눈동자, 조금 더 가늘어진 주름으로 환하게 웃으며 내 쪽으로 걸어온다. 여기가 어딘가, 내가 만났던 오딘의 배우들이 여기 있다니, 막 리허설을 마치고 저기 벽 너머에서 숨을 고르고 있다니. 나는 비로소 그 약속을 유제니오에게 꺼냈다. 출판사를 알고 있나? 예. 좋은 곳인가? 예. 그럼 바로 계약서를 진행하고 일 년 안에 끝내자. 약속의 속도는, 그렇게 된 일이다.

1999년 이 세상을 떠났으니 온전히 지난 세기를 살다간 그로토프스키를 내가 만난 적은 없다. 재와 다이아몬드의 땅에도 가본 적이 없다. 그럼에도 내게 선물로 도착한 그 땅에 새겨진 그로토프스키의 편지가 내 손을 거쳐 누군가에게 배달을 앞두고 있다. 이 책을 읽으며, 나는 도저히 그렇게 살 수 없지만, 결코 상상할 수도 없는 딴 세상이지만, 고개를 끄덕이고 무릎을 치고 마음 졸이고 뭉클하기도, 감히 연민하기도 했다. 그 땅에서 비롯된 씨앗이 바람에 날아가 이상한 나라를 피웠고 그 바닥의 땀과 눈물이 소금이 되어 먼지처럼 나에게 내려앉았다. 그러한 총체적 만남의 인과 연으로 빚어진 책을 내어놓으며 마무리 글을 쓰려니, 내 인생을 다르게 옮겨 놓은 통로를 통과했던 그 시기의 전후를 한동안 헤매고 떠돌며 말을 고르느라 여느 때 없이 시간이 무척 걸렸다.

좋은 출판사를 알고 있다고 대답할 수 있어 든든한 〈연극과인간〉, 얼굴도 모른 채 무작정 이메일로 들이댄 부탁의 손을 잡아준 한국외국어대학교 폴란드어과 이옥진 선생님 덕분에 폴란드 이름들을 적을 수 있었으며, 전문가의 품성과 너그러움의 가치를 배웠다. 내 곁에서 웃음으로 부추기며 매번 종이를 대어준 남편 사이먼에게 고마움, 나에게 생명과 자유를 내어주신 부모님 한종원, 김옥윤, 두 분의 이름을 품는다. 어쩔 수 없이 자전적인 책에 비추다 보니 나의 마스터와 도반들을 떠올리고, 바르바와 오딘에서 배운 크라프트, 사랑과 우정, 필요와 보호, 내 멋대로 돌이켜보자니 소금 극장과 바람 극장을 들먹거릴 수밖에 도리가 없다. 사우다지.

2020년 8월

한은주

재와 다이아몬드의 땅

초판 1쇄 인쇄 2020년 9월 15일
초판 1쇄 발행 2020년 9월 22일

지은이 유제니오 바르바
옮긴이 한은주
펴낸이 박성복
펴낸곳 도서출판 연극과인간
주소 01047 서울특별시 강북구 노해로25길 61
등록 2000년 2월 7일 제6-0480호
전화 (02) 912-5000
팩스 (02) 900-5036
홈페이지 www.worin.net
전자우편 worinnet@hanmail.net

ISBN 978-89-5786-740-2 03890

값은 뒤표지에 있습니다.